中国近现代稀见史料丛刊【第四辑】

张剑 徐雁平 彭国忠 主编

英轺日记两种

载振 唐文治 著

董佳贝 李文杰 整理

本辑执行主编 张剑

凤凰出版社

图书在版编目（CIP）数据

英韶日记两种 / 载振，唐文治著 ; 李文杰，董佳贝整理. -- 南京 : 凤凰出版社，2017.6（2024.10重印）
（中国近现代稀见史料丛刊. 第四辑）
ISBN 978-7-5506-2595-2

Ⅰ. ①英… Ⅱ. ①载… ②唐… ③李… ④董… Ⅲ. ①中英关系－国际关系史－史料－清代 Ⅳ. ①D829.561

中国版本图书馆CIP数据核字(2017)第099241号

书　　名	英韶日记两种
著　　者	载振　唐文治 著　李文杰　董佳贝 整理
责任编辑	陈晓清
责任监制	程明娇
出版发行	凤凰出版社(原江苏古籍出版社) 发行部电话025-83223462
出版社地址	江苏省南京市中央路165号,邮编:210009
照　　排	南京凯建文化发展有限公司
印　　刷	唐山楠萍印务有限公司 河北省唐山市芦台经济开发区场部
开　　本	880毫米×1230毫米　1/32
印　　张	9.375
字　　数	244千字
版　　次	2017年6月第1版
印　　次	2024年10月第2次印刷
标准书号	ISBN 978-7-5506-2595-2
定　　价	71.00元

(本书凡印装错误可向承印厂调换,电话:022-69381996)

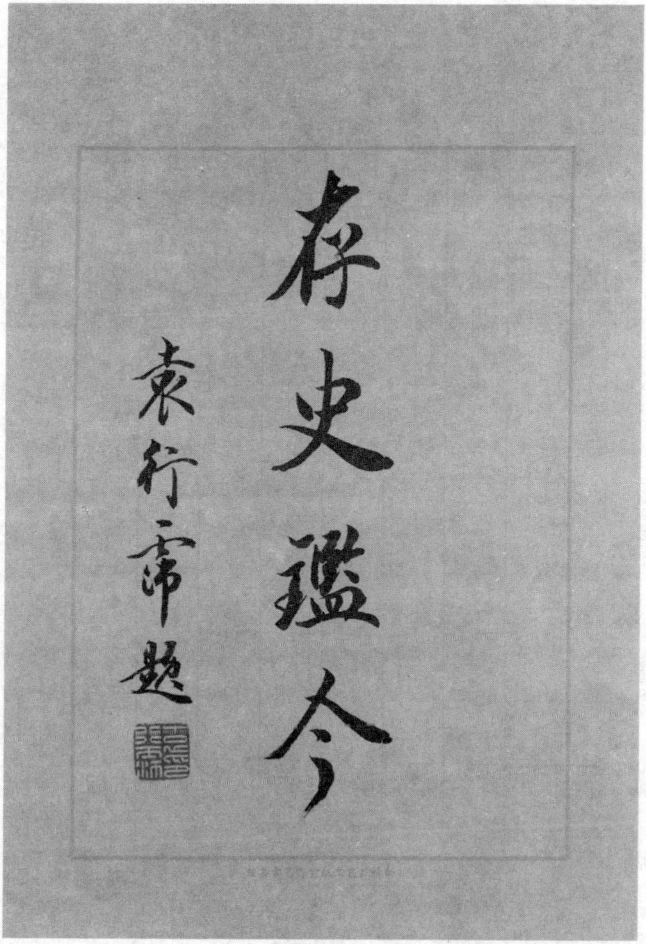

袁行霈先生题辞

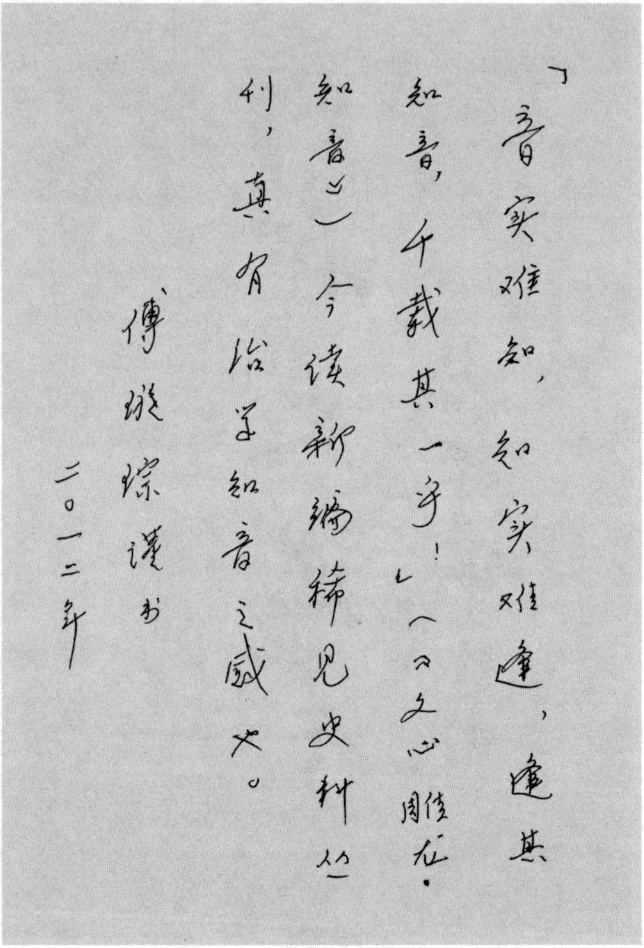
「音实难知，知实难逢，逢其知音，千载其一乎！」（《文心雕龙·知音》）今读新编稀见史料丛刊，真有治学知音之感也。

傅璇琮谨书

二〇一二年

傅璇琮先生题辞

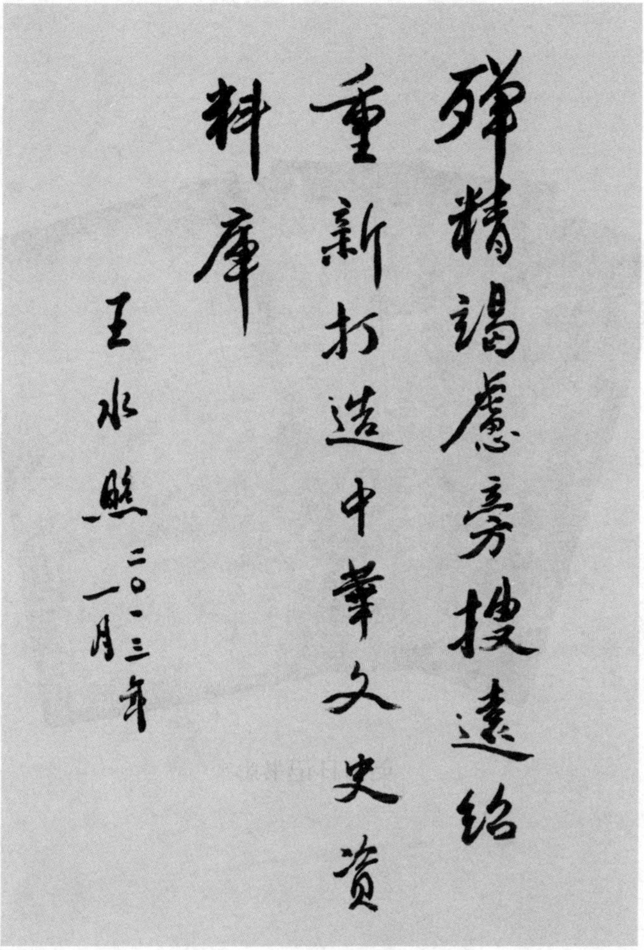

王水照先生题辞

英轺日记书影

载振像

唐文治像

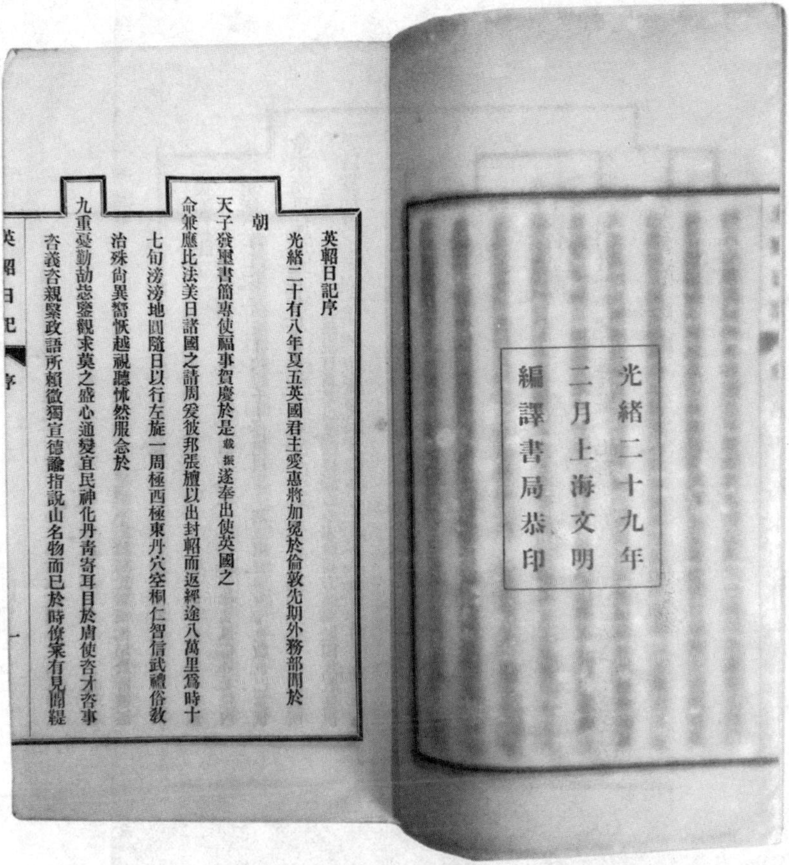
英軺日記序
光緒二十有八年夏五英國君主愛惠將加冕於倫敦先期外務部聞於
朝
天子發璽書簡專使福事賀慶於是載振遂奉出使英國之
命兼應比法美日諸國之請周爰彼邦張檀以出封軺而返紆途八萬里爲時十
七旬滂滂地圓隨日以行左旋一周極西極東丹穴空桐仁智信武禮俗教
治殊尙異嚮慨越視聽恍然服念於
九重憂勤劼毖鑒觀求莫之盛心通變宜民神化丹青寄耳目於廣使咨才咨事
咨義咨親槩政語所賴徵獨宣德論指說山名物而已於時僚案有見聞緹
英軺日記 序 一
光緒二十九年
二月上海文明
編譯書局恭印

英轺日记书影

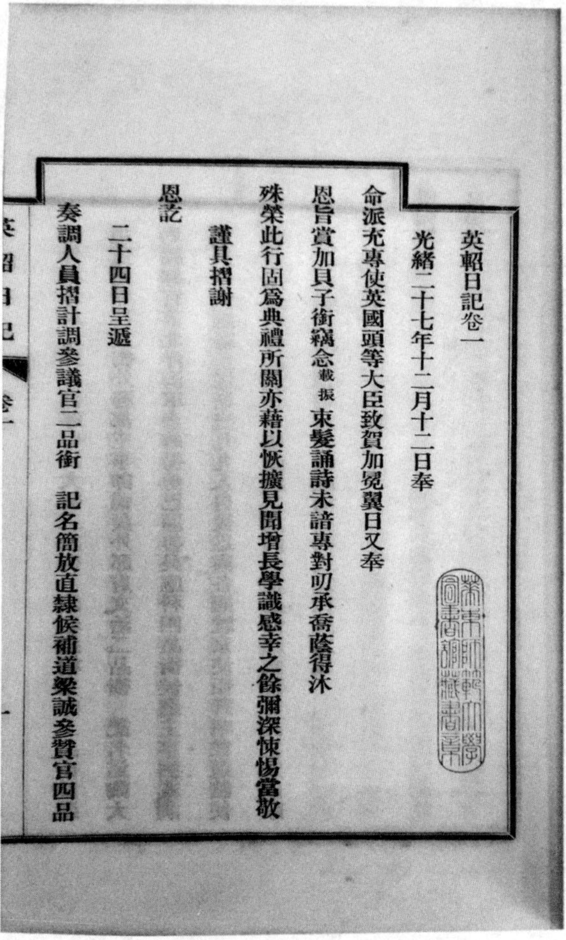

英軺日記卷一

光緒二十七年十二月十二日奉

命派充專使英國頭等大臣致賀加冕翼日又奉

恩旨賞加貝子銜竊念載振束髮誦詩未諳專對叨承喬蔭得沐

殊榮此行固爲典禮所關亦藉以恢擴見聞增長學識感幸之餘彌深悚惕當敬

謹具摺謝

恩記

二十四日呈遞

奏調人員摺計調參議官二品銜記名簡放直隸候補道梁誠參贊官四品

英轺日记书影

英轺日记插图一

英轺日记插图二

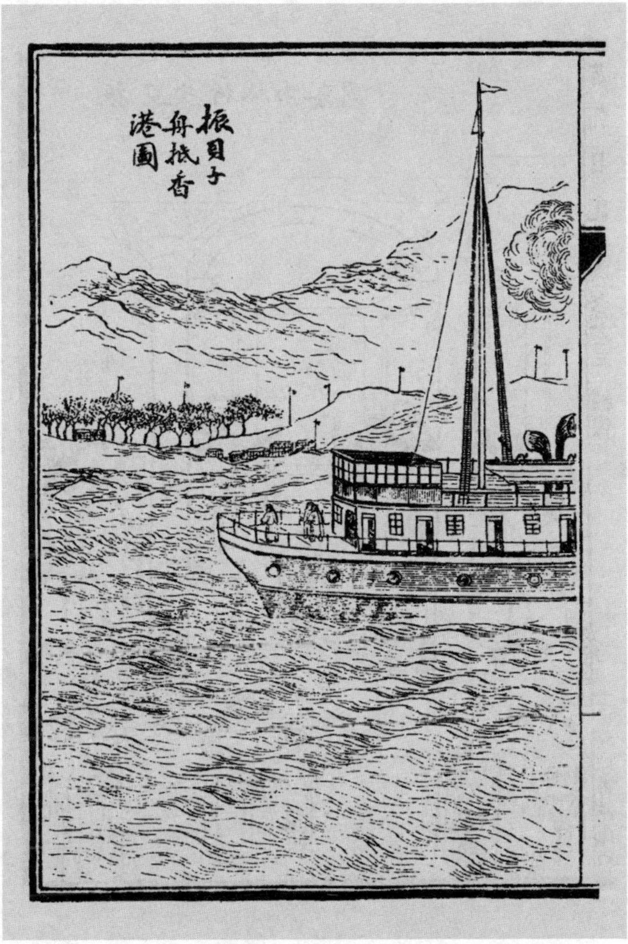

英轺日记插图三

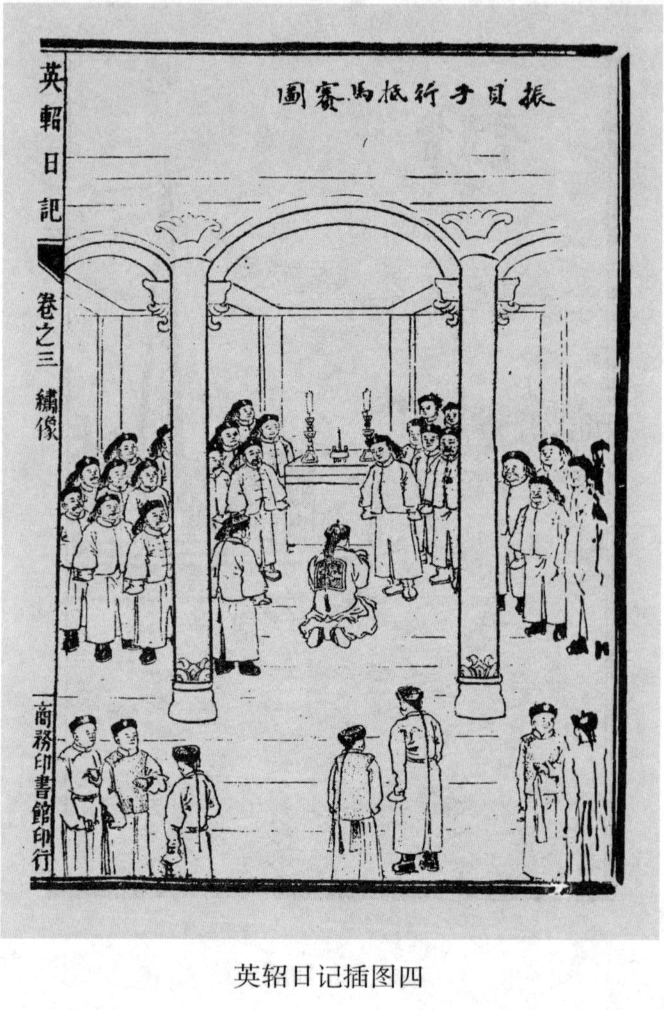

英轺日记插图四

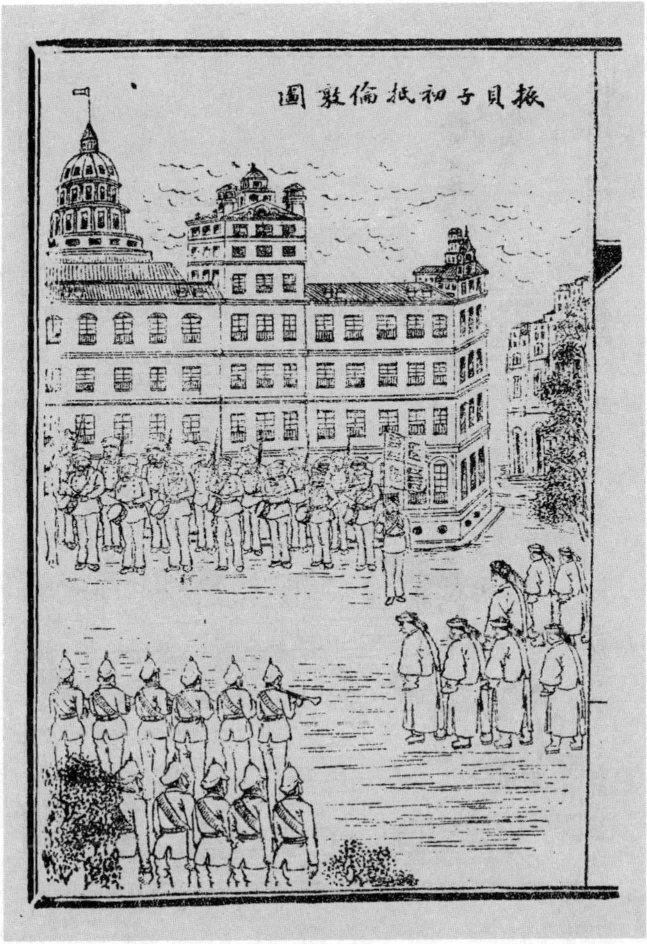

英轺日记插图五

英轺日记插图六

《中国近现代稀见史料丛刊》总序

在世界所有的文明中，中华文明也许可说是“唯一从古代存留至今的文明”（罗素《中国问题》）。她绵延不绝、永葆生机的秘诀何在？袁行霈先生做过很好的总结：“和平、和谐、包容、开明、革新、开放，就是回顾中华文明史所得到的主要启示。凡是大体上处于这种状况的时候，文明就繁荣发展，而当与之背离的时候，文明就会减慢发展的速度甚至停滞不前。”（《中华文明的历史启示》，《北京大学学报》2007 年第 1 期）

但我们也要清醒看到，数千年的中华文明带给我们的并不全是积极遗产，其长时段积累而成的生活方式与价值观具有强大的稳定性，使她在应对挑战时所做的必要革新与转变，相比他者往往显得迟缓和沉重。即使是面对佛教这种柔性的文化进入，也是历经数百年之久才使之彻底完成中国化，成为中华文明的一部分；更不用说遭逢“数千年来未有之变局”、“数千年未有之强敌”（李鸿章《筹议海防折》），“数千年未有之巨劫奇变”（陈寅恪《王观堂先生挽词序》）的中国近现代。晚清至今虽历一百六十余年，但是，足以应对当今世界全方位挑战的新型中华文明还没能最终形成，变动和融合仍在进行。1998 年 6 月 17 日，美国三位前总统（布什、卡特、福特）和二十四位前国务卿、前财政部长、前国防部长、前国家安全顾问致信国会称：“中国注定要在 21 世纪中成为一个伟大的经济和政治强国。”（徐中约著《中国近代史》上册第六版英文版序，香港中文大学 2002 年版）即便如此，我们也不能盲目乐观，认为中华文明已经转型成功，相反，中华文明今天面对的挑战更为复杂和严峻。新型的中华文明到底会怎样呈现，又怎样具体表现或作用于政治、经济、文化等层面，人们还在不断探索。这个问题，我们这一代恐怕无法给出答案。但我们坚信，在历史上曾经灿烂辉煌的中华文明必将凤凰浴火，涅槃重生。这既是数千年已经存在的中华文明发展史告诉我们的经验事实，也是所有为中国文化所化之人应有的信念和责任。

不过，对于近现代这一涉及当代中国合法性的重要历史阶段，我们了解得还过于粗线条。她所遗存下来的史料范围广阔，内容复杂，且有数量庞大且富有价值的稀见史料未被发掘和利用，这不仅会影响到我们对这段历史的全面了解和规律性认识，也会影响到今天中国新型文明和现代化建设对它的科学借鉴。有一则印度谚语如是说："骑在树枝上锯树枝的时候，千万不要锯自己骑着的那一根。"那么，就让我们用自己的专业知识与能力，为承载和养育我们的中华文明做一点有益的事情——这是我们编纂这套《中国近现代稀见史料丛刊》的初衷。

书名中的"近现代"，主要指 1840—1949 年这一时段，但上限并非以一标志性的事件一刀切割，可以适当向前延展，然与所指较为宽泛的包含整个清朝的"近代中国"、"晚期中华帝国"又有所区分。将近现代连为一体，并有意淡化起始的界限，是想表达一种历史的整体观。我们观看社会发展变革的波澜，当然要回看波澜如何生，风从何处来；也要看波澜如何扩散，或为涟漪，或为浪涛。个人的生活记录，与大历史相比，更多地显现出生活的连续。变局中的个体，经历的可能是渐变。《丛刊》期望通过整合多种稀见史料，以个体陈述的方式，从生活、文化、风习、人情等多个层面，重现具有连续性的近现代中国社会。

书名中的"稀见"，只是相对而言。因为随着时代与科技的进步，越来越多的珍本秘籍经影印或数字化方式处理后，真身虽仍"稀见"，化身却成为"可见"。但是，高昂的定价、难辨的字迹、未经标点的文本，仍使其处于专业研究的小众阅读状态。况且尚有大量未被影印或数字化的文献，或流传较少，或未被整合，也造成阅读和利用的不便。因此，《丛刊》侧重选择未被纳入电子数据库的文献，尤欢迎整理那些辨识困难、断句费力、裒合不易或是其他具有难度和挑战性的文献，也欢迎整理那些确有价值但被人们习见思维与眼光所遮蔽的文献，在我们看来，这些文献都可属于“稀见”。

书名中的“史料”，不局限于严格意义上的历史学范畴，举凡日记、书信、奏牍、笔记、诗文集、诗话、词话乃至序跋汇编等，只要是某方面能够反映时代政治、经济、文化特色以及人物生平、思想、性情的文献，都在考虑之列。我们的目的，是想以切实的工作，促进处于秘藏、边缘、零散等状态的史料转化为新型的文献，通过一辑、二辑、三辑……这样的累积性整理，自然地呈现出一种规模与气象，与其他已经整理出版的文献相互关联，形成一个丰茂的文献群，从而揭示在宏大的中国近现代叙事背后，还有很多未被打量过的局部、日常与细节；在主流周边或更远处，还有富于变化的细小溪流；甚至在主流中，还有漩涡，在边缘，还有静止之水。近现代中国是大变革、大痛苦的时代，身处变局中的个体接物处事的伸屈、所思所想的起落，藉纸墨得以留存，这是一个时代的个人记录。此中有文学、文化、生活；也时有动乱、战争、革命。我们整理史料，是提供一种俯首细看的方式，或者一种贴近近现代社会和文化的文本。当然，对这些个人印记明显的史料，也要客观地看待其价值，需要与其他史料联系和比照阅读，减少因个人视角、立场或叙述体裁带来的偏差。

知识皆有其价值和魅力，知识分子也应具有价值关怀和理想追求。清人舒位诗云“名士十年无赖贼”（《金谷园故址》），我们警惕袖手空谈，傲慢指点江山；鲁迅先生诗云“我以我血荐轩辕”（《自题小像》），我们愿意埋头苦干，逐步趋近理想。我们没有奢望这套《丛刊》产生宏大的效果，只是盼望所做的一切，能融合于前贤时彦所做的贡献之中，共同为中华文明的成功转型，适当“缩短和减轻分娩的痛苦”（马克思《资本论》第一卷第一版序言）。

《丛刊》的编纂，得到了诸多前辈、时贤和出版社的大力扶植。袁行霈先生、傅璇琮先生、王水照先生题辞勖勉，周勋初先生来信鼓励，凤凰出版社姜小青总编辑赋予信任，刘跃进先生还慷慨同意将其列入“中华文学史史料学会”重大规划项目，学界其他友好也多有不同形式的帮助……这些，都增添了我们做好这套《丛刊》的信心。必须一提的是，《丛刊》原拟主编四人（张剑、张晖、徐雁平、彭国忠），每位主编负责一辑，周而复始，滚动发展，原计划由张晖负责第四辑，但他尚未正式投入工作即于2013年3月15日赍志而殁，令人抱恨终天，我们将以兢兢业业的工作表达对他的怀念。

《丛刊》的基本整理方式为简体横排和标点（鼓励必要的校释），以期更广泛地传播知识、更好地服务社会。希望我们的工作，得到更多朋友的理解和支持。

2013年4月15日

目 录

整理说明

本书所点校日记共两部:《英轺日记》12卷、《白话演说振贝子英轺日记》12卷,后者为前者之白话本,前者出版于1903年,后者刊载于《绣像小说》第1至40期(1903—1904)。两日记合计约20万字。

《英轺日记》,12卷,唐文治著(日记作者署载振名,即庆亲王奕劻子,但实为其下属唐文治执笔)。唐文治(1865—1954),号蔚芝,别号茹经,江苏太仓人,教育家、文学家。早年为总理衙门章京、外务部司员、商部侍郎、署理农工商部尚书。1907年至1911年,任上海高等实业学堂监督(校长)。1911年之后,学校先后更名为南洋大学堂、交通部上海工业专门学校(上海交通大学前身),唐文治继任校长。1920年因病去职。后回乡开办无锡国学专修馆,担任馆长达30年。

1902年,时任外务部员外郎的唐文治随载振赴英,庆贺英王爱德华七世即位。回国途中,路经比利时、法国、美国、日本。日记内容即为该段时间在外的见闻、考察与思考。次年,唐文治受载振之邀,由外务部调任商部丞参,参与新的国家机构——商部的筹建。其在外所见所闻所思,被施用于新设的商部。

晚清众多的出使日记,多为外国报章内容的摘抄,且雷同重复处甚多,唐文治任职总理衙门、外务部,阅读过出使日记,深知其中缺憾。这本替载振所作日记,内容针对性较强,除记载沿途各地在20世纪初的政风民情之外,另详细记录英、比、法、美、日各国政治、经济、军事、外交制度,作当时新政的参考。书成后,唐文治请同事沈曾植润色序言,交上海文明书局出版。现有唐文治集,皆未收录该日记。

《英轺日记》的白话本更有特色。1903 年,李伯元创办《绣像小说》,刊载白话小说,在上海商务印书馆出版。其中第 1 至 40 期,将《英轺日记》分章节译为白话文刊载,改用第三人称,题名为《京话演说振贝子英轺日记》,附有插图,用以推广白话、开启民智。《京话演说振贝子英轺日记》为晚清出使日记中罕见的白话文版本,当时分载多期,今天完整阅读已不容易。

日记中涉及的主要内容包括:

1902 年 4 月 12 日至 4 月 27 日,记从大沽口出发南下,中国沿海区域情形。

4 月 28 日至 4 月 30 日,记越南、柬埔寨行程。

5 月 1 日至 4 日,记途经新加坡、槟榔屿、马来亚行程及当地概况。

5 月 5 日至 5 月 7 日、5 月 16 日,记印度洋行程及印度史略、制度。

5 月 8 日,记途经斯里兰卡行程及当地概况。

5 月 15 日,记途经亚丁行程及当地概况。

5 月 17 日,记阿拉伯概况。

5 月 18 日至 20 日,记途经埃及行程与当地概况。

5 月 21 日,记途经希腊行程及当地概况。

5 月 22 日至 24 日,记途经意大利行程及当地概况。

5 月 25 日至 29 日,记途经法国行程。

5 月 30 日至 6 月 29 日,记英国史地、在英见闻、英国政经制度。

6 月 30 日至 7 月 10 日,记比利时概况、政经制度。

7 月 11 日至 8 月 8 日,记在法国事,法国政经制度及由法国至美国行程。

8 月 9 日至 8 月 31 日,记在美国事,美国政经制度及由美国至日本行程。

9 月 1 日至 9 月 23 日，记在日本事，日本政经制度及由日本回国行程。

本次点校，选择《英轺日记》上海文明书局 1903 年版与《绣像小说》第 1 至 40 期连载的《京话演说振贝子英轺日记》作为底本，重新分段、标点。后者所附绣像插图六幅，亦一并收入。两种日记采用中国纪年，其括号中公历月日为整理者补加。整理本改用简体字，对于原文中夹注内容，以()标示；对于原文中出现的衍字、错字，以〔〕。文中出现较多的人名以及专有名词，与今天译法有所不同，皆未加改动。日记最后，附有简单的人名索引，所标示日期为公元月日。

前 言

刊刻于1903年的《英轺日记》，是晚清众多出使日记中的一种，记录1902年4月至9月间，清庆亲王奕劻之子载振率使团往英国祝贺国王爱德华登基途中的所见所闻。与此前诸多的出使日记相比，该日记有两处重大不同：首先，出使日记重在摘抄报刊文摘、记录公使团在外流水日记，然《英轺日记》却侧重记载所历各国的政治、经济、法律制度，且加有精要点评，这说明这次访问，使团目的性极强。第二，《英轺日记》除有原本刊刻出版之外，随后即有白话译本问世，题名为《白话演说英轺日记》，连载于《绣像小说》杂志。《英轺日记》因此拥有文言、白话两种版本，这在晚清众多出使日记中绝无仅有，也使得其影响力突破上层的士大夫阶层，而有可能向下深入民间。

在载振使团访问归来的次年，清政府成立了商部。这是继外务部之后，在原有的六部体制之外设立的又一个新的中央机构。该部与满汉双轨的六部不同，它仅设尚书1人，不拘满汉。首任尚书人选，正是上年率团出访的贝子载振。

一

现有的《英轺日记》，分12卷，约12万字，1903年由上海文明书局印行。其卷首序言署名"大清专使英国大臣固山贝子衔镇国将军载振"，且全文以载振口吻记事，因此一般默认该日记是由载振所作。不过，这里首先就出现了疑问。

近人笔记中，多有流传《英轺日记》为唐文治所作的说法，例如刘声木在《苌楚斋随笔》中记载:“光绪季年,有固山贝子衔振国将军载振,俗称振贝子,撰《英轺日记》十二卷,相传实为(无锡)唐蔚芝侍郎文治所代撰。”①

唐文治《茹经先生自订年谱》,其中光绪二十八年(1902)九月条记载:“九月初,抵京……余公务之暇,为载大臣编《英轺日记》成,进呈御览。”②唐文治是载振特使团随员,此处唐明言,他在归国后替载振编辑《英轺日记》一书。该日记卷首由载振署名的序言,同时收入唐文治《茹经堂文集》之中,序文之后唐文治加有按语:“此文由余属稿,请沈子培先生润饰始成,其文气之雄厚,炼词之典雅,盖沈先生之特色,非余所能逮也。自记。”③沈子培,即沈曾植。唐文治称,日记的序言实际上是由他起草,另请沈曾植润色修改而成。

另一方面,载振之子溥铨日后也曾谈及其父的这一段经历,他说:“其实,我父只是粗通文墨,不擅写作,更未见他写过日记或和亲友吟咏赋诗。《英轺日记》一书,闻系由随行参赞唐文治整理,出版后载振曾分赠亲友。至《英轺杂咏》诗稿,家人始终未见过。”④

通过以上两方面信息,大致可肯定,《英轺日记》的作者,是随同载振出访的唐文治。唐文治(1865—1954),号蔚芝,别号茹经,江苏太仓人,教育家、文学家。1892 年中进士,早年为户部主事、总理衙门章京、外务部司员、商部侍郎、署理农工商部尚书。1907—1920 年,任上海高等实业学堂(后改名上海交通大学)校长。1902 年,时任外务部员外郎的唐文治随载振赴英,庆贺英王即位,回国途中,路

① 刘声木:《苌楚斋随笔·四笔》下册,北京:中华书局,1998 年,第 796 页。

② 唐文治:《茹经先生自订年谱》,无锡国学专修学校校印,1935 年,第 49 页。

③ 唐文治:《茹经堂文集》卷 4,1927 年刻本,第 47 页。

④ 溥铨:《我的家庭“庆亲王府”片断》,中国人民政治协商会议全国委员会文史资料研究委员会编:《晚清宫廷生活见闻》,北京:文史出版社,1982 年,第 280—281 页。

经比利时、法国、美国、日本。日记内容即为该段时间在外的见闻、考察、思考。

唐文治与奕劻、载振父子的关系较为特殊。奕劻父子以贪名著于世，是晚清浊流人物。唐在1892年考中进士，其会试的座师，是苏籍同乡、清流领袖翁同龢。考中进士后，唐文治签分户部学习主事，并被翁同龢延聘为家庭教师，教读其嗣曾孙翁之润、之廉二人。1896年，唐文治投考由六部官员兼差的总理衙门章京，成功考取，获得记名，同样赖时任总理衙门大臣的翁同龢之赏识。1898年，唐文治补总理衙门章京，正式涉足国家外交事务的办理。此时奕劻以亲王管理总理衙门，是唐文治的上司，然唐与署中直接任事的许景澄、徐用仪、袁昶的关系更为密切。在章京任内，唐勤于公事，曾将总理衙门司务厅所藏条约作仔细研究，并利用业余时间学习俄文。1900年庚子事变发生后，唐文治携家眷到京郊避难。不久，奕劻、李鸿章奉命赴京议和，唐返回城中，协助奕劻办理条约文件。1901年8月，清廷命户部侍郎那桐赴日，就日本书记官杉山彬被义和团所杀一事致歉，唐文治以随员身份同行。之后，他将在日期间的见闻，详细写入《东瀛日记》中[①]。

回国后，总理衙门改组为外务部，章京改为郎中、员外郎、主事，任职者开去六部原职。唐文治因参与谈判，并赴日办事，也纳入外务部主事人选之中。他因此开去原有的户部候补主事，专任外务部榷算司主事。1902年初，清廷命载振赴英，参加新国王爱德华七世的加冕仪式。载振之父、管理外务部亲王奕劻向本部左丞瑞良询问合适的随行人员，瑞良向奕劻推荐和会司员外郎汪大燮及唐文治二人，唐因此成为使团随员一同赴英[②]。

由于唐文治此前曾随奕劻参加辛丑议约，此次又有随载振访英

---

① 唐文治：《茹经先生自订年谱》，第18—38页。

② 唐文治：《茹经先生自订年谱》，第41—42页。

的因缘,唐与奕劻父子建立起较为密切的关系。访英回国后,载振奉旨筹立商部,各种章程、奏摺都交由唐文治起草。随后,载振通过奕劻,保举唐文治为商部左丞。唐原是正五品外务部郎中,商部右丞则为新设三品官,唐因此获得超擢。从这里也可看出奕劻父子对唐的器重和提拔。1907 年,载振被人参劾,从农工商部尚书任上辞职,唐文治也就此远离京中官场,南下就任上海实业学校(原南洋公学,后上海交通大学)监督[①]。

作为清流领袖的门生,唐文治却对奕劻有着特殊的正面评价。1924 年,他撰文纪念奕劻,力赞其功说:"自辛丑以后犹得享十年太平之福,皆王与李伯相之力也。"同时,批评参与攻击奕劻的清流:"呜呼!凡主公道是非,宜达时务、识本原。晚近以来,是非不明,其号为清流者,毛举细端,罔知大体,辄曰某也贪。及穷究其实,则又不能办一事,而弱与贪有十百倍者,乃转置之不论不议之列,人心益迷谬,而用人者亦遂颠倒敷衍,万事掣肘而莫知其由。"[②]不平之气,跃然纸上。唐文治与奕劻父子的特殊关系,也使得唐未对自己是《英轺日记》实际作者一事进行澄清。

《英轺日记》除通行的唐文治所编之文言本,另有白话本刊刻问世。1903 年,李伯元创办《绣像小说》,刊载白话小说,通过上海商务印书馆出版。《绣像小说》第 1 期至 40 期,分篇将《英轺日记》译为白话文刊载,题名为《京话演说振贝子英轺日记》,另附有绣像插图,全书约 7 万字,未署明译者。由于《英轺日记》主要是记载使团出访所经各国的商务、学校、工艺、议院、法律、规章制度,该日记对于传播新知作用甚大,将其翻译成白话刊载,可看作以下层人民喜闻乐见的方式推广白话、开启民智的手段。

从两部日记的具体内容来看,白话本日记大致依据文言本进行

---

① 唐文治:《茹经先生自订年谱》,第 59 页。

② 唐文治:《茹经堂文集》卷 6,1927 年刻本,第 12 页。

翻译，然有所取舍和侧重。首先，白话本对原本，并非逐句翻译，而是译其大概，十分注重文字精炼和通顺；其次，白话本删去原本中大量考证性文字，而保留对日常记事、重要制度、史实的描写。因此，白话本在篇幅上反而显得较为简练。

例如当年6月29日日记，记载使团游泰晤士河，并论英国商务。两日记的内容分别为：

《英轺日记》

早起，拜发奏摺奏片，并发外务部文件，交驻英使馆转寄。未正，偕诸参、随等赴达迷斯河一游。夹岸文树幽翳，嘉卉缤纷，笙歌之音，繁遏相答。河中泛小舠，仅容两三人。爰命翻译印须载登方舟，泳游足资容与。游毕，赴客店晚餐。闻上游风景尤胜，惜时已曛黑，未及周玩，命驾遄返。抵寓已交亥正矣。考英国商务致盛之始，迄今约四百年。从前欧洲开辟商务最先之国，曰希腊、曰罗马、曰西班牙、曰葡萄牙，此皆居欧洲南境。在欧洲北境者，惟丹国一隅。英人通商之初，稍稍与丹合力，寝师其法，然祇在近岛口岸经营，未遑远贾。迨后，丹之水师为英所败，英国势勃兴，一意振顿商务，遂为欧洲之冠。又推扩及于他洲，无远弗届。原其宗旨，厥有两端，一曰坚忍，一曰自然。从先希腊各国商务由盛而衰，偶有蹉跌，每至一蹶不振，英人则善持盈虚息耗之数，辄能再接再厉，此固由合力之厚，亦由其秉性坚忍，实有为无弗成，成无弗久之志也。至于自然之旨，尤为商务第一要键。盖官之于商，祇任保护之责，自商税而外，凡一切贸迁生计，皆听民所自谋，无有用压力以摧折而窳庸之者。此商战之所以辄胜也。①

① 唐文治：《英轺日记》卷6，上海文明书局1903年刻本，第16页。

《京话演说英轺日记》

未正，带了参、随，去逛达迷斯河。岸上的树狠多，碧绿的叶子，好看得非常。河里撑着小船，只能够坐两个人儿。撑来撑去，古人说的话，中流容与，就是这个模样儿了。回去，上饭铺子吃饭。考英国的商务，实在兴旺。从前欧洲地方，开辟商务最早的，是希腊、罗马、西班牙、葡萄牙。欧洲的边儿，却只有一个丹国。英国通商的时候，是跟丹国合伙，学会了他的法子，不过在自己门口儿经营经营罢了。后来丹国的水师，给英国打败了。英国这才一点一点的扩充出去。他们有两种道理，一种叫坚忍，一种叫自然。①

从上述两段可以看出，白话本择要翻译原文内容，京话口语较为明显，对当天例行公事、路途景物描述、英国商业崛起的细节特点，或删或简，用一种简单直接的方式，将日记重点讲述出来，使得日记更容易为下层人士所接受。

二

《英轺日记》所记载的，是 1902 年载振使团赴英祝贺新国王继位，顺道考察欧美及日本各国制度一事。

1901 年 1 月，英国女王维多利亚（Alexandrina Victoria，1819—1901）去世，其子爱德华七世（Edward VII，1841—1910）继承王位。1902 年 1 月 21 日，在庚子事变后出逃的慈禧太后与光绪帝刚回到北京，即下发上谕："明年五月为英君加冕之期，著派镇国将军载振充

① 唐文治：《白话演说英轺日记》卷 6，《绣像小说》第 9 期，上海：商务印书馆，1903 年，第 23 页。

头等专使大臣，前往致贺，以重邦交。”[①]载振为外务部管部亲王奕劻之子，慈禧太后派其出使，一是显示对此事的重视，二来也是为增其资历。

随后，在奕劻帮助下，载振选出了他的使团人员，其中包括参议官、直隶候补道梁诚，头等参赞官、外务部员外郎汪大燮，二等参赞官、记名简放道杨来昭，二等参赞官、候选道黄开甲，三等参赞官、分省补用道陶大均，头等英文翻译官、前北洋海军参将吴应科，二等法文翻译官、候选主事刘式训，二等英文翻译官、候选县丞潘斯炽，唐文治以外务部候补员外郎任三等参赞官[②]。其中，汪、唐二人是外务部司员中佼佼者，由外务部左丞瑞良举荐。从后来以上人员的发展来看，这是一个十分精干并颇具实力的出使团队。汪在得到任命后曾说：“此次西行，俦侣颇佳，亦难得之事。”[③]

4 月 11 日，使团从北京出发，先往天津，而后乘坐轮船前往上海。停留数日后，乘英国轮船赴香港，经新加坡、斯里兰卡、印度洋、红海，过苏伊士运河、地中海，从法国马赛登陆，于 5 月 29 日抵达伦敦。6 月 2 日，爱德华七世接见载振及使团成员，并接受载振递交的国书。此后，使团一行在伦敦考察英国各种制度。从日记内容来看，使团对英国的教育、金融、议会、外交、军事制度格外关心[④]，以较长篇幅记载英国国家银行英格兰银行的运作[⑤]，议院的权力、外交部的内部设置、陆海军军力。

---

① 中国第一历史档案馆编:《光绪宣统两朝上谕档》第 27 册，桂林:广西师范大学出版社，1996 年，第 262 页。

② 载振:《奏调随带出洋人员》，《外交档案》，台北:“中研院”近史所档案馆藏，档号 02—12—008—01—011。

③ 《汪大燮致汪康年》(光绪二十八年二月初九日)，《汪康年师友书札》第 1 册，上海:上海古籍出版社，1986 年，第 818 页。

④ 唐文治:《英轺日记》卷 6，第 3—4 页;卷 5，第 9 页;卷 6，第 12—16 页。

⑤ 唐文治:《英轺日记》卷 5，第 10—12 页。

日记对英国议会的评论较为大胆，首先介绍英国议会权力称："英虽称君民共主之国，然实民权为重，君权为轻。凡一切用人行政、赋税出入、法制禁令、营建工作，及与列邦会盟战守之事，其事皆出于议院，君主签字画诺而已。"后总结说："然或办理国是，有所舛误，则国人皆归罪于执政，不闻咎及君主。此则明定宪法之效，所以民权虽重，不至启犯上之渐也。"①在英期间，载振使团对英国教育制度有所留意，曾参访牛津大学。

由于爱德华七世患病，加冕典礼延期，因此使团于 6 月 30 日离开英国，前往比利时访问。7 月 10 日，使团在比停留 10 天后，前往法国。在法期间，唐文治等人对法国议会上下两院的议事制度颇为关注，同时，也在日记中详细记载法国的税种、税收方式、税率及其与商业发展的关系。另外，对法国的职业外交官制度也有详细介绍。在考察完法国外交官制度之后，唐文治在日记中议论称："盖西国最重专家，谓必使其人一生精力尽萃于此，而后服事有功，且令人不能视官如传舍，则于事亦无遗虑之处。是以无论何项政事，皆有专精之人，固不仅外交为然也。"②这是在比对中国传统制度之后发出的有针对性的议论。

8 月 2 日，在结束对法国的访问后，使团出发前往美国，由纽约登岸，并在该地会见美国总统、国务卿。在纽约期间，唐文治详细考察美国联邦政府各部门的设置，对其农业部的职守、运作，记载颇详，论述美国重视农业种植，"致富之本，实以树艺为大宗"，美国政府"重农贵粟"，与孟子所称"王政不过曰五亩之宅，树之以桑，百亩之田，勿夺其时"隐相符合③。在考察法国、美国的商业制度时，唐文治对博览会尤其注意，他在日记中称，"赛会（即博览会）一事，实为各国商务

---

① 唐文治：《英轺日记》卷 6，第 3—5 页。

② 唐文治：《英轺日记》卷 8，第 15 页。

③ 唐文治：《英轺日记》卷 11，第 5 页。

最要关键”，博览会开办之时，“瑰货山积，彼此夸多斗靡，而工商游览其间，何物畅引，何物滞销，一一由于目击，则相观而善之念，必能油然自生”。因此，事虽细微，而收效最快。他在日记中建议，将来在上海吴淞拟建会场，仿照外洋成法，照会各国来华参会，以拯商民之困，以裕税饷之源①。

结束纽约之行后，使团前往温哥华，从那里登船，经日本回国。在日期间，唐文治等人较为关注的，是日本维新后的政体。唐文治在日记中记载，日本为万世一系的统治之国，且首重宪法。日记推崇日本宪法，其立论依据在于：人群因利益相争，导致强者愈强、弱者愈弱，因此“举天下之弱者，悉听命于一强，此必然之势也，故尽一国之政，而一人专之以控众弱，于国家大有稗益”，“宪法者乃执一御万之要道，实裁判等差之根源”。所谓的人人平等之说，“原系亹闻罕漫之词”，因此言宪法，必须先辟平等之说。宪法又有权利、义务的制度判决，倡导横决恣肆的“自由”，正与宪法相悖，故而言宪法，还必须必辟自由之说②。

9 月 19 日，使团结束对日本的访问之后，启程回国。

三

载振使团回国之后，冠名刊刻由唐文治编纂的《英轺日记》，并将其呈送光绪帝与慈禧太后，日记中对各国制度深入的描写与分析，使得载振赢得了通晓外国商情、政情的声誉，由此也使他成为筹组商部的合适人选。

1903 年成立的商部，主要负责建立、管理商务局所、学堂，规范与保护商业、矿业、农务、工艺、机器制造等各新式的农工商行业，是

---

① 唐文治：《英轺日记》卷 11，第 14—15 页。

② 唐文治：《英轺日记》卷 12，第 5、7 页。

清朝因应时代需要采取的举措，也是继外务部之后在政治制度上的又一次重大创举。该部门的成立，与载振、唐文治以及他们此前不久的外出访问有着密切关系。下文将结合唐文治的经历以及《英轺日记》的内容，探讨商部设置所倚赖的理论及经验的源头。

《英轺日记》对英、法、美、日各国商务皆有记载，且对各自的成功总结有一定的经验。例如，日记指出，法国商业进步迅速，得益于其国家奖劝工商之法。其中秘诀包括：先设立学堂，培植人才；复拣派人员考察他国商务、工艺，以资取法；再设立学会、领事官、商务专员，保护商人利权；举行大小博览会，以资比赛；对于独出心裁、制造新具，则给予专利；运货往他国试行贸易，由官方补偿进口关税；航海商船，由官方给予津贴[①]。日记也总结美国振兴商业的办法，一曰免税，二曰赛会，三曰奖给金银铜三等牌，四曰专利，另准民间自设工商学会[②]。这些经验，被融入进此后商部的具体设计之中。

1902 年 10 月 11 日，载振率特使团结束访问回京半月之后，向光绪帝上递《敬陈管见摺》。奏摺是载振在访问后所作的总结，其中详细条陈三件事，皆围绕商务问题展开。第一件，名为"商务"，内容是介绍西人赛会（博览会），认为"赛会为商务最要关键，国家不惜津贴巨资，使商人挟赴他国赛会，收效至速"。奏摺告知，日本、美国在1903、1904 两年将分别召开"赛会"，建议各省选派官绅劝导"富商良匠"，积极准备参会。第二件名为"路矿"，其中认为中国创办路、矿，为日甚浅，章程未能完备，而各国阅历较深，足资考镜，因此，可博采精择，编成则例，使官民各明应尽之职、应得之权，使争端有法可依。在经营方面，可召集新加坡、槟榔屿、小吕宋、旧金山等地殷实华商，给予凭照，准其集股认办。第三件名为"学堂"，主要建议订立与政治、理财、法学、武备以及一切工艺相关的教科书及教规，并详定学生

① 唐文治：《英轺日记》卷 5，第 20—21 页。

② 唐文治：《英轺日记》卷 11，第 6 页。

出路，使学堂能广储人才。随后上谕命政务处、外务部对该摺进行讨论议覆。政务处、外务部此后上递的议覆奏摺虽未全部同意载振的各条建议，但对其重视商务、由民办路矿、规范商业律法以及兴办学堂，都给予了积极的肯定[①]。载振的主动上摺，也为他赢得了通西方商情的声名。

就在吕海寰、伍廷芳、盛宣怀等人与列强紧锣密鼓谈判商约、举国上下有关兴商务呼声高涨之时，1903 年 7 月 3 日，南洋华商、候补三品京堂张振勋向清廷上了一个条陈商务的专摺[②]，其中主要意思，是振兴中国的农、工、商业，建立商部，统一管理与经营此事。上谕命载振细致议覆此事，并让参与商约谈判的伍廷芳协助。载振由于上年曾游历各国，又曾上陈商务建议，因此被认为对西方商情较为熟悉，然从此前载振的简单经历、出使日记编纂的情况来看，他对外情也并非在行，因此，他再次将议覆奏摺的起草，交给唐文治去办。

9 月 7 日，唐文治结合他在外所见所闻所思，对张振勋的条陈进行了逐条回复，肯定商部的作用。当天内阁明发上谕：

> 现在振兴商务，应行设立商部衙门。商部尚书著载振补授，伍廷芳著补授商部左侍郎，陈璧著补授商部右侍郎。应办一切事宜，著该尚书等妥议具奏。[③]

唐文治成立商部的建议得到肯定，载振随即又将筹备商部成立的具

---

① 政务处、外务部覆奏振贝子条陈摺，光绪二十八年十月初五日，《军机处档摺件》150448，台北“故宫博物院”图书馆文献处藏。

② 张振勋为南洋华侨，原籍广东，因报效朝廷巨款，奉旨以三品京堂候补。

③ 《光绪宣统两朝上谕档》第 29 册，桂林：广西师范大学出版社，1996 年，第 219 页。

体事宜交由唐文治，嘱其起草商部章程。商部章程规定商部的具体设置、权责划分、办事程序，是指导商部运作的重要纲领。章程由唐文治起草，他此前在外务部的任职经历以及上年在外所见所思，皆被融入到章程的具体内容之中。

9月26日，唐文治完成商部章程的起草工作，章程被署以载振之名，正式上递，随即得到批准，并下发执行。

唐文治起草的商部章程共12条。第1条，规定商部下设四司：分别为保惠司（分管商务局所、学堂、招商、一切保护事宜、专利）、平均司（分管开垦农务、蚕桑、山利、水利、树艺、畜牧）、通艺司（分管工艺、机器制造、铁路、街道、行轮、设电、开采矿务、聘请矿师、招工）、会计司（分管税务、银行、货币、各业赛会、禁令、会审、词讼、校正权度量衡、商部经费报销）。

这四司的名称与职守，部分源于张振勋的建议，部分源自唐文治在外务部及访问期间的经历。张振勋在7月3日上递的条陈中，曾提出新设的"商务部"可下设六司，分别为地宝司（理矿）、梯航司（理铁路、轮船、电线、邮政）、教稼司（理农田水利、山利、种植）、惠工司（理百工技艺）、鼓铸司（理制造银元铜元）、会计司（理权度量衡、稽征口岸出入数）。唐文治所设计的通艺司职守，包含张振勋所称地宝、惠工两司内容，其"通艺"之名，来自"通艺学堂"，该学堂是戊戌变法期间，唐的同事张元济等人设计的教授农、商、矿、制造、格致等内容的教学机构①。张振勋设计的教稼司与唐所称平均司大致相同，所经营的范围皆为广义的农业。唐设计保惠司，则很可能是受外出访问期间，目睹各国全力保护工商专利及商人合法权益之后的启示②。

章程第2条，是在商部设置律学馆一所，翻译、编纂商律；设置商

---

①　张元济：《设立通艺学堂呈总理各国事务衙门文》（1897年9月20日），《张元济全集》第5卷，北京：商务印书馆，2008年，第1—2页。

②　唐文治：《英轺日记》卷9，第1—2页。

报馆一所，搜集、刊刻各省各埠物价、贸易信息，这是来自外出访问期间所见的法国经验。日记曾详述法国察考工商之办法，即内由各郡守、外由驻外领事，对国内外重要商埠进出口情况、工人薪资、物价涨落、关税章程等，随时向中央的商部详细册报①。

章程第 3 条，招商设立铁路、矿务、工艺、农务各项公司，铁路公司先办支路，矿务公司先办煤铁。公司如由商股承办，则商部妥善维持保护，不采用官督商办形式，避免以往抑勒之弊。公司如由官商合办，则视官商资本比例，随时订立章程。其中由商人承办支线铁路的建议，源自张振勋的建议②。保护商办公司免于抑勒，既是对过去官督商办弊端的检讨，同时也是在目睹国外成功经验之后采取的举措。《英轺日记》曾详记法国对矿务公司、铁路公司管理及征税的具体方式。以法国矿税为例，其税分矿地税、矿产税两种，前者每平方千米每年纳税十法郎，后者则按出产净利多少征收，具体比例由议院决定，但不得超过净利百分之五。国人如欲在他人地面探验矿苗，须与地主商妥，并预偿地价。任何人开采矿产，都须请领凭照。所有地段，一旦让给他人，则不得再行探验。产权清晰、以契约约定税率，是保证商人利益及开采顺利进行的重要保证③。

章程第 4、5、6、9、10、11，涉及商部的人员设置、选任、办事的流程、俸廉的发放、胥吏的地位等等，这些经验几乎完全来自唐文治在外务部的经验，而与此前六部的传统做法无关。第 4 条规定商部设立左右丞、左右参议各 1 名，各司郎中、员外郎、主事各 2 名，司务厅司务 2 名，这些都与外务部相同；第 5 条规定商部官员从内阁、六部正途出身的司员中考选，这也与外务部相同。第 8、9、10 条规定，商部司员轮流到署办事，收发文件、办理文稿，各有专责，以及优给俸

---

① 唐文治：《英轺日记》卷 9，第 3 页。

② 唐文治：《茹经堂奏疏》卷 2，第 15 页。

③ 唐文治：《英轺日记》卷 9，第 11 页。

廉,这都是仿照外务部的做法。第 11 条称,商部事务重要,假手胥吏,易滋弊窦,因此,只招供事 48 名,仅负责缮写文书。通过这一手段,避免胥吏把持六部实权的弊端。这一做法最早来自总理衙门,后被外务部采用,商部则是仿外务部做法而为之[①]。

唐文治由科举出身,并不具备外交、商务方面的专门知识。在唐被任命为商部右丞之后,他的老师翁同龢曾感慨说:"唐某得京堂矣,惜商务非其所长耳!"唐文治对此评论说:"呜呼!士固伸于知己。"[②]可见他对自己在商务方面的外行,深表认同。载振之所以请唐文治起草商部章程,主要是因为唐随同其出访,为其编撰《英轺日记》,相对其他官员而言,唐与他走得最近,同时也表现出对外国商务的粗浅了解。而唐既然并无专业的商务知识与管理经验,其起草商部章程,就只能汲取他所在的外务部的施政经验,并借重上年在国外对各国商务的所见所闻。

四

1902 年载振率特使团出访英国,不过是晚清一次较为普通的外出访问,然记录此行的《英轺日记》,却有着比一般出使日记更为集中和丰富的信息。《英轺日记》的实际作者,是随同载振一同访问的唐文治,他出身科甲,考取总理衙门章京,总理衙门改组为外务部后,任外务部主事。在载振访英前夕,经瑞良推荐随行。由于唐文治有任职外交部门的经历,平日非常留意外部形势,他在外出访问期间对各国制度尤为留心,有意打听各国政治、经济、外交、军事制度,对其进行了忠实记录,并附有相应的点评介绍,这使得《英轺日记》具备较为

---

① 《谨拟商部各项章程缮具清单恭呈御览》(1903 年 9 月 26 日),《大清新法令》第 2 卷,北京:商务印书馆,2011 年,第 127—132 页。

② 唐文治:《茹经堂文集》卷 6,第 8 页。

丰富的信息量,对于在《辛丑条约》签订之后宣布进行新政的清政府而言,尤其具备较大的参考价值。正因为如此,《英轺日记》在出版后随即被翻译成白话版本,借小说之名,向下层宣讲、传播,使得《英轺日记》的受众,有可能突破原有出使日记的局限,而影响到更广泛的阶层。

得益于《英轺日记》传播的效应,载振的出访得到上层的肯定,他随后递呈的有关振兴商务的奏摺,也受到重视。这也使他成为新成立的商部最合适的领导者。载振在接受筹组商部的任务后,仍将奏摺、章程起草的重任交给唐文治。由于唐出身科举,并无太深的商务知识,因此,他起草的商部章程,主要是借鉴两类知识,一是在总理衙门及外务部的施政经验,另一方面,则是来自 1902 年访问期间在外所见所闻与所思,这些均忠实地记录在他编纂的《英轺日记》之中。通过日记,再结合唐文治的经历,我们可清晰看出晚清商部制度的源头所在。

英超日记

英轺日记序

唐文治

光绪二十有八年夏五，英国君主爱惠将加冕于伦敦，先期外务部闻于朝。天子发玺书，简专使，福事贺庆，于是载振遂奉出使英国之命，兼应比、法、美、日诸国之请，周爰彼邦。张旜以出，封轺而返。途经八万里，为时十七旬。滂滂地圆，随日以行。左旋一周，极西极东，丹穴空桐。仁智信武，礼俗教治，殊尚异向。恢越视听，怵然服念于九重，忧勤劼毖，鉴观求莫之盛心，通变宜民，神话丹青，寄耳目于肤使，咨才咨事，咨义咨亲，繄政语所赖，微独宣德谕指，说山名物而已。于时僚采有见闻，鞮译有诵述，削牍既多，裒录成帙。乃复综而论之曰：

伦敦在西海之壖，孤悬三绝岛，而辖五洲。吸收宙合之精华，都市殷赈，鸿纷瑰玮，举天下之财政家、制造家、工艺家、商家、农家、外交、内治家，靡不集听瞩于斯，权低昂于斯。彼都人士，乘坚而策肥，高步而远视。崔构闳九天，陶复洞九渊。飚轨电邮，呼吸万里。诚上帝骄子，倮属之幸民哉！其政策和而坚，善动而能静，屈群策不殚厥力。其民朴属勤于事，綦溪浩宕，而尊上亲长，服从于法律。其风俗外希骛，内善葆光，重学而轻教。起十七世纪以迄今，兹三纪有胜，非幸也，数也。

巴黎恢恢，冠绝西欧，林麓翳荫，万物棣通。士女遨嬉，谈辞掞张，议堂扩千步，民政所宗。其气憍，其学说日新，其民英跱自憙，而心志发扬。方时国社，阑逐教徒，泛渊驱鱼，邻国为壑。夫彰善瘅恶，品物恒情，曷兹壮佼，标宗树异，欧人惩昔祸，有戒心焉。自西徂东，所不能不三致意也。

美利坚洲于欧视为西，于亚视为东，名城大都，星缀岳峙，天产轧茁，地宝涌盈。艺学引錣，利主考工，舟车亘亥步，朱圭猗顿，比户可封，合众国以之越坎拿大山而西，其间堂密美枞，田畴罫画，黄冠草服，毡帐穹庐，极目窈窕，熙熙然有邃古初风焉。天留奥壤，厌饫白民，乃不免有形茹神惢，椎结儢墨者杂处其中。种族之蔽，人权之畸，不已酷乎？

日本聪强模范，以为良用。兄英师德，自奋东方。行观其庠序，则子衿青青，被服德行，方领矩步，虑宪求善良。行察其主藏，则地用人用，井井秩秩，经制出入，准平靡失。其心竞于学界也，其尚武而日省于国力也，其作新不已，而不破糅其国粹也。东方之美者，伦常秩序，君师将相，密自保持。旋观齐州英俊，案饰欢欢，玩心罗福，齐以苦言之药，不至挟策而亡其羊已。

凡兹四大，善舞剧场，一纵一横，或翕或张，巧算不可穷，离朱亦迷方。载振既冯轼观之，而伦敦旋轫之初，先至比利时国之博间赛都城。厥民殷析，殚精工艺。比主黄发髟髟，手持一篇，研研讲议，若无预于欧洲战国策者。荷兰遗俗谧康若兹，其持弱之道乎？其将伺人之不见，有所得乎？夫民生而有血气则争，争而不已则困，困而犹不能不争，且行求所以善其争者，而开化之术出焉，进步之程伟焉。欧美两洲，自十七纪之末，磅礴扶舆，更师迭长，与时王相要，靡不履繁霜而凛坚冰，镜前车而修来轸。诸国之迹灿然已。

钦惟我皇太后皇上保合太和，建中于民，顺时消息，自六龙旋跸以来，损益因宜，诏书屡下，风声树于上，舆谔欢于下。方今官守其度，士劝其学，工农商师讲于野，兵技巧家兴于军。百废举廞，作事谋始，日积而月累，固将月异而岁不同。自兹以往，欧亚学界之中，我庠士其且竞胜于理化乎？我政家其竞胜于经济乎？我兵家其竞胜于武力乎？我农工商其竞胜于产殖乎？

夫倾者易之复，否者泰之来，载振诚不敢訾言，而泰西智士之言，其期于我国，乃有过我自期万万者，辄以卧薪尝胆之心，为拜手扬言之颂。当世君子其或不鄙乎斯言。

大清专使英国大臣固山贝子衔镇国将军载振谨序

（《茹经堂文集》卷4所收该文后唐文治记曰："此文由余属稿，请沈子培先生润饰始成，其文气之雄厚，炼词之典雅，盖沈先生之特色，非余所能逮也。自记。"）

凡例

一　是书分十有二卷，由北京启程赴沪，由沪放洋，历南洋各岛，过印度洋至地中海，为第一、二、三卷。由马赛赴英住伦敦，为第四、五、六卷。住比京为第七卷。住法京并由法启程过大西洋，为第八、九卷。住纽约并由美启程经温哥华过太平洋，为第十、十一卷。住日本，由马关回京，为第十二卷。

一　是书仿《黄氏日钞》、顾氏《日知录》体记事之馀，稍参论议，大抵英详于商务及学校诸事；比详于制造、工艺；法详于议院、各衙门制度，而于教务，必持之龈龈；美详于各部章程及其地方自治之法；日本与我地处同洲，其则不远，故于宪法等事并加研究，而于教育之法，尤三致意焉。

一　是书所纪各国章程条例，一切均从本国访求译录，其有曾经前人纪载者，即不复著录，以免剿说雷同之诮。

一　经过南洋各岛及印度洋、地中海时，俯仰陈迹，盱衡世变，均有实事可纪；至大西洋、太平洋，则莽荡靡涯，亹闻罕漫，故仍纪法、美两国事实，以免蹈空。

一　张骞使西域，具言地形、舆地之学，由来尚已。是书释地稍从简略者，以有新化邹代钧《西征纪程》考证极审，是以不复详著。至于山水纪游，则略仿柳子厚文体，不尚丽藻，惟运神思庶，俾读者有情满于山、意溢于海之致。

一　出洋日记近人所著，首推郭嵩焘之《使西纪程》、薛福成之《四国日记》。第郭书简略，未经完备；薛书则多系细绎报章，无关宏谊。是书宗旨，务在考求各国政治、学术、律令、典章，旁逮商务、工艺，冀以立青出于蓝，冰寒于水之基础，故于洋报译录甚尠，盖觇国之要，固当识其大也。

英轺日记卷一

光绪二十七年十二月十二日(1902年1月21日) 奉命派充专使英国头等大臣致贺加冕。翼日,又奉恩旨,赏加贝子衔。窃念载振束发诵诗,未谙专对,叨承乔荫,得沐殊荣。此行固为典礼所关,亦藉以恢扩见闻,增长学识。感幸之余,弥深悚惕,当敬谨具摺谢恩讫,二十四日呈递奏调人员摺,计调参议官、二品衔记名简放直隶候补道梁诚,参赞官、四品衔外务部员外郎、即补郎中汪大燮,二品衔记名道杨来昭,二品衔候选道黄开甲,四品衔外务部主事、即补员外郎唐文治,二品衔记名道陶大均,翻译官、前北洋海军参将、扬勇巴图鲁吴应科,四品衔候选主事刘式训,五品衔候选县丞潘斯炽,凡九人。

自后,迭与各国驻京使臣拜晤往还。诸使雅重邦交,均有请赴各本国游历之意。因拟俟英伦礼成后,自西徂东,由欧达美,由美返亚,庶得考验各国政治艺术,以为采风之助。

光绪二十八年二月二十二日(1902年3月31日) 陛辞,已刻召对。仰蒙圣怀廑念远程,训勉有加,莫名钦感,谨将出京日期及游历各国程途逐一奏明。是晚,英国驻京使臣萨道义设宴于使馆作饯。

三月初四日(4月11日) 恭赍国书,率同参议官梁诚、参赞官汪大燮等至正阳门东火车栈启行。车马骈阗,送者萃集,醇邸暨那侍郎桐深致殷勤问途,已经获益匪尠,英使萨道义、日本使内田康哉,均登车话别,一以东道之情,一因同洲之谊,道左周旋,弥征亲密。欧亚风俗虽自不同,而崇尚交际,娴习礼文,因之讲信修睦,固无二致也。骊唱催人骁征遂赋。巳正一刻,客散开车,既深恋阙之私,复念过庭之训,辎轩独坐,枨触于怀。申正抵天津,英领事威金生来见。酉正抵塘沽，登招商局“安平”轮船。

三月初五日（4月12日）　寅初开轮，卯初至大沽口。时值海潮方涨，一望弥漫，而水浅沙高，舟行甚滞。溯厥原委，盖永定河上游为桑干河导源，晋北挟沙而行，至析津之三岔河口，会白河、凤河诸水东南流入海。昔时水盛，刷沙停滞，日仅微积，比年以来，永定漫口治河者多开引河以杀水势。由是水力浸弱，又经七十二沽，盘纡缭曲，积久淤垫。潮汛灌注甚微，退势愈缓。迨抵口门，湛滦分涣，不能挟以远行。口外停沙里许，深处仅九尺，轮舶出入不便，驯致货物壅滞而商务困，诸沽水益浅，支河不能开，盛潦无所宣泄，而农务困。诚能用西国机器挖沙之法，大加浚治，不数年后，可期通畅。微特商务枢纽所关，实畿辅水利所恃以为基础者也。

申刻，过山东庙儿群岛。岛大小十五座，数南北分列为黄海与直隶海。两戒之间，最北为北城隍岛，距老铁山头二十二里，西南距莱州海岸约六十里。以地势悬空，海程散漫，经营台坞，差有未宜。然东连旅顺，西接威海卫，拱卫津沽、固渤海之要冲也。

戌刻，过烟台。亥刻，过威海卫。烟台口外有小山一，形似孤峙，即成山。其西六十里有陆岸，前伸如舌，与登州北岸接，名“细沙颈”。自东南迤西北，长五里。毗近有岛，曰之罘，高九百八十尺，其对岸即烟台山也。距成山西二十三里，曰刘公岛。东西两面为港之二口。威海卫在其西岸，近数年来，英人于此募兵设防，不遗余力，其用意固为深远。第以睦谊而论，则完璧归赵，自必不爽其期。前事不忘，后事之师。慎毋昧于求已也。

三月初六日（4月13日）　未刻，过黑水洋。遥见浓烟一缕缭绕天边，旋见有船桅高出水际。又少顷，全船毕见。船主云：“此船速率力较大，追及同日烟台所开之船。”此际波平如镜，目力所穷，四陲渐偃，因知地圆之说为不诬也。

三月初七日（4月14日）　卯刻，过蛇山。山为崇明县属岛，县志谓：“是岛昔无居民，康熙间有贾人浮海，始履其地。”今则轮舶时经阅二时许，即可达沪，足征地利之辟，虽关运会，实藉人功。巳刻，抵吴淞港。港长六十里，为扬子江分支，亦曰黄浦江。北岸有浅滩，巨舶入水深者，皆迤南岸驶入，两岸台垒相望。惜地势平衍，难于扼要，旋即停轮。上海道袁树勋等来见，副总税务司斐式楷放海关开办巡轮来迓，并称英兵预备在英工部局码头排队迎接。爰于申初，易坐小轮登岸。工部尚书吕海寰、工部侍郎盛宣怀等在彩棚跪请圣安。礼毕，即赴斜桥之洋务局驻节，接见在沪各官及在沪绅商。

三月初八日(4 月 15 日) 英国领事班德瑞、副领事慈必佑来见，并称其总领事霍毕兰抱病，未克躬诣行辕，深致歉仄。是时，各国驻沪领事，法国巨籁达、德国克纳贝、俄国阔雷明、美国古纳、日本岩崎三雄、丹国厉克司密甫、比国薛福德、义国聂腊济尼、奥国柯次辣、葡国濮琚、沪关税司好博逊、副税司李蔚良、博禄多、造册税司戴乐尔、夏立士、洋文税司义理迩、汉文税司威礼士均先后来见。江汉关税司贺璧理因随办商约在沪，日本陆军马兵少佐今井直治、通译勋八等过镩太郎亦俱随班来见。竟日周旋，颇形棘棘。戌刻，吕尚书、盛侍郎暨在沪各官公宴于味莼园，奏西乐以侑酒。英国议商约使臣马凯并各领事等均在座。中西共三十馀人。

三月初九日(4 月 16 日) 英国提督杰美斯何乐章、美国提督黎富思、法国驻华陆军总统凡勒脱等先后来谒。午刻，英领事班德瑞请宴于领事署，特派炮队护送。迨抵署时，又遣步队迎接。笃念邦交，意殊周至。申刻，江苏巡抚恩寿以阅兵过沪，诣行次跪请圣安。礼毕，留晚膳。

考查扬子江，发源西藏昆仑山，其流东达滇、川、鄂、湘、江西、安徽、江苏等省，而注于太平洋，不独形胜险要，以贸易而论，实商务绝大一战场也。顾中商贸易往往不逮西人者，揆厥所原，西人多设商会，上下之情通；中国狃于旧习，官商之气隔。西人成本巨，其力足以持久；中商营运微，其气不足以萃聚故也。昔管子论海王之策，不外揆度轻重；唐刘晏善理财，不外周知四方之物价。诚能握盈虚衰旺之数,善为维持,则中国之富可翘足而待矣。

三月初十日(4月17日) 日本议商约大臣日置益、小田切万寿之助来谒。申初刻,赴各处洋行略一游览。晚赴英国议商约大臣马凯之宴,在座约五十馀人。修改商约一事,特简吕尚书海寰、盛宫保宣怀与各国订议。中国商务,英为巨擘,故群推英使马凯为领袖。惟所交二十四款,各有注意之处。闻美国意在杂居内地,日本意在华米出洋免厘一节,欧美虽有同心,然观于光绪二十五年英提督贝思福所著《保华全书》详载各口英商陈说,知此事英为独重。故马使所交各款均于极琐细中,暗寓挤我厘金之意,使我不免自免。迭次会商,无非叮咛小节。幸吕、盛二君心知其意,外务部复电二君尽力坚持,必先允我加税,方可开议他端。于是,二君告以如允加税,则诸款方可徐商。马知我窥见隐微,始渐就范。惟从前有税之货,约可加至值百抽十五。烟酒食物之类,仍只允值百抽五,不审能一律抽收否。

窃思税厘为各国自主之事,烟酒尤为各国征税最重之物,独我以载入约章,致多窒碍。揆诸公理,更有未安。杂居一节,在各国原无分彼此,我以刑律不同之故,侨居客民不肯受我管束,由是川壅而溃,伤人愈多,在我方深掣肘之虞,在彼已兆剥肤之痛。种种流弊,俱萌于此。吕、盛告以侨民受辖,必许杂居。彼有难色,而坚询我国改律何日就绪?比年各国皆以开通中国为言杂居之说,纵使获已,亦当在先事绸缪之列。窃愿为士师者,斟酌中西,早编定本,使彼无所借口,庶几编氓悉隶,不独消患无形。且从前教案受祸之深,亦可从此稍减。至华米出口与洋盐进口,皆有损于民生,民生蹙则内乱生,商务将不可问,固不徒中国之害也。

三月十一日(4月18日) 申刻,赴副总税务司斐式楷茶会,中西男女宾客约百馀人。戌刻,赴日本正金银行长锋郎之宴。日本议约官日置益、小田切万寿之助均在座。酒半,小田切举杯称颂词,意颇殷当。答以中日系同洲同文之国,交谊益加亲睦。此次本爵大臣奉皇太后、皇上简命,俟赴英国贺加冕礼成后,即当赴贵国通问,顺便考验一切云云。盖日本迩来励精图治，学术日新，至其讲求宪法，尤为精要。宪法者，实即中国《春秋》之书尊王之旨，卑高以陈，贵贱以位。明此义，则名位秩然，横议邪说不禁自绝。秋间东瀛返旆，必须详加探讨也。

三月十二日(4月19日) 午初，赴英国兵官司达雷阅操之约，司先派舢板在码头迎候。届时登舟，各兵官佩刀，水师兵持枪奏乐。少顷，乐止，司指二兵官通名，额手相见毕，导引周历，船面船两旁排列快炮八尊，炮子每重百磅，又间以小炮六尊、舵楼二重紧相接，前为平时航海之用。周以木房，后即开战时所用，周以钢板三面，容光处仅玻璃一小方，居中有轮，所以展舵左右，列测量仪器各一，以量敌船之方向。仪柜之旁，各悬得律风以发令，使攻敌有准。船面悬雷艇一、快船一，行军陆路快炮、快枪无不备。

少顷，入餐房献茶。饮毕，司请阅操。俄而吹号，各兵往来如织，咸就本位。又吹号，则各炮位左右俯仰旋转如风，开炮门、出旧子、入新子，顷刻启闭数次。俄而作船身受伤状，则各兵解大帆布，悬之入海以偃水；俄而作兵受伤状，则数兵维之以板抬入舱。俄而作受炮火发状，则各兵挟水机以息火；俄而作鱼雷来攻状，则各小炮俯仰以击之；俄而作兵坠入海状，则数兵系绳悬铜圈以救之。其平时之备御周，故临时之策应速。演毕，复进餐房茶叙，仍坐舢板登岸，兵船演乐声炮致送。

未刻，沪上绅商公宴于澄衷学堂。堂为叶道成忠捐赀创建，讲舍宏敞，生徒二百馀人，年最长者十六岁，最幼者七岁。分班进谒，彬彬有礼，因勖以朝廷于教学一事，极为注意，此堂规模粗具，程课秩然，殊堪嘉尚。诸生励志劬学，务期淹贯中西，明体达用，以备异日栋梁之选。达材成德，道在养蒙。诸生其勉旃，因书"棫朴权舆"匾额，并跋数语以赠之。

是日，吕尚书、盛宫保皆在座。盛系会办商务，因令商董严道信厚、朱道宝奎、毛道祖模等谒。中国商情涣散，狃于近利，每次因鹬蚌之争，坐使渔翁得利。近于沪上设立商会，藉通彼此之情。倘能障碍一空，庶商务日有起色，因以上下一心，通功易事，尽力维持，为诸商勉励数言。酉初始散。

三月十三日(4 月 20 日) 未刻，至高昌庙阅机器局，总办毛道庆藩导引周阅。凡为厂四，曰枪厂，曰炮厂，曰生铁厂，曰熟铁厂。枪厂所制，系后膛林明敦、黎意、快利等枪。现添购机器，仿鄂局式改造小口径新毛瑟枪，其口径、枪身、子弹，悉与鄂局相符。炮厂所制，以铜壳装药新式快炮为最，计六种，内一百磅子、四十磅子、六磅子三种，便于轮船炮台；十二磅子、三磅子、两磅子三种，便于陆路行军。生铁厂所造，有机器，若汽机、汽筒、飞轮之属；有器具，若热炉、铁架、辘轳之属；有军械需用之件，若炮架及碰雷铁坠之属；有厂屋需用之件，若铁柱、铁垫及铺地铁板之属。熟铁厂所造，有机器需用之件，若偏心湾轴夹箍及各式扳手、销子、起子、螺丝之属；有轮船需用之件，若挺杆、摇杆、汽罨杆、天遮架柱之属；有枪手需用之件，若护手弓、机簧管、坯挑簧之属；有炮位需用之件，若炮塞、炮耳架、扳手、炮架钩之属。所用之铁，七成用中国矿产，三成购自外洋。制器则视所宜配用之。厂中能修船不能自造，以船坞陋隘，河小水浅故也。近年推广能造锅炉及总机器。上年四川设机器局，其总机即此厂所造，规模较前开拓多矣。

三月十四日(4 月 21 日) 辰刻，拜发陈报放洋日期一摺，并钞稿咨外务部。申初二刻，率参、随各员，由洋务局启行。先是，赴塘沽时，李道经楚来见，请附“安平”轮船至沪。李道为原任大学士文忠公之侄，两广总督勤恪公之子也。舟中接谈，言论开敏。至是，因续调焉。申正，抵马头。吕尚书、盛侍郎、恩中丞暨英使马凯、英新任总领事满思斐、英驻沪总统兵官、日本议约官小田切等，均在海关码头相送。裴副总税司仍备开办巡船送至吴淞，南北洋海军各轮俱声炮致送。

申正三刻，登宾角公司船，名“班哥”，而原定公司船名“奥士地利亚”，抵沪始知该船向往来锡兰岛至马赛之间，中国及南洋海别有公司轮船接替。故登是船，询知船主名樊伦梯尼，船长四百英尺，宽四十英尺，吃重四千六百吨，速率英海里十三里有半，现吃水深二十三英尺，船主一人，大二副等共五人，司机七人，由上海至锡兰往来已多年矣。

北洋海军统领叶祖珪、副统领萨镇冰来见，请赴“海圻”兵轮阅看炮位，因单舸往视。此船与“海容”船均于戊戌年在英厂造成，船桅有台二重，可发机炮以攻远船，头置三百磅开花子快炮一座，右有电机，一人以足践机，则数千斤之炮，上下左右无不如志。两旁列一百磅开花子快炮十二尊，又小快炮二十一尊。舱中有药库、有子弹库，小弹以椟储之。每运一椟，得子二十枚。大弹之库，即在大炮位右旁。舱口周小、钢板，舱中设辘轳，悬二桶以运之。叶祖珪言：此炮旋转甚捷，施放亦极便利，所惜运子稍迟，未免有停炮候子之弊。能设法改速，方无遗憾云。管带萨镇冰曾在北洋水师学堂肄业，以高等累擢今职，办事认真，为海军未易才。船中水师三百余人，整齐娴熟，以视前日所阅英国师船，无不及也。惜时已薄暮，未及操演，匆促返，英公司船已列馔候晚餐矣。

北洋水师凡七船，现在福州者二，在高昌庙船坞者二，在吴淞口者三，“海圻”其一也。船坚器利，且系新式，惟无大钢甲船。且船少，未能成军，故暂寄南洋各口停泊云。

三月十五日(4月22日) 卯刻，出吴淞口南。午刻，抵浙江洋面。未初，烟雾四合，舟行缓，频放气击钟，以警来船。未正，雾甚，有风，因停轮。戌初，雨作雾止，复起轮。夜色苍茫，遥见岛屿潆回。询之，则舟山也。未几，见灯塔甚近，知为定海港。各岛其最向西者，曰螺头；距螺头东一里，曰摘箬山；距四里又四分里之一，曰白龙山。螺头北列岛最向西者，曰马秦山；迤东曰盘屿山，又东曰鳌山。此外，小岛甚夥，潮流迅疾，并多隐石。至螺头与马秦山间，曰马秦水道，与穿鼻间曰螺头水道，俱便停泊。又北曰大衢山小衢山，又北曰岱山。

综揽形势，慨然想见道光二十年之役。海水沸腾，惊霆不测。论者多谓舟山地险，易克难守，不知险者地，而所以设险者人。《周易·习坎》之《大象》曰："习教事。"教事者，练水战、广泛地、通斥堠而已。绸缪牖户，经训昭然，其可忽诸？

三月十六日(4月23日)　早过石浦海面。案：石浦港在牛头山西，西面有水道口，可通三门湾。南面由黎民岛西面以通三门湾港，北岸有石浦城。自石浦海岸曲折向北二十五里至象山港口，有数小岛，水浅不能避风。光绪十年，法兵船邀击援台兵轮，"澄庆""驭远"两船，遂沉港内。

午刻，入闽海。考全闽之形胜，以厦门为枢纽。其西南曰鼓浪屿，周约数里。出海面二十馀丈，四周多石。又有石嘴，自屿东南伸入海半里许。近日本诸国请将此屿辟作租界，然金、厦海防，纲维于是，亟宜明定妥章，以保我自主之权也。此外，如长岐、马祖诸山暨海坛镇，俱险要处。

三月十七日(4月24日)　出闽海，入粤海，过南澳镇之南。案：南澳以东西计，长十二里半，以南北计，最宽处约五里许，在潮州饶平县东南，峰高一百七十丈至一百九十丈，渔舍鳞比，不产植物。南澳西角曰快传角，其南有流沙浅滩。午后，天气较热，可服纱縠，盖距温带益近也。

西人嘉导理介参赞黄开甲来见，送呈育才书社章程一册。嘉饶于赀，捐金四万元，于粤省创设学社，取名"育才"，专课中国子弟，其章程十八则，颇有条理。末则云：书社之名目与创设之原意，不得更改。凡书社所设之学塾，必不得兼教传教课程，亦永不得归属教堂，干涉教门之事。此条极有斟酌，盖教务根源，肇自墨氏，读"尚同""明鬼"诸篇，迹象昭然，已可概见。"摩西十诫"，特彼教中之糟粕。惟其保守灵魂之说，实得释氏豁然顿悟之宗，而于庄子所谓至道之精，窈窈冥冥，抱神以清，形将自正者，庶几相近，我中国圣贤久已辞而辟之。欧西传教之士辄欲以此危言聒而与中国士夫语，怐愗者因以致疑，狡黠者转相托足。此人心之所以日漓，而天下之所以多故也。昔班孟坚论诸子皆六经之支与流裔，庸讵知学问之道，径涂贵博，宗旨宜严。嘉导理以西人设中国学社，独能以不传教为本，斯其所见高出于利玛窦、艾儒略辈殆数等矣！因书“功超利艾”四字匾额赠之。不徒奖励其事，盖嘉其能知正学也。

英轺日记卷一终

英轺日记卷二

三月十八日(4月25日)　巳初刻，抵香港埠，发外务部电一件。港督派中军来迎，并请午餐。午正，率同参议官梁诚、参赞官黄开甲乘港督所派小轮登岸，赴将军公馆之宴，盖正任港督请假回国，摄篆者为将军格思可言也。将军迎于大门外，与行握手礼，偕入正厅，见其夫人、英驻防副将之夫人，暨英远东水师提督、水师左右翼长、水师司令官、陆军司令官、汉文参赞、汇丰总行总办、警察署总办、华民政务司，均以次行鞠躬礼。

未初入席，爰询以港属之广袤，港督曰："港属为英方里者三十五迈，九龙为方里者三百五十迈，港地倚山为庐，分三环：上环居西人，中环为西市，下环为华市。"又询以户口之繁庶，港督曰："港地华民约二十五万，九龙华民约十万，两处西人不过三千，合陆兵不过八千人。兵船游弋无常，故水师人数不能以约举。"又询以刑律之轻重，港督曰："轻者罚锾，重者科以苦工，石工木工视所宜。成童以上罹法者，使习一艺。溺婴者缳首，拯死者重赏，鞭笞罕施，以养其耻。"又询以教养之规制，港督曰："官学不取膳，不给奖，不分中西。卒业者给照，商民子弟争赴焉。故费无常。"又询以商税之出入，港督曰："英于此埠，稽而不征，核其商本，约英金五京镑有奇。核其重率，约英权一京五兆六亿墩有奇。英船载运者强半，他国及华船载运者弱半。"

谈次，已申初，举盏兴辞。港督言："太平山为港埠，清幽处不可不游，已派印捕为前驱。"因往登山。有火车候于途，车式如常，以轮夹钢绳而行。山半有机房，绳内旋则车上，外旋则车下。火车尽处，去平地千馀尺，下车有肩舆候于途，登之逶迤而前，距山巅数百尺，舆阻徒行，热而渴。土人争献茶，稍憩，拔步直造峰巅。山亭巍然，爰暂止足。举目四顾，一望无际。云生肘下，清风徐来，披襟当之，尘熇顿涤。俯视市舶，鳞集如绘。海波凝碧，沦漪生纹。遥见远岫浮空，雾迷山腹，蓊菱荡漾，隐现分明。因念古人登高能赋，寄托晤言，讵如刘勰所云，形在江海，心存魏阙，况陟岵陟屺之感，更有结辖弗谖者耶！侍者解佩刀，画名亭楹，时已申正。赴华商公所茶会，接见商董首事、道员冯华川、谭乾初、温灏、中书陈始昌、知府廖维杰等。

考香港华商之业，以南北行为大宗，承运南北货物，握往来之枢，近年设此栈者，多至二百馀家，非巨赀不能立。或独赀、或合股，上者一二百万，中下亦八十万以上。次则保险公司，专保水火各险。往岁不过三四家，近增至十馀家。商本亦各百馀万，或聘用司理人，或鸠集股本，必延律师、定合同，签押后呈于有司，录副存案。其赀本必核实，否则立遭驳斥。每月每百金纳一钱三分于官，有司以时稽之，知其出入之数，故司理人及股东俱不能为伪，以肆吞并。设有不平之事，商董集同行于公所，各抒所见，议定咸输赀，延律师控于官。官不得因中西之故，有左右袒。故自立商会，华民争回权利不少。其首事岁一举，先期函其名，投于柜，届期发之，以举者之众寡为定，总理亦得联任。其分理或书记，任满则去，不得联任，岁可再举。此法采自西人，行之无弊。其稽核严，其声气通，本实利丰，为亚洲商埠之冠。谭乾初云，比年西人考察全球商务之盛，英之利华埠为第一，而香港次之。前数年之香港瞠乎居后，今则驾纽约、金山而上之。英人保护、开通二法，循环为用。历数年后，或并胜于利华埠未可知也。

因思吾华商业繁盛，昔推上海，今余周历二埠，细察情形，综言其消长之数，上海之商情涣，香港之商情聚；上海之商力微，香港之商力厚；上海之商本贷于人，其权为银行钱庄所操，香港之商本出于已，其事为有司律师所悉。一实而一虚，一先而一后，一隔而一通，一迟而一速，此胜负之所以相悬也。今沪上初设商会，倘能仿香港之法行之，则搢阅倒闭诸弊，或稍稍息乎？公所厅事，悬醇邸小影，众商为余言,上年醇邸驾临时所照,请余亦映一照,以伸景仰。余允之,并勖励数言致谢。归舟。

三月十九日(4月26日) 辰正三刻,英驻沪水师提督裴理治、副提督格伦非来拜。巳正三刻,英署督格思可言来答拜,寒暄数语,并谢昨日之宴。午初,裴理治遣小轮请阅兵船,因率梁诚、汪大燮、杨来昭、黄开甲、吴应科往焉。登舟奏乐,船主史阁忒带见各兵官如申仪。询知船名"台里勃",而船长五百四十英尺,宽七十英尺,入水三十九英尺,载重一万五千墩,马力三万四,速率每小时行二十三海里,需煤三百六十墩,前后桅四支有台二重,台储机器炮所以击远,使敌船不得近己船。首安十二寸口径快炮一,弹子每重三百五十磅,每一分钟可三出,周以钢甲,形如龟背,俗称为"龟背铁塔"是也。甲内容四五人,机器灵敏。每出子,能以人力俯仰之,欲左右旋,则用电气运之,船两旁列六寸口径快炮十二尊。

船舱凡六层,二层船主房、客房、餐房、将校房,皆极修洁。三层为水兵起居之所,左排长桌每容十二人,各兵就食于此。右列长架每格储卧具一,寝则舒之,起则卷之。近船首处为牢狱,兵有过则置此。四层无窗,白昼用电灯,知已入水,左右列长巷长三百英尺,旁排列各炮机簧以备,炮位有损,立时修理。数武间有井悬机以达顶,起落甚捷。五层有造冰机房一,馀以储火药,皆用铁柜,四旁皆储煤,以防受炮火发,不遽及火药也。六层储水电并发雷机炮,用时以气压之,又有皮筒储空气以备用。水雷入水,自行六千尺。在三千尺内,速率甚猛,百发百中,过此,则雷尾双轮为水力所阻,行稍迟,而炮线亦或有偏倚矣。

阅竟,就厅,事茶叙,略谭,知此为英水师第二队提督裴理治所统东方水师船,凡四十一,快船皆狭而长,故行捷。铁甲船阔而短,故行缓。铁甲所以保巡、快、鱼雷,各船必相辅,方成一队。此船为快船之冠,载水师九百人。水兵打靶,每百出可中八十。英特之战,曾到非洲,前年到天津,三年更番调换,七日一出巡云。濒行,奏乐如初。

未初，回公司船，启椗出口。

三月二十日(4月27日) 经琼州海。琼州一岛，孤悬海外，府城北有口岸，曰海口，与徐闻之海安相对，税务司设关于此，为往来要津。所属十三州县环列海边，黎民盘踞中央，外为熟黎，恒与居民通贸易；内为生黎，性情犷悍，言语不通，不辫发、不纳赋，衣饰不分男女，行疾如飞，时出为患，水土尤恶，山木多槟榔，花开时瘴雾四塞，中之生疾，故自汉迄今二千余年，黎洞老巢，人迹罕到。鄂督张之洞督粤时，黎民蠢动，张遣兵，运巨炮，开四达之衢于山中，东西南北得以径行，自是瘴气差减，然无兵镇摄，行旅虑深入或遭不测，仍绕边县行。郡向有镇道驻扎，内以防黎，外以防海。从前规制非不周密，特时移势易，火器日新，区区黎患，固不足书，海洋轮舶如梳，海盗亦无所栖托，慨焉远虑实有出于所备之外者。

案：琼岛西对越南之海防，北连高雷之广州湾，势成犄角，而广湾处徐闻、澄迈两县之边，为自省至琼必经孔道。征兵运械，非此无由。是防琼之难，有百倍于昔日者，而或言由高州内地达钦廉，山路平夷，便于陆兵往来。然非廉、琼驻有海军，台垒相望，岂易遥为声援？又琼州四面环海，浅水帆船，处处可以登陆。近惟距府北十里海口，设有税关，馀则散漫无稽。其地距新嘉坡约四千里，帆船御风而行，数日可达。

闻印度鸦片萃集坡埠，半由华民趸买，其用轮运港以达内地者，固皆循例缴税，而在坡拆箱运至琼之南岸者，税司无从顾问。若仅售之琼州一岛，为数尚属有限，而沿海鱼船游行如织，往往携十数丸或数十丸以达沿边各县村落，散无统纪，稽察綦难。及既入内地，不独流行两广各郡，并能转行他省，实有妨税课之一端也。昔有人欲于坡埠设鸦片总行，即以洋药离坡数目准中国征税；数目设有不符，定属偷漏，即由总行赔缴。华商在坡者，俱已允从，因为港督所挠，指为越界稽征，遂作罢论，良为可惜。昨闻港埠绅商言，粤省近议创设烟膏捐，洋药进口后，由商人拆卖。核其煎膏之数，每斤纳捐若干，全省每年约得捐款一百二十万。粤督开导商民，颇形踊跃，可谓法良意美。盖收捐在拆包熬膏以后，固与约章并无关碍，而捐项虽出诸商民，实仍出诸买主。洋药膏收捐，则土药自当一办理。膏价渐昂，贫民吸食者渐少，寓厉禁于无形之中，斯真修德行仁之事，固不仅有益公帑而已也。在都时，闻闽督亦经奏请，在闽省抽收膏捐，议仿台湾章程，设立公司，遍行收买。迨熬膏出售，按价加捐若干。此则须筹巨本，且公司不得其人，流弊滋多，不如粤省之举重若轻矣。

三月二十一日(4月28日) 经越南海。越南一都四圻，其国及左右二圻，为汉九真郡地。其北圻分十六道，为汉交趾郡地。其南圻分十道，为汉日南郡及占城、真腊二国地。当嘉庆间，法兰西在西贡立商埠、通贸易。同光间，又开海防、广和为互市之所。光绪六年，法越构衅，举兵入东京，为城下之盟。治越之权，尽为法有，其国王拥虚位而已。

舟行，循顺化、广南、广义、富安、广和之东，又循平顺之南。富安北有阶英巴嘴，南有杭海赫湾，广和南有刊兰海湾，皆能障风潮，停巨舶。又南曰"倍达陇角"，曰"拉冈角"，两角间有大港、平顺，南曰"芳黎湾"，迤南有圭俄角，皆形势险要，为船坞胜地。

法人经营越境二十条〔馀〕年，租税所入，不敷俸饷之用。尚未闻有大支海军屯驻于此，然其形势利修武备，见于其国人著论者甚夥，故他国商船，亦罕往停泊。近法人防越，即募越人为兵，其视越，已如身之使臂，不虞更有他变。而内地固与滇粤接壤，滇省铁路，指日开办。蒙自、思茅重门洞辟；粤之琼岛，复与越南隔海相望。越岸既便停舟，又与广湾一气联络。遥望珠崖，不禁心旌之摇摇也。

三月二十二日(4月29日) 经西贡港口。西贡，《真腊风土记》作"雉棍"，《瀛环志略》作"柴棍"，属嘉定道，港汊深邃弯环，与大沽相似，法垒林立，极占形胜，有兵三四千。其初，法割南圻六道，设总督治之。其北为柬埔寨，即唐时吉蔑国，法先诱以属已，设巡抚保护之。自全越不振，法增设巡抚于东京，又并南北圻，而以总督统辖之。越人一举一动，必请命而后行，其货物地基、房屋招牌、贸易诸税之外，复有身税。待华民尤苛，有岁征八九十元者。华民旅居越地，共约三十万人，在西贡者亦五六万。以无领事，辄受欺压，无所控诉，尚不若港、坡旅人之得自由也。

越南自五代时立国，迄今八百馀年。土产棉花、蔗糖、槟榔、豆蔻、沉水〔香〕、香楠，尤宜种稻。其沃土，岁再三熟。脱令君臣一德，施措得宜，外扼天堑之雄关，内饶树艺之美利，讵不足以保世滋大，延之无穷；而乃篡夺频仍，内政废弛，海疆要隘，先以畀人，卒至举国陵夷，空王徒托，亦可为有国者之殷鉴矣。

考其地，西界暹罗。暹罗者，古扶南国地，赵宋时分为二，曰暹曰罗斛。元至正间，罗斛兼并暹国，遂曰暹罗。暹土硗瘠，而罗斛富于稻粱。今其国王曰"许勒龙冈"，励精图治，慎固外交，尝命世子监国，躬历海外者数年，不惮自抑，比于学徒。考求制造水师，殚精弗倦，尤善结纳。以俄罗斯居北徼，南交商务不通，争端自鲜，而俄法交欢，便于排难，故与俄相结尤深，间以边事与法龂龁，终能出以和平，求合公法而后已，并遣使臣至各国聘问往还，从诸大国后，雍容坛坫，而各国亦不以其弱小而轻之，且能自立海军，设险守国。故虽东逼于法，西邻于英，而蕞尔弹丸，钟簴无恙，岂非务财训农、讲信修睦之明效欤？夫自古求己之道根于至诚，与人之方原于强恕。持此二义，乃能自存。左氏有言："自求多福，在我而已。"极目山河，盱衡世变，据所闻见，连牍书之。

三月二十三日(4月30日) 过柬埔寨角之外海，其地当柬埔寨之东南，婆罗洲之西北。

三月二十四日(5月1日) 辰正，舟抵新嘉坡，泊公司码头。自香港至此，水程六日。去国日远，翘首觚棱，弥深轸辖。先是，舟抵香港，得上海道袁树勋来电称，驻坡代理领事吴世奇电禀坡督，预订设宴款待，请电覆等语，余复电诺之。至是，吴世奇并新派领事凤仪以小轮来迎，且称众商备行台于振裕园，请往少憩。巳刻，遂率参、随、翻译各员，至官码头登岸。英兵排队奏乐以迎，应接如礼。登车莅行台，接见粤省所派保商委员吴桐林并绅商李清棢等。众商呈颂词二，颇极藻饰，爰告以国家深仁厚泽，二百数十年，声教所讫，莫不尊亲。矧方今皇太后皇上轸念海外侨黎，屡颁温谕。若辈宜矢志忠贞，遇事力图报效，毋忘厚恩，是所切望。诸商佥唯唯。

午正，遂赴督署拜晤。署去振裕园不远，居土冈之上，嵩构崔巍，轩敞寥朗，文石铺地，清洁无尘，坡督史惠忒南迓于门，握手偕入。其中军参赞及法领事介史惠通名谒见，坐谭片刻。史谓："中国大局粗定，以目前情形而论，五年之内，可保无事。然必及此闲暇，明政刑、讲义理、修武备，始足为长治久安计。深望中国及早振兴，庶使列邦刮目相视。中英方睦，敢为肺腑之谈，辛恕唐突。"余谨谢昌言，告以此次莅英，即拟考求贵国政治、学术，且游法美诸国，咨询法度，以备国家采择，有所则效，史韪之。少顷，就宴。马来王披而阿来同席，史告余，此君居毕喇，明日登舟同行，至英贺加冕，联坐移时。

席散，辞归行台。华商佘勉然请赴其花园游览。园为前领事广东胡璇泽所建，今归佘氏，一名蔚园。琪花瑶草，万紫千红，陂塘逶迤，竹树蓊拂。时甫暮春，池荷着花，虫声唧唧，绝似故园秋景，有感得句云："白华补入皇华咏，总是庭闱眷念时。"盖纪实也。佘，闽人，居此三十余年，以商务起家，急公好义，颇不忘本，近与吴世奇等议捐巨赀，欲集群力，建立孔圣学堂，以教寓坡华民子弟，具呈坡督准转英藩部核议，有章程呈递驻英使臣张德彝，俟与英外部商定，即为入告。余嘉之，为奖励数言。

归时，众商请游华民街市，俾遂瞻仰，余允之。周历数里，观者如堵，举欣欣有喜色。门前悬龙旗，结彩绸，栉比鳞次，旖旎生风，始叹比户可封，岂特尧民？即此海隅苍生，咸知回面内向，眷怀中国。源远流长，其来固有所自。由兹以往，所以培养而保护之者，宜何如耶？览毕，返行台。赴众商宴。

查坡埠地居越南之南，其西北为麻喇甲，西南为苏门答腊，东北为婆罗洲。英人据此八十馀年，其地东西九千里，南北差狭，内山及附近各岛茂材木、富铅锡。植物有胡椒、蔗糖、椰子、槟榔，动物有文贝、象牙、犀角。华商旅此约三十万人，大都以矿业起家。其居累世生兹土者，皆辫缀红纬，俗称为“哇哇”，犹言童子，虽髦不改。盖其系恋故国，虽壮不归，犹自托于童稚。其敦本思源之念，有足多者。惟不如香港民气之聚，睦姻任恤之谊薄，游民衣食不足，偷惰无俚，驯至行止失检，时见轻于他族。佘勉然等思有以格之，而未得速化之术。

英例初不准华民练团自保，比以盗贼渐炽，许以百人为限，或者出入相友，守望相助，浇风庶几可革也。土民为巫来由种，约二十馀万人，黧黑野鄙，稚发跣足，性情尤惰，所营皆佣工贱业，土音戛黠鸠州，殊难索解。近虽有华英官设小学数区，而土人亦不与。鹿豕蠢蠢，其何能淑？英官治此有辅政司、按察司以理民事，有水陆兵官以治军政，兵三千人，山南北皆有炮台，守备严密，而警务稍弛，竟日行，捕兵甚罕见，良不可解。宴毕，时已戌正，兴辞归舟。

三月二十五日(5月2日) 辰初，坡督来答拜送行，领事吴世奇、凤仪，华商佘勉然等皆麇集，分别款劳。辰正，解维。坡督及领事商董犹立河干，余再三辞却，久之始退。时马来王已登舟，王冠绒冠，前后锐，有脊亘其上，缀以金络。短衣窄袖有领，遍体金缕，两缕间杂以彩色，衣以下如西服。其始至也，家人从官送行者甚夥，位尊者握手为礼，卑者则跪一膝，嗅王之足，以示亲近。妃妾以巾蔽面，有二孔露其目。衣亦饰金黄，以红袱裹体为裙，行李用杏黄包，有椟一轴一。从官散，仍携之归。或曰，此册宝也。

按：马来即柔佛国，古亦称息力，今译为巫来由，或作马来隅。审其音，马来为近。新嘉坡、槟榔屿、马六甲等处，本皆其国土地，别有文字，与埃及古文略相似。是其初，非尽无文化者。今其国君有能名，游历欧西，广结纳英人，颇善视之。今且许以练兵之权，虽属藩封，不干预内政。近因南洋华民人众，聘请华商专理其事，措置秩如，亦暹罗之亚也。

三月二十六日(5月3日) 午刻,舟抵槟榔屿口外。山势平衍,对岸北连大陆,本马来属地,明时为荷兰所据,嘉庆时英人与荷国立约议租,岁出租银十万元,以九十九年为限。其开辟在新嘉坡之先,不数年间,市舶云集,为南洋巨埠。洎自坡埠既开,更得地势,商货转运停蓄,遂移于坡。而此岛天气清淑,林木茂盛,故商民乐居之。有华民二十八万,西人仅数百人。治事之官,系由坡督转派,职分稍卑,故例不拜晤迎送。全屿无炮台,无守兵,盖与各国约,不以此地作战场,视坡埠胜负为存亡,所以省防费也。

华民权限以此埠为最宽,有华议院议员,所议可者十居八九,视他埠相径庭。华民自相约束,至为严密。有公所、有公积之款。有游民入境,则拘之,教一技,令自营生,俾足自给而止。有废业者,集资使归里,终身不许再至。法良意美,其不为他人所挠,而终能持久者,有以也。未刻,下碇。副领事道员谢荣光等来谒。此间领事向由商人兼充,驻英使臣派定后,知照英官,月给薪水百金,并无公费,仅以保旅民、通情意而已。无文牍往来,非使臣有所询问,则亦并无册报云。余于未正登岸一游,申正返舟。戌正,启碇开行。

三月二十七日(5月4日) 舟过马来新埠。闻槟榔屿南有地名"拔退维亚",系荷兰属,向为华人所居。当雍正、乾隆之间,荷人敬礼华人,深为周至。有经商过其地者,荷人恒以船出迎。三十里外炮声相接,款待殷勤。乾隆十四年,驻拔退维亚荷官因事激变华民,旋用兵攻杀华民十馀万人。荷主大怒,立拘荷官,牒告闽、粤总督,谓兹事重大,敝国殊怀悚歉,现拟办法有三:一、将荷官送中国惩办;一、按荷国律自行严办,请中国派员监视;一、请中国委员会同鞫罪办理。乃闽、粤两督答牍佥称:华氓既居海外,即非中国子民,如何办法,未便与闻。荷主乃大轻华人,礼貌顿衰,至今遂益加藐视。夫人必自侮而后人侮之,天下事,焉往非自取耶?

午刻,舟经麻喇甲海峡。案:麻喇甲,别名玛雷,原系玛雷族所居之地。物产金、铁、花椒、树胶、香料,其民身矮面黑,性情彪悍,轻犯律法，海盗极多。幸英人管束綦严，尚不至有碍商贾。余闻近时闽粤洋面寇盗充斥，有司治捕，几穷于法，商民恒苦之。夫善捕盗者，非必称良有司也。乃即此已不可得，然则当事者盍揣其本欤？

三月二十八日(5月5日)　舟行印度大洋，颇簸荡。按：印度为古天竺国，一名“身毒”，所与缅界毗连者为东印度；枕倚雪山者，为北印度；跨印度河距阿富汗而近者，为西印度；其入海之处，为中南两印度。地形三角，为方里者一千一百五十六万二千七百有奇，户口约三万万。自汉时，即通中国。汉武帝遣使从西南夷指求身毒，明帝遣使天竺问佛道法，是其显证。嗣后唐太宗、元太祖屡次用兵印度，史不绝书。明建文时，西域蒙古王撒尔马罕征服印度。至嘉靖时，五印度国尽为蒙古役属。

当是时，蒲萄牙已至其地，开商埠、通贸易。荷兰继至，夺锡兰岛，开港通市。至万历二十八年，英人始设东印度公司于孟加拉，独擅商贾之利。自是厥后印度诸部渐背蒙古自立。迨国朝乾嘉以来，英人大发兵击印度，囊括席卷，遂跨五印度地，无复敢与相抗者。于是英议院建议以印度为英政府所辖，置印度事务大臣，专任防守诸务，并置参议官十五员，总民政、造铁路、设电线、建大埠三，一即孟加拉，一曰孟买，一曰曼打拉萨。其余如锡兰岛信地诸部，亦俱戍以重兵，镇以连帅，其君长仅衣租食税而已。

孟氏有言：“小役大、弱役强，天也。”吾以为，虽天道，而实视乎人心。何者？人与人之相处，国与国之相际，力焉而已。力相角于外，而智以为之干。智者，所以济力之穷，要以伸吾力而自强也。今印度之人，无贵贱、无穷达，咸闭聪塞明，而莫自觉，是智困也；因循惰偷，凡事束缚而永弗能自拔，是力困也。智力俱困，而犹熙熙然相安于无事，是心死也。如印度者，可以鉴矣。

三月二十九日(5月6日)　行印度洋，舟仍颠簸。

查西历一千八百九十七年，印度国债多至三万万三千二百三十三万九千零二十八金磅。是年，岁入之款共九千五百六十七万六千八百金磅。岁出之款共九千八百十四万零八百金磅。总而核之，出入相抵，犹虞不足。国债将无所取偿，乃非特不忧竭蹶，且日见其赢余者，则以握商战之利，而收税理财之法特敻绝也。查是年印度出口货值，计一万万零八百九十二万一千五百九十一金磅，进口货值计八千九百一十八万八千五百一十一金磅，出入相抵，国民可多得二千万金磅之数，约合中国一万万六千万银两之数。推原其故，由于尽免出口税而重征进口税。盖土产免税，则商贾踊跃而货价贱，货价贱则销畅广、物产丰饶，利以倍蓰，胥基于此，此隐用鼓舞之法也。至于税收之制，贫富宜有分等，必使富者多出，贫者少出，既公且均，庶巨资可以立集。今重征进口税，则货价昂，货价昂则买者富人多而贫人少。灌输出于不觉，且税加于货价之内，并非抽自卖者之手，则商贾亦无裹足之虞，此隐用平均之法也。印度以此二法交相为用，故下有馀而上自足，国债虽多，而经制不匮，其道由此，然则英人之善营商务，于斯亦可见矣。

三月三十日(5月7日) 舟颠簸益甚，殊困惫。案：印度为佛教所自兴，汉唐以来，传播中国，可称极盛。自阿剌伯回教兴，印度之民，又从而奉之。近则天主、耶稣教与佛、回并传，入主出奴，迭相轩轾。论者谓，教门盛衰，可以观世运之升降，国俗之强弱，斯言颇有至理。盖佛氏之学，以清静慈悲为宗。回教坚忍，得以代之。是犹老庄之后，必为申韩也。天主、耶稣又于佛、回两教之外，别树一帜，其言弥近理，而稍附以格致之说，则虚实之机判，而胜负之数将有所归矣。

夫天下之事莫患乎舍实而求虚，中国圣人之道，大而能博，函盖万汇，顾其微言大义，要在乎开物成务，实践躬行，经纶参赞，以辅相天地之不足，而使万物各得其所，斯其所以为真体，所以为实用也。乃今世士大夫，必欲遗其实而课其虚，逐影寻声，沾沾自足，驯至世运风俗滔滔日下，孰谓非圣教之沦胥以至斯极耶！

英轺日记卷二终

英轺日记卷三

四月初一日(5月8日)　辰刻,舟抵锡兰岛之格仑埠。岛在印度东南,地势平衍,别无岛屿环抱,不足以障风潮。盛夏风起,累月不息。英人以塞门土筑堤,海中长里许,留口门为轮舟出入处,水激堤岸高寻尺,形如瀑布,而堤内水势甚平,便于舣舟。

巳刻,下碇。知英驻格仑长官已归国庆贺,其代理者,亦已出巡离埠。余率参、随乘公司小轮登陆,坐马车至英官署投一刺,南行至溆淀,游古佛寺。寺去码头二十馀里。傍海边行,林木夹道,葱笼蓊翳,新蝉一声,掩抑树杪。道左民居隘陋,三五错落,其民黧黑,与巫来由同。童稚裸体跣足,逐车喧呼,或徒手、或折道旁草花以献,伸手攀辕,意在乞钱。与之,则十数成群叫嚣益甚。知编氓之穷蹙为已甚矣。行十数里,有小铁桥一,桥堍有卡,每一马车收税二罗比。过桥,参议梁诚谓余曰:"时已过午,请先至客馆午餐。"馆在寺南数武,西人所开,以待逆旅。至则主人候于门馆。本因阜为屋,两面临海,推窗远眺,浩淼无涯。海风泠然,与涛声相赠答,觉生平游钓所经虽多幽胜,无此雄阔也。

饭后,至开来南庙,庙宇卑狭,中有卧佛一尊,长二丈许。又侍者二尊,佛龛四周绘画天堂地狱种种鬼怪,画工朴拙,殆亦武梁祠画像之亚。佛殿后有白塔一座,僧人指为释迦牟尼真身所在,则此固佛氏涅槃处,非降生之地矣。僧人出《贝叶经》相示,因购之。梵文连环,旁行斜上,两端有孔,以备贯绳。叶香如檀,边微黑,如火捺,或曰香由熏入,日久则灭。比出庙,有沙弥,亦以其叶献。其香远逊,知工候有深浅耳。

兴尽归舟，时已申正。甫见西人乘马车、脚踏车络绎往来，盖以中午烈日可畏，迨日落风来，始出而散步也。车经平桥，桥下有铁道。适火车至此，横穿车下过，两无所碍。酉初，易坐奥士地利亚轮船，班哥尔船主来谒别。盖班哥尔船明日当开赴澳洲，特来作别。余以其同舟半月，款接颇殷，循西例以樽酒相谢，渠亦把盏，拳拳握手而散。奥士地利亚船宽与班哥尔船相等，长三分之一，载重六千九百吨，马力一万匹，每一小时行英海里十五有半。

四月初二日(5月9日) 辰刻，解维，舟西行，过印度可么邻角，为印度极南尽处。过此，则经印度之西矣。风稍平，浪较前数日略定。午后，至舱面小坐。马来披而阿王适至，略谈片刻。言前此曾至欧洲，时年少，精力盛，尚不觉苦。今年五十有五，连日风涛，颇为疲顿。归时拟假道美洲，经日本而归。虽程途较远，而天气差凉，且可免印度洋盛夏狂飙之险。又言南洋小国，俄人窥伺已久，幸有中国介乎其间，至今犹得自存。惟外交之难，日甚一日，颇望中国振兴，得保东亚太平之局。海隅弱小，实受其福云云。王此行以一子自随，既以观礼，且藉此通声气，习外务也。其关心时事如此。薛福成《出使日记》称其有能名，善酬应，固不虚矣。

同舟西客甚夥，相遇之际，观其神色，似矜、似慢、似讶，以视班哥船诸客，情形迥不相侔。或曰此辈久居澳洲，大半以路矿农商起家。今虽席丰，昔非世族，故未娴仪节，举止多疏，又习见赴澳华工所执大都贱役，几不知吾华人声名文物，有去古未远者，故似矜。或曰：驵商大贾者流，浏览报章，观盛衰之粗迹久，已心与俱移。当此时异世殊，未免意存歧视，故似慢。或曰：中国古礼既湮，《玉藻》"九容"，达人视如土苴，起居动静，日益傀焉。外人目所未经，故似讶。

之三说者，皆所谓知二五而不知十者也。我之视人，其疏略处我得见之，则试思人之视我华工何如矣？市侩下走，泾渭分明，则试思士夫之视我何如矣？动容远慢，古之训也，而则象无闻，则试思我之自处何如矣？拘墟之士，足不出庭，目不见眉睫，谂谂自大，顾盼奓然，讵知人之遇我，有如斯者。兴言及此，能无三叹？抑更有进焉，曾氏曰："出乎尔者，反乎尔。"孟氏曰："敬人者，人恒敬之。"凡人之好荣恶辱，畴不如我，履霜坚冰，殆非朝夕，是以古圣贤于下民之侮，警以绸缪；横逆之来，要以自反。然则人之似慢、似矜、似讶者，皆我之药石也。择善而从，不善而改，道在能自得师者。

四月初三日(5月10日)　舟西北行。同舟有英律师某来谒，略道寒暄。薄暮有风，舟荡舱中，闭窗闷热已甚，至船面小坐，英律师来就余谈。自言在缅甸十年，现因新君加冕，请假回国，并询余归途能赴缅一游否？告以将来当赴美、日，由东回华，不经此地。渠谓：惜班哥船不抵缅，否则乘此一游，甚佳。缅境约有华民三万人，极善经商，尤惜声誉，甚望中国有显者过其地，为旅民光。倘使节枉临，则竹马儿童不知若何欢跃也。余谓："中国人民繁庶，旅居海外，亦善谋生，惟人数既众，恐不免良莠不齐耳。"渠谓在缅华人颇知自好，商务亦殊可观，近所习皆上等业，苦力贱工俱不屑为。前时，英人欲赴新嘉坡购东洋小车二千辆，携缅行用。华人闻信，集公所会议，自禁挽车营生，竟无一人充是役者。可见日用充裕，得以力争上游。近有赴英读书，得文凭、充律师与英律师相颉颃者，英人雅钦重之。询以华商中有能名号魁杰者几人，能举其姓名否？渠沉思久之，曰有陈德、顾超者，颇知名，忘其籍，馀不能备举云。

余闻之，无任欣慰。以余所见，英埠华民整齐殷轸，尤以槟榔屿为胜。车行半日，无徒手鹄立于闾巷间者。然不免于挽小车，为倌人，则又不若缅境华人之能自振拔矣。缅地素无华官，缅属英后，亦未尝设领事、派委员为之代达其隐，乃其人虽离乡去井，犹能善约束为旅民冠如此，而内地之民，转致鬻身美澳，供贱役、受驱迫，群趋之而不辞，岂民俗之偷、民生之蹙有不能挽救者欤？抑教养之道未尽善欤？愿以质诸治民者。

四月初四日(5月11日)　舟仍行印度洋。风大，簸甚。舱中皆阖窗，天气郁热，夜不成寐。侍者为推窗纳凉，方就枕。浪自窗棂泻入，直达卧榻，衣襦尽湿，积水盈尺。幸毗近参议梁诚房，频呼之，为唤西侍掩窗畚水，梁诚更为布置一切。余急趣梁室易衣。自维薄德，深懔鹈濡。摒挡甫毕，假榻欲眠，不觉东方之已白矣。

四月初五日(5月12日) 舟簸如昨。晨起，知参赞汪大燮房亦遭水困。盖汪房在舟右偏窗牖面北，风自南来。竟夜闭窗，热不可耐。天明，令西侍暂启，以泄蒸郁。不意舟侧殊甚。洪涛一涌，遂类载胥。其毗邻西客，先后一辙。自是，转相告语，咸有戒心，无复敢尤而效之者。余因叹人情狃于目前，忽于未至事非身历，则冥然罔觉，境遇情迁，则淡焉若忘覆辙，相寻往过，来续胡弗，即小见大，一借镜于舟中人也。

四月初六日(5月13日) 仍有风。未刻，舟经索可特剌岛北。山势嵯峨，俯瞰狂澜，沿岸浅沙，一望弥漫。四边濒海，童山不毛。内地居民盈万，皆阿剌伯种。本为阿剌伯属岛，近隶英国，长六十海里，阔二十海里。舟经山北，风为山障，波浪顿平。戌刻，至岛西尽处，飞帘复肆，波浪重生。忆薛副宪福成《出使日记》言：自此岛至非洲山角，沉沙聚散靡常，昔有德国轮船搁浅而坏。黄道开甲为余言，阿丁左近数千里之间，海底暗礁尤多。前五六年，英有公司船触礁，伤人甚众，事因搭客，有以初度之。

辰，开樽宴客，而船主在焉，其大副代掌舵。顷之，海程当转舵易向，使人请船主，船主方执盏作颂，不暇辨久暂。正酬酢间，使者三至，船主仓卒登舵楼，舟已入礁界，竟被毁。自是，船主例不饮，偶饮则管事及侍者记其数以报公司云。或曰：其大副若自改向，当可免。曰：然，然无船主命，不能也。西例，事无巨细，必以一人为之主。其亚焉者，奉令而已。其法如此，故其行事无诿无争。

余因思平等之说，始于佛氏，而欧西之民，或爱其名曰“平权”，又从而推阐之，谓之自由。迄于今，自由之说，几遍寰宇，结党援立会社，以与其国家为敌。而吾观西人之治事，则事权归一，条如秩如，无有越俎代谋以纷争而偾事者。其与平权之说，何若是相反也？盖尝探其本而论之。凡民有血气心知之性，尔我形骇之隔，即不能无争。争者，施夺之渐，而乱天下之阶也。圣人思有以平天下之争，故为之礼节以范围之，为之少长、贵贱之名以统率之。凡此告所以尊万事之权，而息天下之争也。权舆天地，既祛世，无论为帝、为王、为霸，事无论为大、为小、为内、为外、为兵刑、为钱谷，要未有不尊权而可以集事者。权壹，则事有条理，而根本立强；权分，则事无统属，而根本立脆。此千古以来治乱之大较也。

唐虞之世，元首经略，股肱缉熙，讴歌、讼狱，固视民心为转移矣。然六府三事，官惟其人，不闻耕田凿井之夫可以抗后稷之权；五宅三居之民，可以排皋陶之权也。孔子（系易）〔《易·系》〕曰："本乎天者亲上，本乎地者亲下，卑高以陈，贵贱以位，此即差等之说也。"春秋之季，太阿倒持，大权下落，贱妨贵、少陵长，是以有子首以犯上作乱为戒。夫犯上之与作乱，宜有间矣。然而犯上即为作乱之本者，由其目无君父，而意在侵权也。孟氏子出论差等之学，尤为精核无伦。汉唐以来，圣君贤相，于此咸兢竞。

而世儒必乐为平等之说，借以自便其私，辄谓西人讲平权、贵自由。不知欧洲之人，颇以尊亲爱戴为心。即议院之中，各抒所见，而一人主持于上，从无敢以私臆窥测而阻挠之者，斯固不得谓有平权之说。至于出入有节、作息有时、游惰有罚、身家财产皆有税，偶有作为必闻于官，循蹈矩矱，更不得有自由之时。至其筦事也，一曹必有米儗斯忒，犹我六官之尚书也。一省必有肥司来，犹我各行省之总督也。一陆军必有洎乃粒尔，犹我陆路提督也。一海军必有阿特善粒尔，犹我水师提督也。推之合众联邦有总统，联军有统帅，一公司、一银行有总理，彻上彻下，必畀其权于一人而后纲举目张，不至散无友纪。盖权所在，即责所在，而等不定，则权亦不定，不特上下数千年，即纵横亿万里，天下万国，亦无有不龃龉焉。惟差等之是辨者，天王、海王、五星、地球之有日也，五官百骸之有主脑也，营建制造之有重心也，皆不可须臾离者也。

然则曷为言平等？曰国与国、君与君、水火工虞，凡不相为谋者，可以言平等也。然而犹有伯仲焉、有先后焉。此人事必然之势，即天理自然之数也。如必将佛氏出世之教、无为之宗以施诸纷纭繁赜之世，必不能矣。是故吾愿上之人，深明斯义，植忠恕以为心。毋擅作威福，以启陵下之渐，更愿下之人深明斯义，各尽其职分之所当为，毋存出位之念，以长傲上之萌，则庶乎国家可几而理，而天下之莠言，将不辨而自息矣。

四月初七日(5月14日)　风平。午刻，望见舟左有山，知已入瓜达夫伊角。自此南望非洲，沿边峰岚起伏，绵延不断。炎暑逼人，微飔俱绝。申刻，忽闻气筒三响，大副自舵楼下至舱面，水手腰缠救生圈，纷纷趋前。大副发号，则跃入三舨，解系绳，悬而下。又发号，则跃上，仍系绳复初而散。舟客延颈相望，疑有人误入海，及水手散，始知为操演。盖轮船行海，凡遇险，则响气筒，水手毕集。平时演习口号，以免临事或误。此次所演，自响气至三舨入海，不过数杪，可谓速矣。公司船每七日中，必演一次。班哥船击钟以集水手，皆在天明时，未得寓目。此船以今日风定，故以气筒为号，俾搭客不至惊疑。此可见船主号令严明，无敢忽懈。积威之渐，在于平时。苟有慢心，必致贻误。西人差等之用如此。

四月初八日(5月15日)　卯刻，舟抵阿丁湾。阿丁本为阿刺伯也门部地，两山对峙，名哲贝尔东，即阿丁。北接大陆，三面环海，即《明史》所载"阿丹国"也。道光十八年，英人据之，建炮台于山麓。暗台棋布，非典守者，不知所在。其始筑时，工过半，有工人售图于法，惧而逃。英人觉之，尽毁所筑台，度地势，更筑之。及其成，历五年之久，费至八百万磅。炮线俱成交点，密于数罟。南山之炮，远及非洲。盖此为由欧达亚必经孔道。西入红海，南距阿非利加之索谋里兰海岸，仅四百余里，最得形势，故英不吝重赀，密为经营。有陆兵二千，兵舰一艘驻此，其备御至周密也。

舟至此舣海中，差近西岸炮台，声炮二十一。少顷，英副督来谒，言提督卧病,遣其恭代。兵舰管带官亦来谒,言兵舰适卸炮上煤,未及声炮,深为抱歉云。湾内有法公司船,先我舟到此,未几即开。闻自孟买来,中途遇大风,其大副堕入海,营救不获。英亦有公司船,自孟买来,当先我船到,迄未至,知亦遇风。公司例,孟买船至此,即赴非洲别埠。有客货及书信,应由格仑坡来船接载赴英。彼舟遇风,此舟当守候两日,故舟客颇惶惶。待至申初,孟买船始抵湾。船中有印度信地部酋亦将附此舟赴英贺加冕者,炮台亦声炮致敬。戌刻,信地王过船。亥刻,解维。

四月初九日(5月16日) 舟行红海,海面狭而长,南北二千馀里。东西最阔处,约六百里。斜倚小亚细亚、阿菲利加两洲之间。东南有小岛,曰丕林,亦属英。两岸山皆赭,故名红海。印度信地部酋来见,所带员仆二十余人,内有西仆一人,华仆一人。所辖地甚隘,有抚民权。比请于英,准养兵二三百人以自卫。衣服都丽,徒饰外观,盖英予以中军之衔封之,爵比于骑都尉,而颁禄甚优,故犹侈然自大云。

案:印度地当温带之南,地产饶沃,三面濒海,富鱼盐之利。设有魁杰之才,生聚教诲,则官山府海,岂不足以自存?乃始臣于大夏,继臣于大月氏,又臣于大食,又臣于突厥。自巴卑尔取特里,称雄一时,则又臣于蒙古。自英吉利、荷兰、葡萄牙、佛兰西先后入印立公司,设计兼并,卒为英有,则又臣于英。二千年间,碌碌依人,文德武功,一无足纪,岂释迦牟尼之教有以弱之欤?抑其人民质蠢神昏,不能以自振欤?今其土部酋长,大小以百数,皆衣租食税,受治于英,而其酋犹互相争胜,以夸跃〔耀〕于人。英例,凡君长及王公贵人出境,其兵船炮台皆声炮致敬,而其数止于二十一。乃土酋争长,英以绥服藩部之故,增之为二十七,又增之为三十一、四十一,递至于百声有奇。而英乃反诘以既尊英君为印度皇帝,设幸印,其为炮当几何?乃定其数为千有一,将一船一台之地,虽尽日而不能毕矣。比闻有二酋负富名,亦以贺加冕赴英,各专赁英轮一艘,傔行止,计输直所携,皆百馀人。

往来一二月，合其所糜金钱，殆足以自治一舟，其穷大失居，夸多斗靡，尚虚文、忘实祸如此。此印度之所以为印度也。吁可叹哉！

四月初十日(5月17日)　舟行红海，经阿剌伯、麦加城。考阿剌伯，汉时为条支，唐时为大食。当隋唐之际，其大酋谟罕蓦德创回回教，自号大教师，信从者众。乃东灭波斯，北击拂林，西据埃及。自是浸以强盛，纵横于葱岭西南及红海、地中海之间，传世数十。其后波斯、西突厥相继复国，而大食始衰。洎乎有元之世，拖雷、旭烈叠次西征，遂平西域，而谟罕蓦德遗种居麦加者，犹存旧号，《明史》所称"默伽国"是也。今其地已沦于土耳其，而奉其教者，千载如一。不特土耳其、波斯、阿富汗、俾路芝本回教国，如印度、如埃及、如南洋诸岛，其民生，炎方盛夏，不免冠盖，其俗非祀天不露顶，所聚建寺曰"清真寺"，有堂，七日一礼拜，与天主、耶稣教同例。堂有教师，谓之"阿哄"，生死婚嫁，必延阿哄为洗濯，不与他教人昏配，不吸鸦片，不食猪肉，避猪字，音读如"黑"。其气聚，其性情坚强，不屑与他族或他教斗，宁死不受辱。

其民自唐至德入中国，遗种蔓延，各行省皆有之，而西北尤盛。驿站所有骡行客店，大半回民，故其行旅便捷，声息相通，而秦陇之间，汉弱回强，汉贫回富，汉惰回勤。咸同以来，屡次滋事，当轴为息事宁人计，强勉拊循。然汉回逼处，各分彼己。商业地利，皆足以启争端。而汉民奉天主、耶稣者，又自相龃龉，授人以隙。平时排难解纷，调处已难得当，设有聚众情事，数千里间云集响应，以俄之强，其与土战尚不能无败，则可知回民之猛悍虓豁，未易辑也。

四月十一日(5月18日)　过红海，入埃及境。北有大山，曰"西乃山"。相传系摩西以十诫立教地。考埃及系西方最古之国，建国之始，在吾华帝系以前。狉榛初辟，民以畜牧为生。西人记载云，犹太之祖，携后嗣入埃及，延及数世，生齿滋繁。王惧其生衅，强令为奴。越四百年，摩西兴，率犹太族类俱归其国。至周景王时，为波斯所并。迨显王三十九年，希腊王亚勒散德克而取之，建大城，命以己名。汉时，降于罗马者数百年。唐初，谟罕蓦德创回教于阿剌伯，埃及与接壤，遂为所夺。都城大库藏书七十万册，尽为回部人取以析炊。文明浩劫，较之咸阳一炬，无以过也。自后，遂为回回部落。

明时，土耳其强盛，并入版图，镇以大酋。嘉庆时，法王拿破仑攻克其地，遣兵驻守。越三载，复归土辖，设立总督。道光时，土督阿里举兵叛土，旋复平靖。同治五年，土国始令埃及岁贡为藩，封君位，传子世守弗替。光绪四年，埃及财政匮乏，英法两国各遣员往治其赋，于是，埃及理财之权，遂归他人掌握。综其沿革盛衰之迹，大略如此。

余因谓财政一事，国家命脉攸关。然既欲师人之长、去己之短，则必详求其始终本末之数，务在能用人而不为人所用，夫然后行之而着，措之而宜。若性习苟安，目见表准而不能赴，及事出于不得已，乃欲专藉他人以为立命之地，其不至反客为主者几希矣。如埃及者，非求师之咎，实不学之咎耳。

四月十二日(5月19日) 巳正，舟抵苏彝士河口。天气骤凉，可着袷衣。午初，有西医来验疾，以防疫气传染。诸客坐，候于饭厅。医至，则以次唱名，诸客陆续登舱面，谓已验讫。盖西人缘饰之事，亦复如此。午正，启碇开行。

案：苏彝士，故沙漠地，为亚细亚、阿非利加腰脊交界处，旧属埃及总督所辖。北界地中海，南界红海，中间陆路长二百三十八里。此河未开时，欧洲诸国东来，皆从大西洋开行，沿阿非利加西岸南行，至好望角，乃转而东北，浮印度海，入苏门答腊葛留巴之巽他海峡。又东北而至粤东，计程七万馀里。

同治年间，法人雷赛朴斯用机器凿成斯河，计长二百八十七里，宽六丈，深二丈六尺，为费约一千兆。嗣是，由地中海径通红海，自欧至亚，计省水程三万余里，功高带砺，法王特锡男爵以宠荣之。雷赛朴斯晚年又欲凿通南北美洲连界之地，名巴拿马，该处以一线界隔两海，阔仅一百二十里，西人常谓能将此土疏为海道，则东西两洋混为一水，挂帆而西，径抵中国东界，亦可减水程三万余里。雷赛鸠赀疏凿，功未及半，因用人失当，股赀俱为所吞，遂构讼法廷。诸蚀款者贿法政府，讼以不理，今雷赛殁已六七年矣。当其中年，建古人未有之绩，名动一时。迄乎末路，暗于知人，有志弗遂，身名几为所隳，岂其明于初而昧于终欤？抑其暮气有以中之也？

今闻巴拿马开河公司尚未辍业，而美人则拟由尼加拉瓜、瓜斯得利加之间另凿一道，巴拿马公司闻之，惧利为所夺也，愿将前数年已竣之工，购于美人。以工费过昂，至今尚未议定云。

四月十三日(5 月 20 日)　寅正，舟出苏彝士河北口，抵波赛暂泊。辰正，起碇开行，进地中海。登舱面纵览，与参议梁诚暨诸参赞等议论全球关系。余谓："地中海网络欧洲，北跨小亚细亚，南临阿非利加，阿剌伯居其东，埃及居其南，希腊、土耳其、奥地利、意大利、瑞士处其北，法兰西、西班牙、葡萄牙控其西北，斯实地球一大关键也。俄居北漠，由波罗的海绕出西洋，必假道于德意志，路颇纡远，遂欲南瞰黑海，逼地中海，大出舟师以争一日之胜。于是英德诸国，联盟约从，巴黎之约，义声昭著。土既得以自存，奥亦周旋玉帛，分画鸿沟，彼此不稍侵越，欧洲大局藉以粗安。俄遂暂缓西封，亟勤东略，修造悉毕尔铁路，逾兴安岭，循黑龙江泝乌苏里，以达珲春、海参崴，昼夜经营，不遗余力。

由是，我满洲一区，尤为全球关系矣。比闻东方铁路不日竣工，而俄人所租之旅顺、大连湾，泊船便利，又复声势相通，联络一气。窃尝以欧亚二洲形势互相比较，黑海为地中海之犄角，欧洲安危，宜注意于此。黄海为南洋之锁钥，亚洲安危，宜注意于此。然使东陲有事，则太平洋惊波，亦且不测，西南诸邦，讵能安枕夫？盈尺之雪，冱于繁霜；累丈之线，起于微点。剥床之惧，有由近以及远者，殆无彼此之殊也。

午后，舟经阿勒散得力亚，为埃及海口，即从前波斯王阿勒散得所建故城。自欧人得由好望角入印度洋之道，该口商务日衰，赖开苏彝士河，渐复旧观，居民由三万增至二十四万人。

四月十四日(5 月 21 日) 舟行地中海,入希腊境。

考希腊北界土耳其,东南即地中海,长六百五十里,广五百里,总计方七万里,户口约二百万,其地洲屿回环,颇擅奇秀。当中国有商中叶,有洒哥落者,立国于雅典,教民礼仪,始制文字。欧洲之开通文学,自希腊始。汉时,罗马方强,力征经营,希腊各国,均隶版图。后罗马分东西,希腊属东罗马,为回部所侵,日就衰弱。土耳其兴,灭东罗马王,以兵取希腊,据有其地四百余年。嗣后土政苛虐,雅典之民不堪命。嘉庆二十五年,逐去土酋,土人以兵攻之,雅典坚守不下,英法俄三国壮希民所为,各以兵拥护之。土无如何,遂听其自立为国云。

是晚,经刊地亚岛。是岛一名克利得,亦土国属地,为希腊种人所居。前数年希腊人诱之叛土,与土兵战,不利,英、法、俄、德、奥、义六国出为调停,准刊地亚自主,以希腊世子为该岛巡抚,土王得居简派之名,人心始戢。余案:刊地亚居阿勒散得力亚之西,地当冲要,实为地中海门户。为土国计,诚能以重兵驻守此岛,即足扼希腊之吭而握东南之形胜,乃抚绥无术,卒为他人所劫持,削也滋甚,重为憯然。亥初刻,同舟为跳舞会,船主请往一观。

四月十五日(5 月 22 日) 舟行地中海,天寒甚,可服重裘。洋报载:南美洲法国属地马的尼岛本属火山,忽于数日内震陷,居民死者四十馀万人,各国造船往救,未至其地,数百里飞煤积船面盈寸,浩劫如斯,闻之累悒。地理家推测谓,火山陷则本年五洲气候均将失其常度。

余案:风自火出,著于《易象》。盖火散阴生,古书已有此说。至火山原为热潮所自出,山陷则热潮逆流,热度顿减,寒度递增,故地之相距近者,气候改变甚速;相距远者,则气候改变较迟,亦自然之理也。

酉正,舟抵不邻底西,为意大利属,居民仅数千,沿岸即火车栈,人语喧阗,见华人服饰,哗然聚观,宵分始散去。案:不邻底西南为细细利岛，居民约三百馀万人，昔属希腊，继归罗马，称细细利国。后以行政苛暴，(率)〔卒〕为义大利所并云。

四月十六日(5月23日) 舟行地中海意大利境。案：意大利为欧洲古时一统之国，即汉时大秦国也。东北界奥地利，北界瑞士，西北界法兰西，其地谷麦蕃熟，风景清嘉，名园佳卉，点缀丽瞩，西人为胜地。周以前为土番散部，自罗马崛起，国势浸强。至西汉时，跨欧罗巴、亚细亚、阿非利加三洲之地，兼摄统辖弱小诸邦，并修职贡、建都城于罗马。晋时，又建东都于黑海之峡，曰"君士但丁"。厥后，内讧迭兴，西北诸部拥土自立，国分为二，居罗马者，称西王；居君士但丁者，称东王。东王至明景泰时，为土耳其所灭。西王在南宋时，为北狄所灭。越三百年，法兰西取之，以奉教王。后又分裂为日耳曼属。嘉庆十年，法王拿破仑攻略其地，为法藩部。十九年，拿破仑败，诸国遣使会议于维也纳，分其地为九国。道光二十八年，奥地利以兵力取意大利北部之威尼斯、伦巴多。咸丰九年，北部诸邦联法叛奥，中部亦复震动。罗马乘机逐去教皇。法人以兵戍之。洎同治九年，法败于普，召回驻兵自守，义王于是进据罗马，建以为都。此时，国颇忧贫，惟悉力治舟师，甚称坚劲。

申初，过默西纳，有塔崔然。日色霞光吞吐缭绕，足资延赏，其南为挨得纳，北为委苏维俄，皆火山也。

四月十七日(5月24日) 舟行地中海，有风。

余考罗马，昔称教宗，萌芽于东汉之时，传播犹未甚广。迨宋时，为北狄所据，驻罗马之教师乘机宣布，由是天主教兴。主教者，称为名教化王，徒众日繁。法兰西既灭，北狄爰以其地奉教王。王殁，则大会各教士公议推老成者一人嗣位，略如西藏喇嘛坐床之例。其教曼衍各国，有不遵者，辄夷灭之，权势日盛。至明时，日耳曼人路得别立耶稣教，称为正教，斥天主教为异端邪说。于是诸国渐归耶稣教，教王之势顿衰，然犹欲藉传教之徒党，侵各国之政权，其志未尝一日忘也。

余案：吾华受传教之祸亟矣，从前总理衙门因天津教案，曾定教务办法八条：一、收养孤孩应行停止；二、教堂祈祷时，不应男女混杂；三、教士不应干预词讼，侵中国有司之权；四、教民滋事，曲直须由地方官作主，不得有所袒护；五、教士护照，须载明经由地方，不得任意遨游；六、奉教者，须查明来历身家；七、教士与地方官往来，应有一定礼节，不宜妄自尊大；八、古时教堂基址，既成民居，不得任意索取，致侵平民产业。此八条，毖后惩前，最为公平精审，乃照会各国驻使，俱不谓然，事遂中寝。

比年以来，教案层见迭出，驯至酿成巨祸。向令此八条早日颁行，不独吾华实受其福，即西人亦何至迭被馀殃？言之可叹。忆光绪十八年，长江一带民教相仇不已，有英人宓克者著《支那教案论》一书，凡四篇。首发端、次政治、次教事、次调辑。大旨谓，吾华愚民无识，颇尚虚无散布流言之习，实足为教案之媒，而皆由教士处置失当，推波助澜。至于助以兵戎，坚以盟约，尤足动华人仇耻之念，适以发难而召衅。所论颇为持平。传教之士宜三复也。

至吾华地方官办理教案，亦有二弊：非失之刚，即失之懦。刚者，仇视洋人，不善调处；懦者，一意畏葸，激成民怒。自是，无事变为有事，小事浸成大事，胥萌于此。吾谓，办理教案之法，必须绸缪于平时，而消弭于临事。凡入教者，如有游手无赖、桀骜不驯之徒，宜正告教士，勿使收受。如是，则逋逃无术，假托之途绝矣。一旦有事，务须速行结案，讯断尤宜秉公，无所偏袒。但论其事之有理无理，不闻其人之是教非教，总以彼此解嫌释怨为第一要义。如此，则教案庶几有豸乎？虽然，斯二者犹末节也，其本何在？则在于教民以学，开通其智术而已。昔欧阳永叔论佛老之入中国，谓譬诸人身元气既薄，斯寒疾得以中之，西教何独不然？中国长民者，诚能以善保元气为念，则造福于亿兆为无穷矣。

英轺日记卷三终

英轺日记卷四

四月十八日(5 月 25 日) 巳初刻,舟抵马赛,驻法使臣裕庚迎于码头,遂登岸至罗苇大客店。裕庚跪请圣安,礼毕,发外务部电一件。

案:马赛临地中海,原系荒地,斐尼细人航海至此,聚族而居,渐立为国。初属罗马,后为法国所并。自法人得阿耳及里属地并开通苏彝士河,马赛商务日盛,轮舶云集,出入口货以五谷、油、糖、酒、羊毛、丝皂、加非为多。居民四十五万人。

四月十九日(5 月 26 日) 申正,裕星使请至科尼斯一游。遥望大海,烟云相连,山色苍茫,涛声溢涌,仿佛格仑坡风景。戌刻,裕星使请晚餐。座中见法国马赛提督、马赛知府并西宾七人。

四月二十日(5 月 27 日) 未正,法国马赛提督、知府以私觌礼来见。接谭数刻,辞去。

案:马赛为通商巨埠,不独法商往来蚁舟于此,即欧洲各国往来亚非诸洲之船,亦必迂道泊此,以起卸货物,搭载行旅。是以车马骈阗,民物殷阜,其地利然也。惟德船独泊于意大利之热诺法埠,盖德法相仇,随地可见如此。

余因考欧罗巴全洲之境,为民三万二千万,为方里者一千三百万,列国十数,其古昔离合分并之迹见于史乘者,不可胜纪。至于今大小异形,强弱异势,风土异宜,而猜忌仇怨之心由此生焉。然而有一善政,则列国环而效之;有一善教,则举洲随而趋之,非特疆理之遥,山川之险,不足以为限也。即其猜忌之心,仇怨之迹,亦有时泯焉。若忘相师相效,惟日不足。约而言之,如历法也,学堂也,兵制也，轮船也，铁路也，银行也，商务也，邮政也，皆其同焉者也。然之数端者，历法纪年，始于罗马；学堂程课、铁路置轨，始于英吉利；汽船行海、舟师出征，始于美利坚；银行规制，始于荷兰；航海通商，始于葡萄牙；邮递印票，始于法兰西。一国为之倡，而各国相继效法，精益求精。甚至水火工虞、声光电化，凡一事一物之细，其始皆一人一家之言，而群相推演，万国同风，期于著为令甲、见诸行事而止，无有彼此畛域之界，更无有猜忌仇怨之情。

又试近而征之，若各国权度之制，亦至不同也。乃今至于法境，考其度量之数，知法度起于一迈当，实合地球圆周四千万分之一，其量法、衡法，均生于度，创行于西历一千七百九十五年，奥、义、荷、比、西、葡、瑞、脑、希腊、土耳其诸国，固已舍己相从，英之议员，亦有欲据以改英权度者，而德法世仇，亦能循用勿替，从善如流如此。

余尝渊渊夜思，推究其所以然之故，彼诸国之深心，岂真能泯猜忌忘仇怨？盖其所以伸仇怨消猜忌者，非此无由。孟子曰："不耻不若人，何若人有？"诚使人人有耻不若人之心，则所谓仇怨猜忌者，皆粗迹耳、细故耳，不以为扞格之媒，反藉为攻错之助。其学艺之精进，胥原于此。余因德法嫌隙之深，教化之同，于以知群雄并峙，所以相持于不敝者，盖非无故也。

四月二十一日(5月28日) 由马赛起程，裕星使送于车栈。由马赛至巴黎火车，日开两次，一缓行，沿途停顿，每一小时行百馀里，至巴黎须假寓一宿，再易车赴英。一疾行，每一小时行二百七十里。余所定系快车。戌刻，登车遄发，车行甚疾，颠顿殊甚，假寐不安，时复推窗眺望，夜色朦胧，车入山腹，恒行二十里，轮轨相击，声震如雷。盖西人于火车轨道既测地平，更取直线，每过山阻，则穿山，通道以砖石环其上，如桥形。其开时，工本虽大，而行车直捷，惜时省煤，积久计之，所省甚巨。其行事通盘筹划，以羡补不足，大率类此。

夜丑刻，过立墉镇。立墉为法境极繁盛处，巴黎而外，此为巨擘。阛阓云连，灯火与星月相映。此镇纺织机厂甚夥，法产各种绸缎，皆出于此。华丝出口，大半到此。考吾华丝业昔盛今衰，推究其原，由于蚕种受病。曩时，卵纸出于浙之馀姚、新昌，收取蚕卵，颇有薪传。其后馀杭等处亦以卵纸争相求售，辨种无法，其价特廉，于是馀杭卵纸盛行，而蚕丝日坏。盖蚕病有二，其一为黄瘟，人所易见；其一谓之椒末瘟，目力难察，而传染甚捷。凡蚕既受此病，其所产之卵，皆带此病，眠起如常，而出丝脆薄。西人每于收种之际，将雌蛾焙干研末，以四百倍显微镜视之，中有黑点如椒末者，皆弃其卵。故蚕种精，食叶与病蚕同，而茧特肥厚。今日本蚕案之学，考求甚精，而华民不求甚解，自削利源，非官绅提倡，加意讲求，考橡茧之图经，补齐民之要术，窃恐红女投机，究人失业，未始非财政之忧也。

四月二十二日(5月29日) 辰初，车经罗恩河之西，过里昂，又北河过马康，又东北行，过的仍，又西北行，逾塞纳河，过美伦。午正，抵法京巴黎。车停片刻，易机车，经波威、亚眠、亚贝威勒、补罗义等处。申初刻，抵法境西北海口，地名加来埠，贸易颇为繁盛。

自马赛至巴黎，车行一千七百七十里，自巴黎至加来，车行四百七十里，所经市镇、村落，屋宇整齐，道涂平治。虽土坡山麓，无不周以长垣，靡望清洁，田畴如罫，沟洫纵横。其有偏陂不平之地，皆以植木，无尺寸荒土，葡萄尤茂。法人用以酿酒，其酒税为国赋大宗，民亦视为利薮，《记》有之："入其国，其教可知"，良不诬已。总税务司赫德之子赫承先至车栈相迓，遂偕登都华小轮渡海。

酉初刻，抵英东南海口，英外部大臣参赞费乃奉英君谕来迓，洋员金登干、马嘉利及驻英出使大臣张德彝、参赞陈懋鼎、陈贻范来谒。都华巡抚毛尔亦至舟中谒见，宣词作颂，大致谓，中英订约垂六十年，两国商务日见振兴，兹蒙中朝简派近支致贺加冕典礼，足征邦交辑睦。惟望此次幨帷暂驻，将敝国政治、文化存记在胸，以备日后回国，有所采择云云。当命参议官梁诚译词对答，略谓：此次初至贵邦，蒙贵国君主遣员远迓，不胜感谢。本届贵国君主举行加冕大典，我中国皇太后、皇上良深忻悦，是以特简本爵大臣专使致贺，以表邦交亲密之据。贵国文明制度，本爵大臣曾于书中习见，耳中习闻，夙深嘉佩。深愿此次逐一亲历目验，随时默识不忘，冀于中国有裨等语。

爰即登岸，复登英君派来之宫用火车。戌刻抵英京。英君复遣礼官可耳费而迎于车栈，酬答数语。礼官请登宫车赴昔赛而客店，张德彝已先在客店祇侯，跪请圣安。礼成后，礼官辞去，接见使馆各参、随等，询知前任罗星使因病交卸，张星使系于本月十八日抵英接任云。亥正，晚餐后颇觉疲倦，遂息。

四月二十三日(5月30日) 发外务部电，报到英日期，请代奏。午后，拟致函英外部，订期会晤。英外部大臣澜斯登遣参赞费乃持简来拜，因亦持简答之。总税务司前书记官贾尔爱来见，操华语，持论不偏，自谓在北京居住十二年。平生所历之境，惟此最为适志，故恋恋中国，不能忘情，其意殊可嘉也。

考英国为欧洲极偏西地，本二岛：英伦、苏格兰一岛在东，阿尔兰一岛在西南。英、苏古为二国，明万历间始合为一，仍沿二岛旧名，世称英国三岛，职是之故。其地形南北长、东西狭。英苏一岛，为方里者七十四万三千八百有奇。阿尔兰岛，为方里者二十七万二千九百五十有奇。英伦共分五十二部，东方六部，其首部曰迷德勒塞，首邑即伦敦也。南方十部，北方六部，中央十八部，其西偏曰威勒士，分十二部，旧自立国，其土语亦与英伦稍异。总计户口约二千九百万有奇。苏格兰分三十三部，南方十三部，中央八部，北方十二部，其土语与南方稍异，总计户口约三百九十万有奇。阿尔兰分三十二部，东方十二部，西方五部，南方六部，北方九部，总计户口约五百万有奇。通国都为一百十七部，部长皆由民间公举，并无岁俸云。

四月二十四日(5月31日) 拜发恭报抵英日期摺，交邮船寄外务部代递。驻英参赞曾兆锟来言，闻英主将于二十六日见余及张星使德彝，俟外部议定后，当遣员来告，既闻此信，祇可静以待之。

考今英王名爱惠，英女主维多利亚长子，生于西历一千八百四十一年十一月九日，立为王太子。六十三年，娶丹国竭律天第九王之长郡主为妃。王素研兵学,曾在去尼司蒿司学堂卒业。西例,凡入学堂肄业者,无论贵贱,皆与群学徒为伍。王于西历一千八百六十年,始在阿克司弗大学堂之生徒当民兵者,为副将衔。旋又在吏部官吏之当民兵者,为副将衔。六十一年,在谦不吏去学堂当民兵者,为副将衔。六十三年后,始为第十营好失而兵队副将。六十八年后,统带耳爱夫不而其兵队,又统带第一二营护卫兵。七十五年,封将军。八十年,统带戈登海伦敦兵队。九十八年,统带格伦敦第而兵队。九百零一年,统带坡而司披兵队、苏格兰、阿尔兰兵队。盖欧洲各国视治兵之责,最为慎重,凡统带,必由推举。故英王在九百年即位后,至零一年,始统带坡而司披等兵队也。国民颇知以爱君为心。英王照像不特悬于公署学堂,即阛阓间,均有之。

四月二十五日(6月1日) 英外部遣参赞费乃来言,英主定于明日午刻接见,呈递国书。向例,须候各国专使齐集,同见英主。笃念邦交,特定单班先见,届时当派礼官率宫车来迎云云。因命参议梁诚等预备中英文颂词,并将国书及国礼清单译成英文,照会英外部奏明英主,定期派员接收。是日,闻特兰斯发尔和议告成,英民欢呼雷动,以志庆贺。

洋报载有《英特新定和约》,爰命翻译刘式训译出,计共十条:一、特认英为上国,不再抗拒,应将所有军械呈缴。二、特兵现不在境及被英兵执置他处者,倘呈明,愿为英属,则英应赶为设法,陆续载归,资助生计。三、特民降英回国者,应复其自由之权,及其产业。四、特民降英回国后,不得再藉战事追究。五、特国各公塾应教授和文,谳堂亦用和文。六、特民可备枪自卫,惟须请领准照。七、特地现归武员管辖,英允早派文官前往治理,并酌行乡举,渐给特民自主内政之权。八、土人选举之权,应俟特民自主内政后,再行议及。九、英允永不加征特民地丁税项,以补兵费。十、特地各邑应速设局,归谳员或文官管理,会同绅董详查,特民为战事受亏情形,酌给口粮、籽种、田具,俾安生业。英政府允发三百万磅,分给各局应用。

余案：英特之战，始于己亥冬间，因英国不准特人自主，并欲限其选举之权，由是特人积愤构兵。英人初与战不利，至庚子夏，英军始破特京，特人迄未肯降，转战又逾年馀。至是，立约罢兵，洵可喜也。披阅条约，颇为平允，而特国因战被累之民，英既允给三百万磅作为赔偿，此外闻再允备款分借特民，二年之内概不取息，自第三年起常年三厘取息，订期归还，可谓善于笼络矣。

四月二十六日(6月2日)　午初刻，英礼官公服偕外部参赞率宫车来寓相迓。因率同参议梁诚、参赞汪大燮至英辛占尔士宫。此宫为英主旧宫，现时并不居此。及门，有数英官祗候偕入。登楼，英老兵数人，执仗侍立。英王宫大小职官暨礼部、外部官属执事者皆在焉。礼官导余直至一殿，南窗临街，北墙嵌火炉，其殿东备小椅，礼官延余坐，告余曰：本日君主以特兰斯发尔战事平定，论功行赏，颁给宝星，殿西一座因此而设。座北有几，所陈者，皆宝星云。坐少顷，闻窗外作乐声，礼官告余曰：君主至矣。偕至窗前眺望，见街南树林浓荫中鹄立者甚夥，皆属乐工。未几，见一车两马，舆人红衣高坐，扬鞭而来，车中人即英主也。无卤簿、无护兵，亦无随从，官属其轻简如此。殿西南有门骤辟，有执仗者出而立，知英主已由他道至殿西内室矣。

礼官导余入，参议梁诚等捧国书随余行，英主立待，去门仅咫尺。余入门行鞠躬礼，英主答礼，彼此述颂词答词。余遂呈递国书，敬谨宣布皇太后皇上德音，致意存问，英主亲手捧受，喜形于色，致谢中朝遣使厚意。旋握手成礼，遂约余观颁宝星。余退至殿前，见殿东门大开，英主出至座前立，二武员并肩进谒，入门鞠躬，至座前又鞠躬，英主微笑握手与语。二武员屈一膝，英主持宝星亲为佩带，武员以臂承英主手，一俯首，起立，退行而出，遂有老兵六人执仗入至殿中，对英主立。自是，进谒者入经兵左，出经兵右，其屈膝领赏，仪略如前，凡二十馀人。于是各国驻使及英臣民来贺者千余人，英主皆立见。此为英常俯仪，岁必数举。适特事平，藉以致庆，故来者多于平时，英主子侄侍立于英主后，内廷官属侍立于英主左侧。凡进谒者，皆持简书名，内廷官属接简唱名，鞠躬而出。未刻蒇事，英主俯首进入内殿。余归，发电恭报呈递国书期，请外务部代奏。

四月二十七日(6月3日) 拟奏报呈递国书日期折稿。下午，饬供事恭缮。余挈参议梁诚往泊锡花园一游。其地初为泊某私产，泊以献英廷，英廷爰就其址建园，以畀庶民游览。名泊锡者，志不忘也。其地南北五里，东西亦如之，为方里者二十有五。四围周以铁栏，千门万户，又开渠通水，广可容刀，驾鼍为梁，通衢四达，四时花木夹道成阴。时正杜鹃初开，五色相杂，疏密交萦，万紫千红，迷离眩目。申刻以后，士女如云，驰马击球，观书阅报，熙熙皞皞，不知其在城市中也。盖伦敦居民阗咽，夏屋云连，机厂、火车昏烟蔽日，非有轩敞苑囿，日以游息，则有碍于卫生。故国家不惜重赀，经营此地，其灌溉洒扫，各有职司，以与民同乐，民皆视为己业，故能垂诸久远，无荒芜之虑云。

四月二十八日(6月4日) 拜发昨日所拟摺件。因念余自出京以来，未及两月，征程三万，日长如年。计此摺到京，当在季夏，以西人舟车之捷，而迟滞若此，知去国盖甚远也。极目云山，曷胜犬马之恋！下午往拜英王子翘耳治，王子言："前日于宫中望见颜色，以时方侍朝，未遑倾盖，辱承先施，殊为欣感。"又谓："去岁欣闻皇太后、皇上在西安报大安，知圣体康强，远人甚为愉怿。"又询余年几何，并谓当此盛年，正宜考求政治，以备设施。又以英近时气候颇寒，询余起居。余一一答谢，复寒喧数语而别。随往答拜沙侯，不值。

按：英例立长。英主二子，其长子蚤世，未有孙，故翘耳治得世及为储君。幼年学于世职学堂，继习水师，游历全球各国，曾乘海军舰至中国上海、江宁、武昌等处。时尚当学生，未尝以礼接待。累迁至水师提督。今以储君不治事，仍守提督官秩，戎服出入，年三十有七，情性和平，学问渊雅，英民颇称颂之。

四月二十九日(6月5日) 往拜英国各大臣。英君加冕伊迩，礼文繁缛。各部院大臣公冗，势难随时见客，故余循例到门投刺而归。时上议院掌院大臣参赞政务伯爵贺尔斯贝、议政院大臣公爵狄逢奢、户部大臣白尔福、户部参赞大臣男爵毕启、内部大臣李奇、外部大臣侯爵澜斯登、藩部大臣曾伯伦、兵部大臣博罗第、陆军统帅大将军罗贝、海部大臣伯爵赛尔朋、商部大臣伯尔佛、农部大臣汉璧理、工部大臣德勒士、伦敦工部局大臣琅、邮部大臣侯爵伦敦德锐、参赞阿尔兰、政务大臣子爵阿士博恩、阿尔兰总督伯爵克多更、参赞苏格兰政务大臣伯爵巴路佛、兰凯斯德省参赞子爵詹晤士、管理印度大臣子爵哈密敦之数人者秉政，而行政之法，皆出于下议院。有事则下其议于下议院，议员议其条律以白，上议院断其可否以白，各部院大臣据以入告，然后施行。其定例如此。

案:伦敦为欧洲最盛都会，跨达迷斯河，为方里者一千五百，户口六百万，稽其区共分六隅，中央最古，贸易滋繁。西方为宫院衙署议院之地。东方成市集甫五十年，水程贸易，胥萃于是。南方多厂作，北方尤寥廓，兼包诸村镇地，纪其胜，有太学、书塾、博物院、太医院、名画院、万花院、草木禽兽苑等处。考其官，有管理伦敦事务总城长一、谳官二、分段城长二十有九。余车经过之处，阛阓千重，崇饰华兢，袨服结轶，累轨连踵，洵为穷极丽都之地。

伦敦从前居民二百年前不过七十万，百年前九十万，光绪二十三年英女主登极六十年，计数已增至四百四十三万有奇，近年渐增至六百万。当事者以人满为患，地邑民居无可充扩，乃俾穴隧置屋下，洎于地之下多至三层，上则累建岑楼，高可至五六层，合计之已得八九倍。伦敦之地，此次因加冕典礼各国致贺，并商民来瞻仰者，人数又骤增四百万，宜乎街衢相经，肩摩而毂击也。

英轺日记卷四终

英轺日记卷五

五月初一日(6 月 6 日)　晨起拜客,午正归。

考英国学校之盛,实在近今。三十年间,闻一千八百九十七年时,其全国有大学堂六十七所,中小学堂三万一千五百三十九所,共教习十四万五千六百二员,大学生三万三千五百五十九人,中小学生五百五十五万八百二人。是年,官学费英金九百七十三万三千四百二十三磅。盖惟大学堂经费官钱为多,中小学堂生徒每岁每名国家祇给一磅三仙令以畀教习,其不敷者,议院由房税项下酌量提拨。生徒早出晚归,饮馔取给于家。童子满三岁,即有入塾者。若至七岁不入塾,罪其父母。故七龄童子无男女未有不读书者。贫民谋生,例候十岁以后。是以举国无不识字之人。

余求其全国学校表不可得,仅得上年伦敦学校简表一册。一隅之地,共有学堂四百九十八所,以伦敦四隅坊巷编次,各注其创始年月,并总董及男女总教习姓名。计其生徒共五十七万九千有奇,普通学居其八九,盖贫民力有不逮,仅学普通,亦足谋生也。此外,别有蒙师学堂十二所,其士台伯乃一所,创于西历一千八百八十五年,自此阅岁递增,祇有此数。是英之讲求师范,又在近今十八年之内矣。又有聋学堂十八所,容生徒六百七十馀人。瞎学堂十所,容生徒二百馀人。残疾学堂三所,容生徒百馀人。脑病学堂五十七所,容生徒二千六百四十一人。又有工艺学堂若干所,从一千八百七十一年迄于上年,三十年中,共收生徒三万八十四名,已离堂者二万六千一百三十九名。现尚在堂肄业者,三千九百四十五名。宜其近数十年来制造之盛,远逾前代矣。至于烹调、洗浣、操作及寻常手艺,皆别有学堂以教之。今欧洲各国未尝不以英为法也。

五月初二日(6月7日) 率参议梁诚、参赞汪大燮乘火车至英女主维多利亚坟茔。坟在伦敦西北，相距七十馀里。其地本有温则行宫，为维多利亚歇夏游息之所。维多利亚即位之二十四年，其夫阿勒帛薨，维多利亚亲为择地建茔，自留生圹于右，至是遂合葬焉。其茔制，文石为椁，四隅立铜人各一，椁上卧白石像，覆以被，貌惟肖，上建屋宇，中隆旁杀，圆颠覆琉璃以通光，筑石为柱，极轮奂。壁间立石像，皆立功大臣。后壁悬油画，绘耶苏故事。设香案为女冠诵经处。

余先与外部商，仿醇邸赴德时至维廉第一坟茔故事，循西例赠花圈。外部韪之，以奏英主。故英主遣宫车候迎于车栈。守茔官候于门西，礼极简，惟至茔前一鞠躬，览一周而退。

案：女主为英主维廉第四之从女，根的丢克之女。当中国嘉庆二十四年四月某日，为公历一千八百十九年五月二十四日，女主生。迨一千八百三十七年六月，维廉第四薨，无嗣，英民遂奉女主立之，年十有八岁。三十八年六月二十八日，群奉女主诣伦敦大礼拜堂行加冕礼，是为英国大君主。七十七年正月一日，颁诏于印度国德里故都，晋君主，尊号为印度国大皇帝。女主为人性行淑均，即位而后，英国商务蒸蒸日上，遂洎今兹，不可谓非欧洲之真主已。

五月初三日(6月8日) 在寓，阅英史乘诸书。

案：英吉利古系土番部落，汉时为罗马所据。齐时，罗马军退，遂有北狄、苏格二部居之。厥后，英人攻克北狄、苏格，并其全土，爰立国号。稽其世系，共分八朝：曰萨索尼，曰诺尔曼，曰北蓝大日奈，曰兰加斯得，曰约克，曰都铎尔，曰斯丢亚尔的，曰孛仑瑞克。

萨索尼朝君，曰伯勒瓦尔七王、曰以格伯、以愓无、以愓保、以愓伯、以愓勒、亚弗勒，曰义德瓦第一、梯亚斯丹、以德门第一、以德勒、以特维、以特加、义德瓦第二、以愓勒第二、以德门第二，曰加纽的、哈罗德第一、哈的加纽，曰义德瓦第三、哈罗得第二，是为萨索尼中兴之世。

诺尔曼朝君，曰维廉第一、第二、显理第一、士提反。

北蓝大日奈朝君曰理显第二、理查第一、约翰、显理第三、意德华第一、第二、第三、理查第二。

兰加斯得朝君，曰显理第四、第五、第六。

约克朝君，曰意德华第四、第五、理查德第三。

都铎尔朝君，曰显理第七、第八、意德华第六、女主马利、依利萨伯。

斯丢亚尔的朝君，曰惹迷斯第一、查尔斯第一、格朗它总统。是时，创立共和政治，计十一年。曰查尔斯第二、曰惹迷斯第二、曰维廉曰马利夫妇同听政、曰女主安孛仑。

瑞克朝君曰翘而治第一、第二、第三、第四、曰维廉第四、曰女主维多利亚，其世系如此。

国中有议院二，一为爵绅议政之所，爵位贵人及耶稣教督处之；一为民绅议政之所，民间才德过人者处之。有大事，君主谕首相相告，爵绅院聚众共议参决可否，然后谘之民绅院。必舆情相洽，始布之政，否则寝其事勿论。民间欲举一事，必先陈于民绅院，询谋佥同，斟酌无弊，然后上之爵绅院。可行则上之首相，而闻于君主，否则报罢。国人分三等，一曰五爵，二曰绅士，三曰乡民。五爵惟长子得世袭，绅士由府邑公举。民人分数党，曰保党，以自守为宗旨；曰公党，以大同为宗旨；曰合党，则以英伦阿尔兰合一为宗旨。凡所设施，大抵习于霸术，而朋党相争，必视民情为胜负。其政治崖略如此。

五月初四日(6月9日)　辰正，雾，旋雨甚。

考英国雨度最多，每年东南各境约得雨水三十四英寸，西境及山地约得雨水四十八寸至五十寸不等。总计每日约得雨水百分寸之八云。

申正，往游博物院，院主导观东方各国器物。首印度，罗列各兵器盔胄之属，有全金宝座一。次埃及，次土耳其，次日本。旋观吾华磁器及象牙雕琢之具，极为精美。旁悬礼服、旌旄、冠盖各图。又有觉生寺镈磬一，系道光年间物。阅竟，时已酉正，据院主云，此不过得四分之一尔。余因思《戴记·玉藻》一篇，于垂之钟和之磬，女娲之笙簧，以及累朝大路崇圭之属，无不备载者，非以夸多而斗靡也。盖宣圣有言："形而上者谓之道，形而下者谓之器。"器无日而不新，实道无日而不新。凡人自少壮以至老髦，所历之境，皆属新境，所为之事，皆属新事，能日日从事于学问，以推陈而出新，庶几智慧日辟，有以尽生人之能事。否则睢盱壅蔽，立见枯槁，惟国亦如之。此《大学》所以言新民之事，无所不用其极也。自古在昔，先民有作，厥心胥达此谊。于是制器尚象，以至新之事觉后觉，而复存已往之迹，用以验世运之升降，人心之巧拙，而即以考国俗之盛衰。至或求其器而不可得，亦必模其形式，以被之金石，著之载籍，皆此意也。西人博物院得斯恉已。

五月初五日(6月10日) 往看槐爱司泯司得小学堂。学堂为英国世爵子弟肄业之所，以腊丁文字为基础，有生徒二百六十人，非王族近支及世爵不得入。有史学、舆地、算学、化学、画图诸馆，凡专门之学，皆于此肇基，所谓普通学也。晨习体操，昏则击球，以劳健筋骨。自巳至申，分诣诸馆，轮班肄习。生徒衣履一律，试超众则殊其服，旁杀后垂，以动观听。得殊服者，例得入议院听议政。卒业则入依滕中学堂。又卒业，则入阿司茀大学堂。此三堂，皆世爵学也。盖英政悉出上下两议院，上议院绅尽贵族，故督教贵游有堂，拾级而升，不能中辍。

总稽查学堂大臣导余至各馆，生徒济济，举手为礼，其教习作乐诵经，敬祝圣寿。诵毕，命学徒比肩鹄立。候余出，嵩呼以送。旋至槐爱司泯司得教堂观古迹。教堂与学堂衡宇相接，为八百年前老堂，杰构巍峨，等于新缔。其初半为议院地，议员以地狭乔迁，悉以赠堂。最初议厅至今尚在，席地为阶，分级围坐。别一室有地炉，为英设地炉之权舆，亦数百年物。其法得之佛兰西，雕镂皆法式。英之古先哲王，于此议政。英人存之，以为甘棠遗爱云。戌刻归。

五月初六日(6月11日) 往拜上议院掌院大臣伯爵贺尔斯贝、下议院掌院格理、内务府大臣伯爵彭伯乐、御前大臣伯爵克勒忍登、礼官伯爵波德兰、英后御前大臣可尔飞尔、英驸马公爵亚其埃尔、公爵佛爱夫。晤贺尔斯贝，贺约管理兰加士打大臣世爵希阿佛、刑部尚书世爵亚路华士顿、前管理印度事务大臣世爵高罗士、管理苏格兰大臣巴路佛、伯爵加令顿、世爵巴顿六人，候余相见，均握手为礼，叙谈数刻而散。

又至金登干办公处一览，实为吾华驻英税司署。购置十二年，费八千磅。英政府认为中国官产地，仅盈亩，楼高五重。英人商于华者，货出入，稽其数以报，金与赫承先二人实司其事。档房卷牍盈室，编号庋存。书室精洁，前临园圃，绿弃铺茵，间杂红紫。推窗远瞩，眼界殊宽。伦敦人烟稠密，楼阁婉蝉，非卓午不见日。清旷若此，良不易得。金登干告余曰:此地当孔道，去各部署俱不远。目前屋值较诸昔年，殆增过半矣。

少顷，归寓。时已戌正，天色犹未昏。盖伦敦在赤道北五十一度三十分，北京偏西一百十六度三十一分，日正午，当中国之戌初，而节交夏令，则日长于北京一时许也。

五月初七日(6月12日) 往看晓坳处米都屯小学堂。学堂为平民肄业之所，有男女生徒六百馀人。有总教习一人，女总教习二人，学徒自三四龄至成童，以年齿分馆舍，有体操厅事数区，厅各有台。总教习吉伯导余登台而立，出生徒演体操，教习传口号，俯则俱俯，仰则俱仰，一举手一翘足，无斯须差。吉伯又导余至别厅，出龆龀女徒百馀人，于台前左右分立，又令年稍长者数人中立，演古史事，手舞足蹈，或歌或泣，皆前言往行之可传者。左右幼童亦如所言，动以和之。盖与幼童言史，虑其厌闻，故创为此法，使之深入于心，终身无遗忘之患。演毕，则于厅事习步法，或雁行、或鱼贯，时复参互，错综如梭如织，咸整齐严肃，无有紊乱致相摩击者。

阅毕，至各馆看教法。先至三龄幼童一馆列几而坐，女师与之语，众幼童皆语。惜余不通语言，不知其云何也。又一馆年稍长，适教画，几陈模本，手握丹铅，有女师指点而评骘之。又至聋哑馆，师执其手，使贴己项下以与语，哑徒会其意，即以所言书于壁。盖其耳不能传声，赖人身电气相接，以达于脑，所以教识字也，馆舍甚众。至于烹调澣濯，皆别为一室，贫女于学馀专习之，每七日习一次，使年长适人工操作也。其攻金攻木，各有馆，非习此为匠人也，所以辨物质、明体用，以合于规矩准绳，为格致制造诸学先声也。

吉伯为余言，此堂昔时为牢狱，于十年前改学堂。英自学堂盛行，而囚徒日减，堂中多一仟冠，狱中即少一赭衣。英国君民期于全国囹圄悉为庠序而止。今伦敦有学堂五百馀所，国家筹费不少怠，绅富捐赀不少吝，童子游惰不学，罪其亲罚锾。是以人无贫富，无弗学者。四民之业，非学不精，特所学有浅深，故所业有高下。贵贱贫富由此分，则向学之心亦由此笃矣。余闻言，噤不能答，为备书之如此。

五月初八日(6月13日)　巳刻，金登干导观英刑部，上公堂，是日适讯案，环听者数十人。按察使延余坐，余询其所讯之案。原告系开矿公司，初颇获利，继稍摺阅，爰向富人设法，欲集赀百万磅，为重振计。富人俄延未允，公司旋闭歇，折耗殆尽，遂讼诸官，谓富人始允集股百万磅，继乃中悔，以致公司歇业。富人谓公司曾经告贷，并无集股之说。彼此驳诘良久，余遂出，复遍观其大堂各处。午正，返寓。

案：英国刑政衙门不一，其制有曰上控院，权位最尊；有曰上公堂，一名理刑司，即余今日所至之处。有曰下公堂，曰理刑厅。以上各法堂所理之政，分两大端：一曰钱债，理钱财争讼事；一曰刑名，理命盗斗殴事。此外又有遗嘱公堂，专理民间遗嘱析产事，不问刑名钱债事也。理刑厅不问钱债事。

下公堂兼问钱债刑名事，均巡捕官听之，然祇有问案之权，无审案之权。问案者，第问其事之源委曲直；审案者，则宜援引律例，反覆辨难也。凡科罪，监禁在六个月以下、罚款在百磅以下者，可立时断结。否则须上其事于上公堂，归按察使定谳。凡断结之案，两造不服，准其上控理刑厅。下公堂所断者，可控诸上公堂；上公堂所断者，可控诸上控院。上控院及上公堂作为专案讯问，无发交原审官再问之例。如果察知其冤，则平反其狱，原审官例无处分也。

上公堂设会审员绅十二人，凡国人纳税钞在五十磅以上者，皆得承当。临时掣签掣得者，入公堂听审。按察使既鞫两造之辞，则比附律例，以告于会审各员，各员定其是非，以告于按察司，乃断结。此刑政亦由民主之义也。上控院别有刑律顾问大臣数员，皆老年望重之士，如有死罪应减等，监罪应宽限，由国民公呈，吁请君主得商顾问大臣主之。然只有减轻之权，无加重之权也。刑律商律，皆由议院编纂。数年后，如有重复歧误之条，议院即派员修改，其科罪只有死罪、监禁、罚锾三端，他无轇轕之例。律生学三年得文凭后，须访求著名律师，纳重贽，充钞写之役，阅历数年或十数年后，始得出为律师云。

酉刻，英主遣外部参赞费乃来约赴伯钦恩帕尔士宫茶会。遂率参议梁诚、参赞汪大燮、黄开甲赴会。至则各国驻使及英廷臣命妇之封爵者皆在焉。列坐左右，英主、英后出，并立于庭。赴会者自右趋左，面君后鞠躬而出。英主后皆俯首答礼，不交谈，设酒果于别馆，酌而散。

五月初九日(6月14日)　往得格禄司博物院看藏书楼，楼书架积长三十二英里，庋藏各国今古图籍三百馀万种，士民有所研究，书不备，得入堂检阅。读书堂最高，极广，圆而无隅。颠覆琉璃，光澈几案，四围琳琅编插。高数十级，中容五百人，各得专席坐，设几案、具纸笔。欲阅某书，写书名投于盆，有专司者检陈于几。盖四部七略分类编目，各注所在。每架又别具一目，以便检。环读书堂外，屋数重，叠架庋书，轮其足，推前架，则后架出，升降以电引梯，挽车载书而行。官私著述成书，皆以献，又购求于他国，巨室好事者，又盈千累万以为赠，故能闳博美富，成此大观。其专门，如历象、如乐律、如医药，皆别有室罗图书，设几席以待来学。

其藏东方书处，区分中日，为两大部数。中国典坟，虽不备，然通行各本，亦十得四五。殿本如《图书集成》《西清古鉴》，皆以西式装成，储于箧。宋元椠本不多见，有宋板巾〔经〕摺本《莲花经》数册，有元刻《韩文考异》，明刻大字本《贞观政要》，皆精绝。近复搜求唐人绢本及唐宋人手迹，虽片纸，亦珍之，典守者出十数纸以示余，言得自蒙古喀尔喀部。土人掘地得此求售，因购以归，有大历、至正、建中等年号，纸墨残毁，真伪殆难辨矣。至印度、土耳其、希腊、罗马及欧洲前贤手迹，亦列中庭，余不能识其字、通其义，而古香古色，盎然行间，亦殊可爱。外院以石为壁，摹刻埃及古碑，惜日昃不及摹挲矣。是日导余游观者，为是楼掌东方书籍总理名德诺司，能操华语，曾为上海英领事。此堂国家岁费仅八百磅，近以地狭，购旁地三十五方里，以备推广云。

五月初十日(6月15日) 往看医院，门外左右立四亭，亭容数十人。平民有微疾，逐日求诊者，男妇孩童各就列。院内屋宇宽敞，视疾之轻重分居待治。轻疾十馀人同一室，重疾一二人占一室。枕簟皆备，病人衣食取给院中，地不毡毯，窗不帘幕，镂琉璃以为几，欲其皭然无尘垢也。侍病多妇人，所蹑履，皆以软皮为底，虑有声惊病者也。设火炉以祛寒，插鲜花以收养气。余历观十余室，大致相同，割证别有室。光明洞达，刀圭具备，卧具溕器，皆用琉璃。文石为墙，其光可鉴。其储药制药，各有所，以化学化分药质别良，楛究功用，皆医师自为之。药品中有毒性者，加识别于瓶。有骷髅室，储人骨甚夥，各标其疾。盖西俗，凡奇病死者，或自愿舍身写供存案，俟其既殁，则剖尸视疾。因是得以通症结、惠来学。此院岁治万馀人，来者弗自给费，亦不取给于官，岁费由富绅捐助，有盈则置产生息。英伦一处医院凡五十区，各有学舍储医书、教生徒，卒业亦给凭，然后行其术，其慎重如此。

五月十一日(6月16日) 往看英兰银行，此行创始于西历一千六百九十四年，迄今三百八年矣。虽名为国家银行，而资本实集自民间，惟代办国家税赋诸事，故国家独给凭照，认为国家银行。创办一百九十年间,获利甚微,所制钞票,民间亦不信用。至英相批而总度支时,始定银行章程,颁全国之为银业者,一律遵守。此行为国家命脉所关,有专例尤严密,通行至今,未尝增损。

其异于他行者有三端:一曰债票。国家有急需,租税不敷,则贷于民,谓之国债。出票据以为质,皆由此行经理。有二百人司其事,国家给经理人及制票费有定数,合国债万分之三。然国债若多于六百兆镑,则减其半。今英国国债约有七百兆镑,其利息则约三厘左右。

二曰钞票。国家准此行自领国债票四百万镑,又贷与国家一千一百万磅,皆以国产为质,并给利息,是此行存于国家之磅,实有千五百万,故所制钞票,惟千五百万磅,银行中无存金。此外钞票无定限,惟有票必有金,不得浮溢。今银行存金三千七百万磅,所出票,仅二千九百五十万磅。除其千五百万,有国家产业相抵,则此千四百馀万,尚不及存金之半矣。

三曰赋税。国家所入赋税,尽归此行。此行亦能任意行运,国家并不取息,惟届应付国债利息之期,若有不敷,则归此行垫给。国家亦不复付息。

凡此三端,与他银行有别。现在他银行虽有自制钞票之权,然皆不甚通行。公议专用此行钞票付磅兑票,以利民用。其造票机器制票甚捷,每日需出六百纸,方能敷用。此英兰银行章程之大略也。其办法,收钞票必截角,收币必过权,权币以机,顷刻千万枚,有不中度者,别储之。金币虽坚,然行久必剥而轻,重铸之,所以坚民信。国家缘此,岁耗二千万磅弗吝也。银币值微,摩蚀弗较,穴地以储币,累椟以储钞,皆重扃。数人司其钥,非周知弗能启也。民有资于行者,公举二十人为董事,五载一任,称职得蝉联董事,资深望重,则举为总董,两载一任,满则退。造钞之权归行,造币之权归国,造成则藏于行,名为行,实国库也。守夜兵五百人,环行而宿,夕至晨散,行酬以飧,饷给于国。余又至造币局一览,区分三品,饼萃骈罗。其行于藩部属地,必载文于币,故模范尤夥。日出币以机,稽其数,满千则停。

总办告余曰:此新法也。地狭事烦,一机抵百人矣。

余按:泰西各国分银行之种类,有官家之银行,有各业之银行。官家银行,政府所立,为国家理财关健。各业银行,则与人民为借贷存金之业。其制发钞票之权,惟官家银行得有之。至于章程,则各视国家财政之进步以为转移,未可一概而定。观于英兰银行,可以心知其意矣。旋至汇丰银行一览,并拜伦敦府尹。酉刻归。

五月十二日(6月17日) 午后,往观华勒斯博物院。华系英人,创建此院。殁后,捐诸公家,是院多储各国武库胄鍪之属,均千年以前旧物。又罗列油画暨各玩具,均精美。酉刻,归。

张在初星使来,谈及上年赔款,约载用金付给,或按还日之市价易金付给,中国用银款核付。目前金值日昂,照上年市价赔款,已暗增二成。近接外务部电,以中国赔款过巨,民力不逮,深恐激成变端,于商务有碍,特嘱向英政府妥商照约载银款四百五十兆两,按上年四月初一日市价易金付给,以免受亏云云。

余谓,赔款一节诚中国大可忧之事也。当庚子以后,财政未及整顿,赔款数巨期促,民力几何,讵能经久?至论中国钱币之制,尤有亟宜预筹者。外洋用金,中国独用银,人第知金价之贵,有谓西人当中国还款之期,屡抬其价以罔利者,非通论也。要知中国所以受损,不在金价之贵,而在银价之贱。外洋多用金,银衹以辅金之不足。银矿日开,银益多而无所用。于是银价日贱,以美国银党之盛,而终不能胜金党,则银与金之不敌,可知也。从前金磅价值由银三两,驯贵至八两,异日由银八两或贵至十数两、二十两,银价拟于铜价亦未可定,则中国无论赔款还款,即商战,亦万不能支矣。为今之计,惟有自制金币,以为抵制。

案:《尚书·禹贡》金银并重,《管子》论黄金刀布三币最详,史迁《平准书》班固《食货志》载金银并用之法,尤为轩豁。中国用金,本古制也。第处今日而制金币,其势亦有甚难者。一、中国出金太少;二、钞币未行,民不见信,而其本务之难,则尤在于用人。盖自古以来,原无有利无弊之事。钱法一事,大利所在,则更为弊薮之所丛集。然国家行一法、举一事,固不得以事之多弊而遂不为,亦不得以事之多弊,辄归咎于法,而不知归咎于人也。今中国金诚少矣,然试稽海关出入贸易总册,每年中国金出口共若干万,其可稽者如此,不可稽者又不知若干万。是宜先行严禁也。各省金矿迄未开采,慈石、丹砂,见荣终阏,是宜设法广为取用也。外洋如澳大利亚等处,产金较夥,宜与订立合同,每年收买若干。如是,则鼓铸不虞匮乏矣。

至行钞票之法,自以民信为第一宗旨。若民不见信,则无事可为,岂特钱币一端而已。而取信于民之法,则以用人为第一要义。今宜慎简廉明公正之士,详考各国银行章程,斟酌参用。先设国家银行于京师,约计成本金款若干,银款若干,先制金币钞票若干,复制银币钞票若干,以为之辅。银行以此发,户部以此收,先行之于商家,次推之于外埠,如是则大本立矣。然此事固宜慎之又慎,倘有丝毫关碍,则天下之命脉皆为掣动,此用人所以为始终之本务也。又现在议订商约,虽议加增进口税,然中商在外洋既以金款纳税,则中国海关征税,自应一律以金磅价核算,实于国家进款不无稗益。按公法收税,为本国自主之权,现此事尤为公平易简之法,各国亦岂能不允?《诗》云"周爰咨谋",又云"其则不远",愿为当轴陈之。

英轺日记卷五终

英轺日记卷六

五月十三日(6月18日)　率同参议梁诚、参赞黄开甲、唐文治并金登干之子金乐培往观爱司福忒学堂,离伦敦约二百里。巳刻登火车,行约一钟之久。沿途山势回环,平畴竞绿,风景绝佳。午初,抵爱司福忒。

是处学堂共有数十处,金乐培导余先至一处,有学堂司事官候于门。先导观藏书楼,次历礼拜堂。堂屋深邃,石梁高十数丈,均数百年前旧构。教师之有名者殁,则即葬于内,刻石像于桴,并略记姓名事迹,以为表识。次观学舍,俱轩敞精洁,窗前均供花篮一具,学徒皆静默覃思,不闻咿唔声。次观试院,院极广,两旁列短几凳,约可容千人。是日适试期,诸生甫散,有数名缀笔卷尾,尚在构思。试官高踞正座,眡远必察。余询其题,则富强策也。次阅公堂,为奖赏学徒,发给文凭之所。

观毕,司事官延余坐马车至一河畔。河为达迷斯河分支,沿岸绿树成阴,芳草披拂。河中维艇数十,皆悬旗,书某学堂、某学堂字样。余登其舟,重门洞开,四围周以玻璃,书籍、报纸、铅笔之属,无不具。盖学徒夏日课馀,则于兹纳爽,所以为游息地也。旋登岸,返学堂午餐。同席自司事官外,一华学教习,一哲学教习,一律学教习,一教门教习,一本国史学教习,一罗马史学教习,一算学教习,共七人。华学教习名柏乐客,曾在上海、台湾充当领事,能操华语,略与款谭。饭后又观学堂数处,略如前式。盖是处学堂,俱系专门之学堂,学徒年自二十岁以上,习普通学已成就者,方准入内。肄业各堂创设年分,有近有远。凡名儒名相之出其中者,不可胜数,洵大雅宏达之囿已。

西正，仍坐火车归。晚饭后，与参赞汪大燮、唐文治论哲学源流。汪、唐谓，西人之哲学，即中儒之性理，人必养心而后能治事，是以经济根于学术，余深韪其言。盖西人论学，辄谓：念者，事之基萌。一念而事即随之，故治念然后可治事，治事亦即所以治念，此即《戴记》所谓"虑而后能得"，而王文成所谓"知行合一"，亦此旨也。

抑余更有说焉。学问之事，支派虽出万涂，而其要在于求乐。不独孩提之童道在善诱，即中人亦如之。苟不知求乐，而自溺于苦境，则智慧日窒，学术废而事业隳矣。故上智之士为学者，无弗导之以乐，即境以养其心，藏焉、修焉、息焉、游焉，优而柔之，餍而饫之。如此，则性情静适，聪明日生，而天下之事毕举矣。周茂叔寻孔、颜乐处，斯即哲学之根本。明鹿忠节著《寻乐大旨》，厥谊精微。近今斯道衰息久矣。因论西人学派，特揭之以告当世之为学者。是日，英外部派参赞王安来照料一切。王安曾充驻京使馆参赞，略习华语，现甫从北京回国。余略询京中情形，嘱其逐日来寓，以便接洽。

五月十四日(6 月 19 日)　巳刻，赴纽玛铅看跑马。盖泰西各国，每于春秋佳日，驰马比赛，其围场必择荒郊空旷之处，所以资游玩、角材力也。计英国境内纽玛铅有跑马场九处，腾喀斯德有跑马场五处，爱泼桑有跑马场三处，葛特胡有跑马场一处，利物浦有跑马场三处，约克有跑马场二处。此跑马场，即纽马铅之一。毛马齐色，腾骧沛艾，绝阬逾斥，询盛观也。

余案：车攻马同咏于《葩经》。既伯既祷，先儒以为马祭之诗，而《月令》季秋之月，习五戎，班马政。马政之宜饬，由来尚已，盖古人于文事武功，兼营并重，是以射御之艺，比于礼乐。凡在搢绅之士，方领之儒，举能驰马试剑，以习筋骨，而适心志。三代以降，此风稍替。然如孟坚《两都》、平子《二京》、子云《羽猎》、枚叔《七发》敷陈田猎之事，靡不奔嗜逞欲，旭旭汹汹，虽词臣藻饰，亦可见当时之好尚也。魏晋而后，犹复讲肄马射。魏元帝立马射台于陂西，文帝于马射之前，先行讲武之式，尚不失古者教诲调一之意。自唐宋以来，重文轻武，训文有典，教武阙如，于是马政废弛，圉人失职，冀北秦西，纵多骏骥，而世无伯乐。其伏枥以悲者，不知凡几。

我朝以骑射取天下，熊罴之旅，昔称无敌，迄今校阅八旗子弟，犹以骑射为主。诚以生人之筋骸气血，不可不日调也。抑磬盘旋具有发扬蹈厉之概，若朝夕窳之，则茶然而不振矣。乃沟瞀之士，迷谬不省，矩步高论，充然自满，语以武事为儒者所习，则挢舌而莫知所对。是故就气习而论，则晚近之士夫，日即于脂韦，就体质而论，则晚近之士夫，又日流于脆弱，其故安在？殆有驱之使然者。然则跑马虽游览细故，要可觇国民强弱之几也。是日闻英君主病。赴跑马场，实勉强支持云。

五月十五日(6月20日) 在寓阅新闻纸。

考英议院之制，其权极重。盖英虽称君民共主之国，然实民权为重，君权为轻。凡一切用人行政、赋税出入、法制禁令、营建工作，及与列邦会盟战守之事，其事皆出于议院，君主签字画诺而已。其上议院曰劳尔德士，一名比尔士；下议院曰高门士，议员凡三百馀人，各分党与，视民举之多寡以为胜负。某党胜，则某党出而为相。其六部大臣，即由宰相拟派，名为君简，实则民举也。某党负则退位，然常箝制胜党之事，彼此争辨，龈龈不休。原其心，实为公而不为私，以故胜党惧授以隙，舞弊之事绝少。

君主岁需经费，以及皇后、皇子、公主等用费，亦均由议院议定，其数丝毫不得增。设或不敷，君主可告于议院，或增或否，增或多或寡，亦由上议院核定，不稍假借。大臣岁俸不过丰，宰相每年以八千磅为度，上下两院则俱无俸。高门士之权，更在劳尔德士之上。有事上院议定，下院意有不合，立可驳斥。逾三次，上院不得不更正。与国议和议战事，亦视下院宗旨。如有战事迫不及待，则由部议准，君主签字，然仍视新闻纸论议以取进止。各新闻纸以战为非，则议院可不允发饷。如以为是，则如拨款加税诸事，议院可次第筹行。

至六部诸事，议院亦有稽察之责。如议某事，关涉某部者，由议院先行知会该部，届期派侍郎一人入院面议，推阐诘难，务尽厥情。遇大事，则请宰相入议。宰相曰可，议院曰否，宰相曰不然，议院曰然，则宰相所以可否之意向，必须明白宣示，不得稍有徇隐。惟外交和约章程之属，应行秘密者，暂可不宣。然和约章程，宰相虽有核定之权，如宣示后议院有所指訾，告于君，宰相应立退。不退，须延国人公论。如公论亦以为非，则非退位不可。英国民权之重如此。然或办理国是，有所舛误，则国人皆归罪于执政，不闻咎及君主。此则明定宪法之效，所以民权虽重，不至启犯上之渐也。

五月十六日(6月21日) 往看伦敦制造厂。是厂专铸枪炮子弹，规模宏大，周围十数里厂内，往来皆以火车。新式最大之炮子，重千二百磅，后膛机器启闭灵敏，铸时先成钢柱，以钢刃凿膛开线千百，不爽毫发。每铸一炮，阅九月始成。惟每事接续连铸，故成物众，不觉费时，积日新法，以钢条为绳，密裹炮外。其引绳机器重力极大，此法已经叠试，永无炸裂之患。有一室排列各式枪机炮机，以较速率。总办导余游此，引电发机，顷刻数出。

此厂毗连武备学堂，乘火车往学堂，总办为提督某，迓余入，并备午餐。询知该堂生徒三百人，分四班，四年卒业，岁取七十五人，新旧迭更。其考取新生，以年十六至二十，普通卒业兼精算术者为合格。入堂甚难，功课尤密。卯初上学，酉正罢学，其中仅得游息半时。新进四人居一室，馀独居。学舍狭陋，令习苦、便行军也。惟洒扫甚洁，人日一浴，衣履塵垢，亦有罚增。其课演炮有台，试枪有的，有讲堂、有操场，凿池以效涉，画沟以习跳。往昔生徒建功名、成事业者，皆题名厅事，每饭属目。又罗古兵器如剑戟弓弩之属，以较利钝。英国陆军将领尽出于此。今以近年特国交战，将小变教法，以期精进。惜是日适诸生就试假期，不及见其传授之大概也。

五月十七日(6月22日) 申刻，往游万生院。院景寥廓，茂林幽邃，堂密美枞，荑柯散叶，修竦有致。院主导观虎豹狮象之属，珍禽班尾，奇兽编栈，多不知名者。文马极驯扰，西人谓之“驳马”。余案：

《史记·司马相如传》"驾驯驳之驷",注:驳如马,白身、黑尾、一角、锯牙,食虎而驾之,以当驷马。此马文身无角,是不得称驳马也。复观陂塘,圆波一沤,蓄穿山甲二,投以鱼,出水衔接,鼠响奔驶,殊畅诡览。酉初,归。

考英京各衙门,其权约分三等,一行政,一理事,一稽察。之三者,大纲厘然,庶务自理,行政衙门者何?枢密院、户部、海部、兵部、邮部、藩部、印度部是也。理事衙门者何?商部、农部、工部、文部及本省政务处是也。稽察衙门者何?议院是也。枢密院之制,为各衙门领袖。首相专主其事。首相所设施,必禀承于君主也。院自首相而外,有政务参议大臣一员,掌印大臣一员。凡议政事,首相、参议大臣暨户、海、兵三部大臣,咸与其列。惟各部大臣不时至,有大事则咸集,询度既同,乃发号令。此所谓行政衙门。

至理事衙门,则承行政署之意旨,奉行厥事,无主宰号令之权。若稽察衙门,则有阻止政令之权。譬诸文部,定于某处建学堂,于某塾改课程,告诸枢密院施行,议院不谓然,即可集议阻止。文部不得而违,枢密院亦未能相强也。然若斯之事,亦不常觏。盖理事各部,亦必先与议院各员斟酌妥善,意见相洽,斯上之枢密院耳。

余因思枢密院既有行政之权,则其权力似当在议院之上,何以清议常伸,几若有太阿倒持之势?追考英国史乘,始知从前枢密院与议院,其权本相颉颃,因斯丢亚尔的朝之君查尔斯第一好实无厌,专尚压力,与高门士争权不已,煽虐构衅,国以大乱,于是高门士为首有名不勒少者杀查尔斯第一,别立会以理国事。由是,下议院之权日重,而枢密院之权遂轻,斯亦英国职政变迁之一大关键也。

五月十八日(6月23日) 早,闻英君病加剧,加冕有展期之说。盖所病,系患肠痈。老年气血衰颓,故未能支持也。

申正,赴泊锡花园茶会。伦敦府尹作主,略与款谭。旋归寓。戌正,英后请博庆汉宫大宴。盖英君因病,未能款客,故由英后为主。余率参议梁诚、参赞汪大燮、黄开甲并英外部参赞王安晋宫,至则参议等俟于楼下。余偕王安登楼少憩。德国专使亨利亲王是日甫抵英，特见余，略谭数语。少顷，各国专使齐集，英后出见，握手致词，略谓君主适患采薪，弗克亲自款待，良深歉仄云云。余命王安译词对答慰问。王安旋退出，余遂入座。约四刻许，宴毕归，已子正矣。

考英国属地最夥。其在欧洲者三处，在亚洲者十四处，在非洲者十七处，在美洲者七处，在西印度者八处，在澳洲者十一处。或设总督，或设提督，或立酋长，或立苏丹，或设公司，或设委员不一。其制，一切政治律令，其小者，君主与藩属径行商定；其大者，则须与议院及枢密院核议。君主可简亲信之臣治理藩属之事，而藩属议院所议定之事，如君主意有不合，可不允行也。

至君主管辖藩属之权，各有分者，约而言之，共有四端。一、只设总督，不立藩属。议院有事，君主与议院、枢密院定议。一、由君主派出总督专主藩属之事，倘总督治理或有不公，则藩属可禀告英藩部，由君主与议院核夺。一、藩属自设议绅院管理地方琐事，其权在总督行政衙门之下。如有与政务关系之事，行政衙门核议时，议绅院可派二人往听之。至议绅院所议，仍须上之行政衙门酌定施行。一、藩属自设上下议院，亦可自定律例税则。惟遇调兵征饷，暨与英国交涉之事，则由总督主政。其内地一切治法，均归藩属自主。之四端者，权限虽各不同，然倘遇诉讼不平之事，则英之议院皆得而主之也。

藩属之中，以印度为尤著。故藩部而外，别设印度部，专理印度事宜。印度大臣所定事，有知会枢密院者，并有不知会枢密院者，其权如此。印度设总督一、巡抚二，又有议事大臣、按察使，均由君主简派。印度部别有参议官十五员，则由印度部大臣酌派。此十五员中，必须有九员曾在印度居住，或当差逾十年者。派定后，在任以十年为率，留任以五年为率。如有品行不饬，或议院指为不胜任者，则随时撤退。然印度大臣事权虽重，亦有可以专主者，有不能专主，必与参议各员公商者，可以专主者。若总督、巡抚办理边界交涉之事，君主意有不洽，即应随时更正。又如总督、巡抚以下各官升调、迁转、补缺诸事是也。必须与议员会商者，如印度钱粮如何开支，或印度土酋借债需以钱粮作抵，以及印度制产、卖产、抵押之属，及增添官额，开复革员诸事是也。

至英议院于印度事务，虽概得预闻，而其得专定者，不过数事。一界外交战，须拨用印度钱粮；一界外交战，所以动支钱粮之故及何日开战，应预先咨明；一考进印度部当差章程有所更易；一参议各员任满留任；一印度部官员或须增添额数，及加薪水等事。要而言之，凡事之易滋弊窦者，俱由议院稽察，所以相维相系，而不至各骋其私也。

五月十九日(6月24日)　往拜德国专使亨利亲王、日本专使小松亲王，并美国专使等。午刻，闻英君肠痈已经医生剖治，须俟旬日后方保无虞，加冕决定改期。爰即电达外务部请旨慰问。旋赴宫门致候书名于簿而返。

考英外部之制，有上侍郎二人，一则久任不易，一则视公党所举。复有下侍郎二人襄办各事。有藏书楼总管一人，和约处总管一人，其馀则皆书记官也。外部大臣应办之事，一、接待各国专使、驻使，引见君主；二、凡本国、各国人民及各衙门并本国在外各驻使、领事寄到信函，分别答复；三、凡一切外交国是，随时酌定。

至收掌文函，由书记官专司其事，收到后呈上侍郎，上侍郎呈首相，首相分别准驳，告知上侍郎，上侍郎条次其事，应由某股承辨者，即发交某股书记官作覆。如遇交涉紧要之件，本国驻使有要电或要函寄回，则须另录三分，一呈君主，一呈首相，一呈久任之上侍郎。倘所事君主不能遽定，应行会议者，则须将原电原函再录数分，呈枢密院大臣随时集议。

至与各国议和议战，则君主必须与枢密院、议院会议。议院虽无定和战之权，然枢密院议定后，如议院意见不合，即可直奏君主，径行驳斥，甚者使枢密诸臣不安其位。是和战之权，虽操于枢密，而和战之事，实决定于议院也。

然议院之权，虽在枢密之上，而百姓之权，又在议院之上。据西历一千七百八十二年，美利坚欲自主，英人不允，与血战四年，英议院旋欲准美自立，英相即设法与美议和。是议院之权，在枢密之上斯一证也。又据西历一千八百五十七年英与中国构衅，议院多不谓然。英相集国人公议，国人悉举言战者为主，诸不欲战者皆退位。是百姓之权又在议院之上，斯亦一证也。

惟和约条款，须由君主与首相作主，而议和之后，倘需百姓输赀，则仍当与议院商定。故和约常有声明签押后须由议院覆核，方可作准者；亦有先与议院核定，然后签押者。此英国办理交涉之大纲也。

五月二十日(6月25日) 早起，闻英君病势颇险，殊焦闷。酉刻，英外部遣员来致谢，略谓，各国专使均已呈递国书，贺礼已成，君主不胜感荷。现以病势正剧，未能款待请宴，良用抱歉，特遣致意辞谢等语。余因命参赞陶大均往探日本专使小松亲王，知已戒行期，因与参议梁诚等商定启程日期。少顷。王安来言，澜侯订于明日三钟来拜，余诺之。

考英国户部定制，以预算法为先务之急。预算既定，则经制出入，自不至有匮乏之虑。每年必先将明后年进款核定若干，再将明后年应用正款核定若干。每款经费，严定数目，他项不得拨用。核定后，造册宣示。如用费稍有浮溢，议院即可酌减。盖《礼记》所载冢宰制国用，必于岁之杪，即此义也。

至其理财要旨，不过二语。曰取之于民、用之于民。盖户部定例，除内府经费及战务经费、官员俸薪外，苟非为民间举办之事，即丝毫不得妄费。其意若曰，官者乃为百姓分理庶务之人，即为百姓总司经纪之人也。

余因考其户部，预计一千九百零三年进款清单内列：关税三千二百八十五万磅，五谷等税二百六十五万磅，货捐三千二百七十万磅，产业等捐一千三百二十万磅，印花税八百七十万磅，地税七十四万磅，房屋税一百七十六万磅，家私并进项捐三千八百六十万磅。以上皆入税项者。又邮政一千四百八十万磅,电报三百六十三万磅,国地租费四十七万五十磅,苏彝士河等股票八十八万磅,杂项二百万磅。以上为不入税者。共计进款合一万五千二百九十三万五千磅。

出款清单内列:国债利息一千八百三十六万磅,战债利息四百四十万磅,别项不还债利息一百六十四万五千磅,国家房屋捐一百一十五万五千磅,陆军及炮厂费六千九百六十六万五千磅,海军费三千一百二十五万五千磅,职官费二千六百四十四万八千磅,关务费并内地税务费三百三十九万磅,邮政费九百七十六万二千磅,电报费四百二十一万一千磅,运船费七十七万九千磅,别有备用费一千七百七十五万磅。共计出款合一万八千八百四十六万九千磅。除进款一万五千二百九十三万五千磅相抵外,实不敷三千五百五十三万四千磅。应别筹他项开源之法,或前数年比较盈馀之款,以弥补之。

又考其内府经费,每年君主用费六万磅,宫内各官等俸薪及养老费十三万一千二百六十磅。内府日用开支十七万二千五百磅。预备君主赏赐及一切善举一万三千二百磅。其它杂项并不时之需八千零四十磅,著为定数。内惟养老费可以加增,每年加至一千二百磅为限。按:户部例,凡国中用费,均由户部大臣验数,惟内府经费除养老费外,均可毋庸验数。又议院例,凡国中用费,均须咨明查核,惟内府经费,除养老费外,亦毋庸咨达议院,此英国经制度支之大纲也。

五月二十一日(6月26日) 早起,闻英君疾自剖治后,神气已有转机,亦稍清醒。又闻昨晚英民至宫门问候者,约数千人。闻君主略痊,相率欢呼。巡捕亟告以君主须静养毋哗一语之后,众声寂然。人心固结如此,有足多者。午后,德国亨利亲王来答拜,英外部澜侯来拜,余闻各专使均已陆续辞行,因与商订辞行日期。澜侯言,明日三钟英后可以接见。谭数刻,澜辞去。

考英兵部之制,凡简派兵官,须由君主发给文凭,君主并无养兵之权,养兵及军饷若干,均由议院作主。军律及行军章程,亦均由议院议定。国中有常备兵、有民兵。

常备兵者何？曰步队、曰马队、曰炮队、曰工程队、曰转运队、曰粮台，其责任分三类：一驻守英三岛地，一驻守印度，一驻守各属地。驻守本国境兵，遵本国军例；驻守印度兵官暨各兵，亦遵本国军例。惟印度土兵，则遵印度政府所定军例。如与英兵合队，则遵英军队例。驻守各属地兵如驻守印度兵例；各属地土兵如印度土兵例。

英国旧制，君主可随时练兵，亦可随时遣散，自西历一千八百四十七年始定今制，由议院作主，国民皆有当兵年限。步兵以十年为期，马兵以十二年为期，期满后有酌留再充一期者，则可当至二十年。至二十四年，兵官自得君主文凭，命为将帅，则以身许国。非国家撤退，不得自行乞退。

民兵者何？曰义勇、曰团练步兵、曰团练马兵。义勇为内部大臣所辖，国人自十八岁始至二十岁止，籍其名、登诸册，其数亦由议院酌定。如议院议于常备兵外，增添义勇额数若干，则稽诸簿，掣签应用。其制与常备兵一律操演，惟不受饷、不出征，岁时会操，少则二十一日，多至二十八日为率，悉依军例。团练步兵、团练马兵，则视民间所愿习，无定额。团练步兵内有炮队、有工程队、有轻装马队，然总以洋枪队为主。如与常备兵或义勇会操，亦遵军例，无专操之时也。团练马兵有专操之时，随事之缓急而定，奉军例与常备兵同。国有变故，可命围练马兵弹压，团练步兵不与焉。设遇敌人侵犯国境，议院议准调团练步兵、团练马兵若干应用，即应如期会集出战。盖英国陆师之制，其可考者如此。

五月二十二日(6月27日) 申刻，率同参议梁诚、参赞汪大燮入宫辞行。英后出见，深致谢悃，并达歉忱，敬寄请皇大后、皇上圣安，余命梁诚译词答谢讫，旋归寓。拟贺礼告成，由英启程日期奏稿饬供事恭缮。戌刻，由出使大臣张德彝处接奉电旨一道，钦奉懿旨："英君因病，加冕展期，甚为廑念，著载振传旨问候，钦此。"当即恭录，并饬梁诚恭译，转达英外部，面晤澜斯登，商定于明日亲往呈递云。

考英海部之制，有领袖大臣一人，又有副大臣数人，统称大臣。

以下分股专司各事。曰造船股、曰验船股、曰造样股、曰机器股、曰验机器股、曰炮股、曰银钱支销股、曰测算股、曰书记股。凡议造兵轮，先由验船股验定旧船若干无用，应造新船若干，即由造样股核定式样，或铁甲、或鱼雷、或快艇之属，呈于海部大臣定准后，再由机器股核定吨数若干、马力速率若干，再由造船股核定用木若干、用铁若干，再由炮股核定大小炮位若干、炮位应置某所，然后由银钱股估价定议，或由官厂承造，或由私厂承造。海部上其事于君主，君主与枢密院商定，发交海部。海部再知照户部会咨议院。造成之后，如原估之价或有不敷，议院可酌量议增。或有赢馀，则专款存储，为下届造船之用。海部报销各款，亦归议院作主。如报销之数过多，议院应派出精习海军事务数人赴海部查核。倘委系核实开支，即予准销。海部有事，亦得派侍郎一人赴议院会议。至有时议院建议应增造兵轮若干艘，可径奏君主转饬海部办理。海部饬各股核定如前，即覆奏君主迅速承造。盖近来欧洲各国多务联盟，争相雄长。英以水师立国，尤以兼人为旨，故海部或有未及规画，议院先建议增造兵船之事，往往有之。此英海部造船之条例也。

五月二十三日(6月28日) 早，英外部大臣澜斯登来寓言呈递电旨事，英君例应当面祗领，现以病体未痊，委难支持，极力坚辞。余因恭赍电旨亲赴英外部，请其转递。酉刻，澜斯登复来传述，英君接奉懿旨，不胜纫感，并以迩日已逐次就痊，嘱为转奏等语。当即电达外务部祗请转奏，借慰廑垂，并拟奏片一件，饬供事谨缮。戌刻，赴金登干寓。夜宴，亥初归。

考英国水师各官，均由学堂出身。选派之例，有由君主签字者，有由海部签字者。君主签字，自提督至千总为主，百总以下，则由海部签字。兵官之长，曰正提督，次副提督，次后提督，次总船主。凡遇战事，正提督殁，则副提督代之；副提督殁，后提督代之；后提督殁，总船主代之。以故，船主亦无不娴习号令纪律之事。从前兵船水手，多有立战功升至提督者，现则兵官一律由学堂出身，应讲求测算、格致诸学，故水手仅升至百总而止，无有更至提督者。各兵官如陆师兵官，例非国家撤退，不得自行请退。千总以上，升调补缺革退诸事，提督主之。百总以下，升调补缺革退诸事，船主主之。提督所主，奏于君主；船主所主，咨于海部。设有不公，兵官可诉于议院，议院得提案研讯。水师兵饷发于海部。学徒在学堂卒业，得有文凭者，在兵船当差三年，得为百总，兵船水(年)〔手〕均归管辖。各兵及水手犯罪，重者别有水师监禁处，统归海部管辖。水师军例，凡一切交战章程，均由海部专主；一切防堵事务，均由提督专主。

海部所辖兵轮之制不一，其名亦不一。约而言之，曰铁甲、鱼雷、炮船，此为常备战船。曰驳船、曰屯船，此皆旧兵轮改置，均设管带各官，可资助战。曰巡船，以巡缉各岛口岸，亦能助战，惟不出口。曰预备战船，系于公司商船选其合式者，用以载兵运饷，置炮位，亦入战队。曰后备兵船，常备兵船有伤亡，则用以挑补。曰缉私兵船，则又分隶于海关。

余觅得英国近年水师兵船表，命参赞黄开甲译录：计英现有铁甲、鱼雷、炮船五百四十八艘，驳船之属九十一艘，屯船之属四十九艘，巡船一百零七艘，预备战船五十艘，后备兵船九艘，缉私大小兵船五十四艘。统计英国共有兵船九百零八艘。师船中设有翻译官，又别有陆兵翻译，须通各洲各国方言。陆兵无事，则习风涛、充水手诸役；有事则登岸，羽翼水军，遥为犄角。此又英国水师规制之大略云。

五月二十四日(6月29日) 早起，拜发奏摺奏片，并发外务部文件，交驻英使馆转寄。未正，偕诸参、随等赴达迷斯河一游。夹岸文树幽翳，嘉卉缤纷，笙歌之音，繁遏相答。河中泛小舠，仅容两三人。爰命翻译印须载登方舟，泳游足资容。与游毕，赴客店晚餐。闻上游风景尤胜，惜时已曛黑，未及周玩，命驾遄返。抵寓已交亥正矣。

考英国商务致盛之始，迄今约四百年。从前欧洲开辟商务最先之国，曰希腊、曰罗马、曰西班牙、曰葡萄牙，此皆居欧洲南境。在欧洲北境者，惟丹国一隅。英人通商之初，稍稍与丹合力，寖师其法。

然祇在近岛口岸经营，未遑远贾。迨后，丹之水师为英所败，英国势勃兴，一意振顿商务，遂为欧洲之冠。又推扩及于他洲，无远弗届。原其宗旨，厥有两端，一曰坚忍，一曰自然。从先希腊各国商务由盛而衰，偶有蹉跌，每至一蹶不振。英人则善持盈虚息耗之数，辄能再接再厉，此固由合力之厚，亦由其秉性坚忍，实有为无弗成，成无弗久之志也。

至于自然之旨，尤为商务第一要键。盖官之于商，祇任保护之责，自商税而外，凡一切贸迁生计，皆听民所自谋，无有用压力以摧折而窳庸之者。此商战之所以辄胜也。史迁之论货殖，曰善者因之，其次利导之，其次教诲整齐之，最下与之争。郭橐驼之论种树，曰其本欲舒，其培欲平，勿动勿虑，去不复顾；他植者，旦视而暮抚，甚者爪其肤以验其生枯，而木之性日离。斯数言者，皆自然之本，英人用其术以治商政，不特无扰累之事，亦绝无牵肘顾忌之忧。是以元气煦育和义，而美利生焉。

至于商税之则，其权操诸议院，而举议员之例，其权又操诸商民。命脉贯通，联络一气，斯则无待发征期会，不求而民自出之。是故余入英国，考其工业，自织布造船而外，他无所闻也。询其土产，自煤矿而外，他无所闻也。然其商务，卒能甲于地球者，盖由前之说，俶落于民性，由后之说，荄滋于国政，非无故矣。

当中国乾隆年间，英伦有斯密亚丹者，著《原富》一书，综论工作之巧拙，本末之重轻，又论赋税钞币之法，最为完备。而计学家有名罗哲斯者，尝推阐其义云，国家害富之事，邦国外侵，不若庶民之内讧；庶民内讧，不若秕政之时行。又曰，上惟无扰，为裨已多。而一切上之所应享，下之所宜贡，则定之以公约，斯义昭然。盖国家所以积贫致富之由，判于斯已。

余觅近年英国商务进出口货值表不得，仅得西历一千八百九十五年货值数目清单，计进口货值英国本国五垓二京九兆零零三千四百五十七磅；印度属地五京九兆三亿二万三千九百一十磅；亚洲属地三京一兆零三万一千四百六十三磅；非洲属地二京七兆六亿四万一千七百八十七磅；美洲属地二京七兆五亿七万九千二百零三磅；西印度属地五兆八亿六万七千六百八十七磅；奥洲属地六京五兆九亿五万九千九百七十七磅。出口货值，英国本国二垓八京五兆六亿零四千四百九十三磅；印度属地六京六兆零一万三千八百二十磅；亚洲属地二京七兆一亿零一千五百五十五磅；非洲属地二京七兆三亿九万七千三百二十一磅；美洲属地三京一兆六亿九万二千六百四十九磅；西印度属地五兆零八万一千一百六十磅；奥洲属地七京二兆八亿三万六千三百二十磅。统计进口货值七垓四京六兆四亿零七千四百八十四磅，出口货值五垓一京五兆七亿三万零三百一十八磅。

《英轺日记》卷六终

英轺日记卷七

五月二十五日(6 月 30 日) 巳初起程。英后派副礼官、英外部遣参赞官至车栈送行。比国驻英公使暨张星使德彝率其参、随均来送。旋乘专车至都华海口。比国奥士登提督梯高而士暨比君所派向导官副将裴罘、都司威大美、守备维里亚携舟来迓。英都华巡抚送于舟次,余遂乘比轮渡海。未刻,至奥士登泊焉。

奥埠为比国海岸,沿边平沙汗漫,水浅利涉,故商务不繁,而风景清淑。欧人每当盛夏,纳凉于此。比君亦于海边建行宫,今适避暑至此,派外部大臣华货罗、内务府大臣渥陀罗幔、驻华公使姚士登登舟致意,订期相见。余命翻绎官刘式训传语,深道感谢。登岸时,排队奏乐,略如英埠接待之仪。申刻,乘宫车至客店小住。驻比代办使事刘玉麟呈递游比事宜节略。此次衔命欧洲,姚使时尚在京,即奉比君电谕,邀余游历到此,适馆授餐,住官阅厂,皆由外部酌定,备极殷勤。

考欧洲昔年群雄逼处,分并离合,变故极多。比利时立国自主,实始于西历一千八百三十年。各国互立专约,永为局外之国,不与争战,并不得自设舟师,亦无武备口岸。开国至今七十二年,耀德不观兵,可称福地。今比君为开国第二世,年六十有九,学问渊粹,著作裒然,盛暑严寒,手不释卷,可谓好学也已。

五月二十六日(7 月 1 日) 午刻,率参议等各赴行宫,谒见比君。比外部及内府大臣等在宫门相候。比君佩带上赠黄带珍珠宝星,迓至穿堂,握手为礼,偕余入宫坐谈。敬问皇太后、皇上起居,随询余长途跋涉,颇耐风涛,余随宜应对。少顷,辞退,比君送于门外。余归寓,比君即徒步至寓答拜,余亦迎送如仪。晚,赴宫宴。余与比君比肩坐，同席者比外部、内务府大臣、姚公使及卢汉铁路总办沙多等。比公主亦在座。宴毕聚谈。比君亟称翻绎刘式训法文精深，未易多觏，余亦逐一周旋始散。

按：比利时亦君民共主之国，故政事多出议院，以全国户口多寡，准议员人数。每四万人例举下议员一人，上议员半之。今户口共六兆三万二千有奇，故上议员七十九人，年在四十岁以上者合格，每任八年，四年一举，更其半。下议员一百五十八人，年在二十五岁以上者合格，每任四年，二年一举，更其半。各省会有另举上议员法，亦以户口多寡为断，计二十六员不在正额之内。议员公举议院总统一、副总统二、文案四。冬集夏散，每岁议事不得少于四十日之数。议事时，掣签分班(二)，以十五人为率，各班中复各举数员，合为总班。遇事先拟一稿存院，由各分班先行拟议，告于总班，总班拟议，复告于分班，以可否人数多寡定议，陈奏候批，则维君命是听。

五月二十七日(7月2日) 乘火车至布鲁树埠，阅新开河及海口。布埠昔为通商口岸，嗣因沙涨，增地四十里，悉成田庐，海舶不至，商务减色。近仿苏彝士河法掘地为渠，节节为活坝以束水。坝岸有电机，舟行且至，一人按电，则坝转傍岸，舟行无阻。督工大臣柯山出图相示，手指口画，深得窾要。海口石堤环如新月，因地势平衍，藉以蔽风。时河工已毕，堤工方过半。法以铁为外椟，以塞门德土为内椟，中实以块，方广逾丈，以启重机悬置海中，堆垛为垣。其质性坚重，故洪涛巨浪不能动摇。阅毕，顺道至工艺局一览。西人名此为“赛会”。凡金木陶匏器皿新旧各式，罗列满室，以考验今昔工艺之高下。绒画、油画，皆数百年前旧物。有仿古织纱女红十数，略如吾华辫绦之法。盖近时通行机织手艺，几至失传。此室藉以教工，存古制也。是日，布埠总督钟西尔请宴。酉刻，归奥士登客寓。

五月二十八日(7月3日) 将赴比京，比君订舟中茗叙话别。午间至海口，比君迓于舟次。此为比君游船，四桅双筒，舱中卧室、书室、客堂、餐所，布置精雅，陪从臣工各有起坐之所。比君赠余小影，导余观览，并至舱面望海，告余曰："髦年精力差逊，案牍劳形，每苦疲茶，驰马击球，乘风挹爽，皆卫生要术也。"闲话片时，握手而退，遂登火车至比京，比外部暨各大臣来迓。旋即答拜，入宫小息，殿阙崔巍，颇极美丽。晚间，赴外部大臣之约。中西宾客二十馀，比相德司的乃、府尹夺莫寒喧数语。馀虽通名，不甚能辨识也。外部极称代办使事刘玉麟精明强干，长于外交。刘道系美生出身，驻美、驻英、驻比，在新加坡尤久，实襄办交涉资格极深之员也。

按：比京行政，分隶八部：曰外部、曰吏治学校部、曰户部、曰兵部、曰刑部、曰工部、曰农部、曰铁路电线邮政部。部有正副大臣各一人，馀则分司理事。外部有掌出使、文牍、颁赏宝星之司，有掌交涉、礼节、争辨事理之司，有掌各口领署文牍、选派领事之司，有掌本署经费、印信之司，有掌条约、清档之司，有掌本署书库之司。

吏学部有掌各省府县事宜之司，有稽全国户口、议员、学堂人数、岁出、岁入款项之司，有稽兵额饷项之司，有掌专门大学堂之司，有掌中学堂之司，有掌小学堂之司，有掌学堂体操油画之司。

户部有掌帑藏国债之司，有掌收放款项之司，有掌经费禄予抚恤之司，有稽核出入款数、预计盈朒之司，有掌国家放债之司，有掌收验质银之司，有掌税银、税契之司，有掌关税、业税之司，有掌官家产业之司。

兵部有掌文牍之司，有掌电报之司，有掌征调营兵之司，有掌征调常备、后备各兵之司，有掌武备学堂之司，有掌记录全球行军良法之司，有掌记录各国兵额之司，有掌兵官迁调恤赏之司，有掌行军募兵之司，有掌修理兵械之司，有掌修械经费之司，有掌行军修治桥路电线之司，有掌行军地图之司，有掌兵官薪俸之司，有稽察各营经费之司，有掌营兵衣履车马之司，有掌行军医药之司，有总察各司办事之司。

刑部有监管印信花押之司，有掌刑官升调之司，有掌本署翻译之司，有掌京外刑署经费之司，有掌京外刑曹薪俸之司，有稽察监狱之司,有掌案牍之司,有掌囚数之司,有增修律例之司,有稽察全国婚嫁、生齿增减之司,有稽察赦典、保护孤孩废疾之司。

工部有掌全国矿务之司,有掌监察工艺之司。

农部有掌本署经费之司,有掌田产播种之司,有掌汽水树艺之司,有掌古迹牌坊油画之司,有掌桥梁道路官产之司,有稽察民间饮馔损益之司,有察牛油、察鱼肉之司,有监造民居之司,有掌本署各司律例之司。

铁路电线邮政部有掌本署经费之司,有掌本署恤赏之司,有掌本署争辨事理之司,有掌铁路文牍之司,有掌铁路岁出岁入之司,有掌铁路图表、稽察分局之司,有掌抚恤老病工匠之司,有掌本署迁转、记录功过、监造车场、建设路灯之司,有修造机车器用绘图之司,有掌各局开车时刻、给发器用之司,有掌运货搭客价值之司,有稽察逐日收款之司,有管发售邮票、转递信函之司,有掌修造电线之司,有掌收发电报之司。各司分数阶,以所司之繁简定额缺之多寡。此比京设官分职之大略也。

五月二十九日(7月4日) 晨,往阅总会。总会者,议事之所。凡地方政治、四民事业,当因当革当损当益,皆于此集议。厅事惟府尹专席,馀座环而拱之。府尹举于民,国君从而命之,受禄于国,例任满则退,得连举,亦得阅任重举。其译义为民长,犹古之乡大夫。译者以其势分尊宠,以巡抚、府尹、知府诸官名代之,实不相类。民间婚嫁男女,必至会,书押生死亦以报,此固民事之枢机也。府尹夺莫陪阅一周,向导官请余至报馆一览。排印敏捷,一小时能出万馀纸。时已傍午,遂回车。比外部、比相代比君请宫宴。午后,乘马车至兵营房阅操。营规整肃,甲帐鲜明。余遣刘式训译语慰劳,诸将答谢,彬彬有礼。

按:比国兵制,兵分七类:曰步队、曰马队、曰炮队、曰地雷队、曰转运队、曰巡捕队、曰管电线队。步队又分四类:常兵十四队、猎兵三队、皮帽兵一队、快枪兵一队。马兵又分三类:猎兵二队、行导兵两队、长矛兵四队。炮兵又分三类:管炮九队、炮手一队、工作一队。地雷又分二类:管雷一队、修桥一队。转运、巡捕、电线无分类,各一队。挑选兵丁法有三:曰筹选,民年二十以上,掣签充(练)〔拣〕;曰投效,民年十六以上,准自请效力;曰倩替筹选,不论门第,有不愿者出资倩代当兵,以十三年为限,限满归本业,愿留者听。营哨官以武备卒业学生考授,间由精兵简选。全国兵官三十员,总兵一、副将一、游击四、都司三、守备九、千总七、把总五。比为局外之国,兵不出境,兵额尤尠。然训练甚勤,人皆肄武,亦有备无患之道也。

六月初一日(7月5日) 乘火车至安华士埠客店小住。安埠为比国人文荟萃之地,人民蕃息。驻京姚使即安埠人,闻已先一日抵里。饭后访之,见其夫人及两弟,赠余花球,意殊殷殷。渠乞假返比,将以是月航海赴华,骁骁原隰,彼此有同揆焉。

旋至海口,道经船坞,穴地成湖,修造商舶。全国商船约百艘,半为帆船,半为轮船,约载九万馀吨,往来五洲,他国商轮亦多蚁此。是以商贾云集,帆樯蔽空,环球瑰货积于陵阜。本国不产煤油,皆贩自美洲,筑石为池,储蓄甚富,且与民居,货栈栉比,不闻有流毒灾害之患。盖备御周密,无意外之虑也。

旋又至其炮台,台外覆土,遥望如堤。其中羊肠蟠道,迤逦相属,重檫复室,罗列枪械。台有穹盖,形如覆釜,所以蔽巨炮,免为敌击。盖颠有孔,径仅逾尺,拾级露顶,可以眺远。炮位亦以电机挽运,略如舟师之制。

薄暮归寓。华商张尧良来见。张,浙江鄞县人,居此二十馀年,娶比人为妻,权衣西服,然犹辫发,颇见重于比人。闻余至,率其妻以花球献。自言在比贸易,颇足自立。近拟集华股,立公司于比,为华人创,其志良可嘉也。晚赴总督高恩尔司约,酬对如仪。

六月初二日(7月6日) 乘火车至利喔士埠客店小住。是日,为西人礼拜期,厂市停工休沐。抵埠时,男妇夹道,观者如堵墙。谛视,皆衣履整洁,绝无褴褛。推求其原,盖有二故,一曰勤农。英法诸国,无限田之制,豪富坐拥膏沃,收其羡馀,而庸民袯襫沾涂仅足以供租税。比则公田口井,人自为耕,家有不涸之仓,野有盈车之茎,是以税衣就功、家给人足如此。二曰励学。书、数二艺,实为万事之原,舍此则工不可以程能,商不能以致远。

余考比国学堂,共有六千九百五十六所,为大学者二,岁费二兆二亿佛郎;为中学者一百五十,岁费三亿佛郎;为小学者六千七百四十七,岁费一十九兆佛郎。大学为专门者九,曰政治、曰律例、曰格物、曰教术、曰武备、曰医学、曰化学、曰矿学、曰电学、曰桥路工程学。大学惟男子与焉,中学男倍于女,小学男女半。中学有男女师范学堂各二,小学有男师范学堂十九,女师范学堂三十四。师范卒业,给领文凭,始得充教习。学堂隶于吏学部,设专官,岁时稽考。童子有游惰不入学者有罚,考课超群,则奖之。至于铄金镂木,分苞烧殖之技,率备于普通学中。由是,师巧工良,指与物化,为货骈阗,不胫而走,其致富非无本矣。人每称比利时以工艺立国,或因近时商务日盛,又谓其以工商立国。而余于其劝农励学,始知四民各有本业,不可偏废。尹文子曰:"老农、长商、习工、旧仕,莫不存焉,则处上者何事?"谅哉是言也。

六月初三日(7月7日) 乘火车往斯冷埠阅铁厂。斯冷多矿产煤铁皆备,建厂开采已数十年,随时增拓,绵亘十数里,镕铁锅炉横排多具,高逾寻丈,大可十围。旁有铁桥,缀以机炼,挽运煤铁诸物实之于炉,炉下有门,瓦槽相接,铁成流质,自槽入模。及炼钢,则入铁于巨瓮,悬置低炉受热复化乃出。瓮以机转侧之。铁中杂质,喷涌而出,势如飞瀑。授之以范,渐自凝结。然愈烈愈柔,必乘其未寒而锤之,乃能制器。是厂适有新建锅炉甫落成,未尝开用,总办吉林河出桔桯缠色丝燃火,授余引之,谓余曰:"锅炉十载一修,不修不停工,不息火。鸿泥所印,口碑弗替矣。"又指炉边钢板告余曰:"焦炭热力上炎过猛,不泄则热气旁行,恐有炸烈之患。此板凿孔如蜂房,以杀其势,新法保险,虑至密矣。"厂有造铁轨机,两轴高下衔接,轴齿凹凸如轨形，右丰左啬，以条铁入轴，递啮之，至末齿而轨成。此为芦汉铁路所造，以吾华产铁之富，江鄂闽粤建厂多年，此等工作至粗至浅，犹不能增机自制，运用于数万里外，耗财费时，利源外溢，良可惜也。又至炮厂一览，体段与英伦炮厂相似。往时厂宇狭隘，制造不敷本国之用，转购于德之克虏伯厂。近时逐渐开拓，国家所需，尽归承办。复以馀力为英德诸国代造，官收其用，民获其利。此亦鼓励工艺之明效也。

是日，天气炎热，竟日周历，殊觉疲苶。归时易车而舟，两岸绿树阴浓，清风拂拂，中流容与，殊为畅意。

六月初四日（7月8日） 利埠总督托罗西约早宴。旋乘火车往尔士他卢埠阅枪厂。厂屋沉沉，迤逦连接，机柜栉比鳞次，百十成行。所造枪枝，有战枪、猎枪、防身手枪各种。昔时连珠、毛瑟及哈乞开司，皆称利用。今以其运动不灵，复改新制。枪末曲柄可纳五子，每一启机，则五子连出。鸟枪双管、三管不等。手枪小仅盈握，弹制与战枪略同，造枪钢质皆由斯冷铁厂练成，运此造成之件，复以机器试验，必不爽毫发，始得装配。钢质刚柔，各有定率。设一机件有上下异宜者，则涂其半以燎之。此中功候取判几微，独非人力不办耳。机簧繁密，百种千名。总办佛兰呢逐一指点，颇不惮烦。惜余不解方言，曩又未习象数，无从问难，以究其蕴。询知日用工匠千五百人，男女各半，以成物件数论值，不以日计资也。

余闻比国税薄工廉，奖励工艺，故工厂云连，进步甚速。而各口关章税则，凡有关学问、有益民用之物，如书籍、报纸、仪器、化学材料等类，皆得免税。馀或值百抽十，或十五，或二十，以获利之难易定纳税之轻重。惟烟酒无益于民，进口百斤，纳税三百佛郎，多于物值几至倍蓰。关税为国家自有之权，非特消息盈虚，以制国用。且物有损益利害之殊，亦不得不为之区别也。

六月初五日（7月9日） 余初定是日往巴黎，因马烈文煤矿巨商瓦尔鸠请余游厂，乃展行期。巳初，乘火车赴矿厂。此局凡十一井，昔以机器挖煤。井中煤气氤氲，遇火则燃，为害固烈。窅窎无光，亦难措手。工人所持灯，制穹罩小口，复以极密铁丝为络，使热气缓散，煤气不得相侵。下镂小孔，使养气溶入活火，煤气仍复隔绝。器甚小，而格致之理甚精，亦非专门之学不为功也。

此厂为瓦尔鸠祖父私产，积资百兆有奇。瓦幼习矿学，年甫二十馀。辰初，必至厂督工，躬亲庶事，暮则持筹握算，寒暑无间。意西人志坚力勤，致富保富，皆原于此。余顺道至玻璃厂车厂一阅。晚宿瓦家，宫室崇丽，园囿花木毕备。盖旧时为比君行宫，半遭回禄，以售于瓦，颓垣败壁犹存一二。堂中罗列各种矿石甚富，各有标识。惜晷短难译，不能深究。

余考比国矿税甚薄，每矿场十法方里，岁税十佛郎。此为井税。又收其馀利十之二五，此为货税。惟须岁撰出入详表，以备考察，不徒知其盈绌之数，兼以究其利病。法有不善，则及时更张。余又考比国所征课税，约十二宗：曰地税，值百征七；曰业税，计利十二征一；曰矿税；曰关税；曰印花税，一切文凭票据，皆计数征纳，别有专章；曰房税；曰门窗税；曰器用税；曰仆税；曰马税；曰自行车税；曰犬税。按其所征，大率取于富民者多，取于贫民者寡。又多方为乐事劝工之法，以期藏富于民。故其民富而国用因以日饶。余以其近五年出入预计表，求其中数，约得六百兆佛郎，以近时磅价计之，实得华银一兆八千万有奇。其壤地不及中国十之一，而国家岁入逾倍。知理财之道，固不容损下以益上也。

英轺日记卷七终

英轺日记卷八

六月初六日(7 月 10 日)　在比将行，因念游比旬日，承比国君民优礼接待，命翻绎刘式训拟书致谢，比君并属刘玉麟持简赴各部省大臣伸谢。此行所至各埠，排队奏乐，官长礼服迎送，而所乘火车，则由其铁路大臣饬属备办。因知其全国铁路皆以官款造筑，计长四千五百五十一法里，并无税例，岁有盈馀，以作增造之费。四通八达，亭皋相望，学堂列桥路于专门，通货贿利，行旅视为政要如此。

向导官斐罘等出入偕行，行将分手，意殊缱绻。忆前日与余谈音乐，谓春间闻余将游比，比君饬乐部肄习中国国乐。西例，奏国乐则其国人免冠恭听，斐罘前因刚果订约，充专使到华，未闻中国有国乐。今连日所奏华乐，不知所自来，因以见询。余告以此乐为曾侯使英时所作，曾经咨明总署，非国家所审定也。斐又谓，此乐声音啴缓，令人易倦。国乐宜有蹈厉发扬之气，然后顺气成象，民志奋兴。声音之道，人情之所不免，臧骨髓、浃肌肤，情发于声，治乱斯应。故国不可无乐，作乐尤宜审正。余不知音，而此游时聆西乐，率皆大不逾宫，细不过羽。每至翱籥繁会之际，未尝不人与天调，知斐言不余欺也。

午初，启行，刘玉麟暨斐罘等送至交界而返。申正，抵巴黎，法外部遣微席叶迓于车栈。微曾署天津领事，操华语颇精，星使裕庚亦来见，遂至客寓闲谈，知日本小松亲王适同寓，即往拜。适赴法总统约，未得晤，闻已定明晨往西班牙补贺亲政，计十一归巴黎。

六月初七日(7 月 11 日)　余以比君赠宝星，电外务部代奏，兼作家电问安。旋往拜法外部及法相、上下两议院议绅。

按：法兰西古为高卢，汉晋时，属罗马。齐梁间，日耳曼郎哥部酋长有哥易路者侵罗马，据高卢地，遂以立国。旋建都巴黎，国号法兰西（玉步）。数改曰墨罗邠朝、曰加鲁令朝、曰加北珍朝、曰瓦罗斯朝、曰不尔奔朝。当加鲁令之世，国强盛，有谊辟曰沙利曼，缮甲兵、修政事，文德武功，焜耀史乘。尝征选议员千人，春秋议政，实为环球议院鼻祖。其大经大法，亦多权舆于此。

不尔奔朝有君曰路易十四，抑议员、重门第，（而）而君权炽。至其子路易十五时，豪强恣横，民不聊生，乃举行民会，寻又改为国法议会，汹汹殆不可遏。至路易十六时，逮议员下之狱，而变生矣。弑其君，立筹国会，檄邻邦之民相助，行民政。英俄诸国遂联军平法乱，法几不振，拿破仑时为炮卒，拒联军，号善战，遂以复国，有帝位。拿破仑败，法人立路易十八，寻废之，举拿破仑第三为总统。不数年，复称帝。西历一千八百七十年，与普鲁士构衅，大败于师丹，拿破仑第三俘于普，法人割地偿费以请和，乘机定制为民主国，迄今三十二年，未尝有改。此法兰西立国之大略也。

六月初八日（7月12日） 率参、随等往见法总统。至廨所，有法兵侍立于门外，法外部德加赛及内府大臣迓于门，法总统鲁佩立中庭，握手为礼，偕余入内室坐谈。总统敬问皇太后、皇上起居。余命翻译官刘式训译词应对，复偕余至燕寝，见总统夫人，寒暄数语，出，总统送至阶下。酉刻，法外部代总统来答拜。

案：法国自一千八百七十一年改立总统，以后设官分职，屡有沿革，而现立之部，计有：一曰内部兼教务，曰刑部，曰外部，曰户部，曰兵部，曰海部，曰文部兼艺科，曰工部，曰农部，曰商部兼工艺电邮，曰藩部，均以大臣一人总之。各部职事共分三等，除大臣之内文案处外，有司、有股，司与股同等，惟事之繁简有别。司分数房，股亦然。房有房官，长、副各一。此外，在官人员有主稿、随员、书库正、书库副、档房长、档房副等名目。

至政府选派暨民举各员之办法，计通国郡守八十九员，县令二百六十八员，皆隶于内部。又各县有专署，理审判事务。署各三员，是为初级理官，其上有提问衙门。通国三十六署，分辖八十六郡。又其上为巴黎总裁判院，理事者四十九员，则皆隶于刑部。国家基督新旧两教、犹太教、回教均认为一律，各乡有官，教士皆隶于教部。其它如专使、例使、参、随、领事，则为外交官，隶于外部。税司、关吏隶户部。二十镇陆营隶兵部。五镇海军隶海部。十六路学校隶文部。又如商务、邮电等局，矿路桥道等差，以及农利土田则有十馀处，藩领各镇则属国数十处，其所派之官，要皆分归各部，由各部大臣令其升补，请命于总统，是为政府所派之官。

若夫民举之法，始自乡董，由乡董中举乡官，合数乡为镇，镇选一人，贡诸县董局，是为县董。复选一人，贡诸郡董局，是为郡董。又县举一人，十万人以上举二人，贡诸都城，集于下议院，是为下议员。各郡下议员、郡县董及乡董委派之员，集于郡，举而贡诸元老院者，为上议员。上下议员得公举总统，是为民举之员。凡各部大臣，举措之权俱操于总统，或事有为议院所不许，而共加斥摘者，则各部大臣均请退，另由总统选一人，为内部首相，商请保举人员，以为各部大臣。其间或留或另派，皆由新首相举定而请命于总统。

至国家庶务，若但奉行成法，则不必询及议员；若改易例章或行新例，则应交于议院，议院即举专员数人，查核新章是否可行，择日再行会议，以决从违。定夺后送交内部，撰成例文，由总统及大臣签字，登入官报，即由内部传谕郡县，以达各乡。其应用款项，及请定预算数目，须先交下议院核准后，乃呈上议院覆核。经两院许可，始准施行。此法国议员与廷臣职任之大略也。

外郡郡守之外有郡董，郡守当督率属员，推行朝政。查照郡董之议，为本郡兴利祛弊。凡郡董与议本郡事，其职有五：定经费、分赋额、查公产、议工程、定税厘。此外，如有条议，亦可于公会宣读。议院议行之例，若关系大局者，各郡一律奉行。至于县官，惟居郡守乡官之间，承递号令而已。县董所有之事，则惟将本县应纳之赋，按乡分派，其外别无他职。乡官则职守较重，所司有七：一户籍，二判断，三号命，四选举，五征召，六赋额，七警务。其外如公董议准之件，亦均归乡官办理。乡董之职，大端有五：一处置公产，二添政局卡，三筹定公费，四摊派正赋，五修治道路。以上五项议定后，呈请郡守入奏，批准后，乃由行政之官次第奉行，此法国外郡各官职掌之大略也。

六月初九日(7月13日) 午刻，接奉外务部电一件："本月初八日奉旨：直隶候补道梁诚著赏加三品卿衔，派充出使美日秘国大臣。钦此。"复奉家电一件，询往法京日期。当即敬谨拟覆讫。

案：法国议院之制，上议院人员共计三百名，有为戴巴尔德莽所举者，亦有为本国属地所举者。戴巴尔德莽，译即中国各府之谓，其所举员数多寡，初无定额，迨一千八百七十五年定议员中，七十五名归议政大臣所举，为常议员。其余二百二十五名，归各戴巴尔德莽及本国属地所举，九年一任，满任另举，是为散缺。遇有常员缺出，即于其中遴选一人接充。至一千八百八十四年，复定新例，嗣后遇有常员缺出，即改为散缺。令各戴巴尔德莽陆续选举，充补下议院人员，共计五百七十六名，四年一任，满任仍可再举。议举时，按刚东分派。刚东译即中国厅镇之谓，每刚东举一员。若人数逾十万，可于例举之外另举一员，是为法国议员定额。

载考其选举之制，上议员为戴巴尔德莽及各属地所举者。选举时，众皆书名投匦，以所举人数多寡为定，用示公允。各戴巴尔德莽俱设有专署，职掌乃事者，首为下议员，次为府县各参议乡绅等。至下议员，则为本高米讷花名册所录之人所举。本高米讷者，译言乡闾也。当选举下议员时，总统须先期示谕，秉公举报。倘人数众多，则谕知府分段举办。至合例与否，则统俟下议院开议之日查办，首查所举情形，是否有当。次查公举之人是否照章举报，以杜弊端。凡国民中欲应上议院之选者，须年满四十、通达国政、熟习律例者，方得承充；欲膺下议院之选者，须年在二十五岁以上，从未干犯律法者，始准应举，定例綦严，亦所以绝夤缘、澄流品也。

六月初十日(7月14日) 是日为西历七月十四号，系法国改民主之期，例请各驻使阅兵，外部先期摺简相招。午后，至演武厅。操场宽阔，马步炮队约万馀人，有总兵七人，率亲兵持大纛至阶前立，总统出功牌，亲手悬旗上，遂鸣鼓整旅而行。先步队，次马队，次炮队，但观步伐，并不演战阵事，殆即古人观兵之意也。酉正，归。

考法议院议事章程，西历一千八百七十五年例载，定法之权仅归上下两院，无论何例，非经两议院议定，不准施行。总统与上下议员有商请定例之权。凡关财政各例，应交下议院先议，其馀则总统或下议员欲定何例，可将例情交上议员核议。若上议员欲定何例，亦可一律照办，将例中情形交本院人核议。凡一切商请上议院核议各例，必先派数员查明例情，而后由众商办。至内治外交遇有办理失宜之处，上议院均可驳辩。民间或投呈驳辩事宜，上下两院均可收呈，代为剖析。例中有专归下议员先议者，即责成下议员办理。其为上议院先议者，下议院亦当复议。

至下议院议事，与上议院无异。议事以前，亦当先派数员，查明例情，而后公同辩论。若内外政治有办理失宜之处，下议员亦可驳辩，以从数居多者为定夺。所定之例，执政大臣如何施行，下议院随时查察。民间有上呈驳辩者，下议院即责问该管大臣，令其查办。

凡上下院年中议事，有一定期限。正月内第二礼拜三为开议之日，议事日期归总统截止。于常期外设有应议事宜，必取两院人员从数多寡为定，议事亦可展期，由总统定夺。惟不得逾限一月，年中可展二次，不得再展。

凡总统与两院往来，用公文。文到时，责成一大臣在议院宣读，部院大臣均赴院，可与议。其两院议定之例，或总统不即谕令施行，则当颁发明文详载不可遽行情由，以便议院复行核议。上下两院，亦即遵照办理。至总统欲于期前解散下议院，非由上议院允从，则亦不能举办也。

六月十一日(7月15日)　戌初刻，法外部请公宴，同座宾主共百馀人，酬酢尽欢。亥正，散。

考法国财政户部大臣，有管理正杂税务及一切兴利事宜之责，而一切出款如各当差人员薪俸及国债利息、学堂津贴费等项，均归户部大臣发给。各府中出入经费，由户部派有总管税务一员权理，各县则派有管理收税务一员收存县中进款，于征收正税时，各按县中地段分办，派有收税委员管理。至岁入之数与岁出之数及照例议准各经费，均当预定于本年以前，凡预定截止日期，仍可截至本年八月底为止。

所有常年经费，先由户部大臣筹议各条，发归下议院会议，如所定常款遇有不敷，或额外浮出用款，宜照例另议拨用。其应出之款，或归各部大臣行文支领，或归部员奉文支领，均宜按照所议常年定款办理。又支款发款二事，不准一员兼理。

查法国户部，近年出入款总数一千九百零一年入款计三千五百五十四兆五十一万四千四百十八佛郎。出款计三千五百五十四兆零六万五千九百六十二佛郎。一千九百零二年，预估入款计三千六百兆零六十一万九千七十八佛郎，预估出款计三千六百零二兆三十三万三千二百四十四佛郎。

六月十二日(7月16日) 晚，法总统请观剧清讴，为多闻所演，俱系史乘中忠孝节烈之事。惜不达语言，无由稔知其事也。亥刻，归。

案：法国税课章程，有正税、杂税之别。正税有四目：一田地、房产税，一人丁、器具税；一门窗税。此三者为按名收纳之税。又一为行业应纳之税。此外尚有别项税目并入正税内，如开通河道、修筑街道以及学堂经费、商务局费，均由民间输纳。惟按名收纳之税，年内有一定款数，其应纳款数，由法律人员议定，即将所定之数责成府县乡镇，按名收纳，与行业之税无一定款数者不同。杂税者，系凭货物票据所定之税，如关税等是也。

田地、房产各税，均按进利核计征收。征收之先，宜将田地房产所有用项除净，下馀之利，即按年数核计，以中数征收。官道所有田地房产，凡为官用者，皆免捐纳。此外，为振兴农务，或为鼓舞工作，亦有豁免征收之例。田地房产各税,每年按照国款议定征收。凡各府应行输纳款数,一一定明府中参议人员,派定县中应征款数若干,县中参议人员派定各乡应征款数若干,各乡复将此数按照乡民田地房产均匀分派,按数征收。分定款数人员七员,内有乡官或副理乡官二员,其馀五员,于纳税乡民内选充。

人丁、器具二税,法人与侨居法地之人,无论男女,凡有力完税者,均宜按名完纳。应纳税款,即按所派之数完纳。无力完纳者,由乡绅开具姓名,可以豁免。人丁税,即按名派定出力供役之税。供役日期,以三日为中数,凡不欲出力供役者,准其捐免。应捐之款,按乡核计,年中归府参议议定,按日核计,总以五十森丁为少数,以一佛郎五十为多数,人丁、器具两税,应征款项若干,虽按国款一同派定,然征收时,分为两期举办。人丁税先行收纳,下馀多寡,即按有器具之家派定,完纳器具税,即按有器具之家器具所值核计捐纳。定法之人查明乡间房价多寡、进利若干,即可按照进利核计应征款项,责成管理税务人员分别派定。

门窗税,则凡沿街内院门窗,俱应纳税。其办法有三:一按人数多寡,二按门窗多寡,再按房屋良窳。屋中人数众多,捐款固夥。第一层门窗亦比上层门窗完税较多。至仓廪、牧圈、地窖等处门窗,概不完税。工厂中除居室外亦不完税。教堂公所,所有门窗,一并免税。

行业税有二,一为派定之税,系按工艺大小、人数多寡派定。一为按照行店大小,分别核定之税,概以二十抽一派定之税,即在乡间行厂征收。至按照行厂大小核定之税,即按照乡间行厂大小核定征收。凡行业未经免税者,自正月为始,理宜按月完纳。正税之大略如此。

六月十三日(7 月 17 日)　外部遣微席叶来导观武备学堂。堂在威赛故宫后,去巴黎二十馀里,马车行半时许,至学堂。监督迎于门,偕入。是堂本为法国女学校,当西历一千八百九年拿破仑帝法时，改为肄武之所。迄今九十馀年，悉守成规。分十斋，各有教习、生徒额千人，以年近弱冠者为合格，考取入堂肄习。马、步二年卒业，充武职，为把总，非由堂出身，不得官统帅。有由此得名位、立功业者，悬其像于厅事，使生徒朝夕坐对，景慕之心油然而生。

旋至演武场，生徒排队，步伐不愆，演接战状。一人侦敌，持械独往，继以小队，又继以大队。西法，接战必不全军猛进，得胜不追穷寇，虑触地雷。遇伏兵则三军气阻，故自火器精而战事尠；即战，伤亡亦尠，盖慎之也。骑兵据鞍望敌，遇敌则趋进，遇炮则还奔，鏖战方酣，忽出二马，束草象人骑于上，突而前。群跃马持矛搏击之，草人卒无恙。其教马知避就如此。设骑以冲敌，亦有恃而不恐云。酉刻，归。

案：法国杂项税目甚繁，就其要者言之，如酒税、盐税、糖税、契约报官注册税、印花税是也。酒税有落地税，如出售之酒，一经运送，即应按照酒品纳税。酒主遇有迁移藏酒之处，酒家或欲转运联市之家，均不纳税。此外，别有运送，必须照章完税。落地税则各按府分大小议定。府中地面分为四段，凡远距葡萄田之处，纳税较多，所分地段立有定律，不容混淆。此外又有入内关之税，系按地方人数核定税款，人数未及四千者，入关之酒无税。其在四千以上者，理应完税，与落地税章程无异。至零卖之酒，复有零卖税则。应纳若干，即按酒价，以百瓶核计征收，酒家亦应报明税务司照例完税，发给收税单，方可出卖。

盐税列在食物税内，每百基罗喀啦么，纳税十佛郎。此专为法盐及属地之盐所定。其外入之盐，有出口税，税则不一，或按进口地方核定，或按载运商船所插本国或外国旗号核定。

糖税，其则甚重，惟属地之糖，其税较轻。如自莱馀宁及法昂狄意二处进口之糖，照例减税。其由欧洲内外所进之糖，或经他国商轮运入者，一体加税。盖为保护本国商轮及本国糖厂商务地也。

注册税一为正税，一为杂税，正税多寡不等，各按契札议定。契札相同者,无分大小紧要,税价相同。至注册杂税,系按契章所开款项核计,每百抽银若干,如承袭契札大小合同,或清债、或科罚、或判定清债事宜,应纳注册杂税、印花税,凡有文凭契据于利权有关者,或应报明官府者,缮册时必须用印花官纸。纸类有二,一分尺寸大小,一分款项多寡,皆有一定用法。税价随纸分别,纸价最高者每张三佛郎六十生丁,次者二佛郎四十生丁。告示告白印纸,各有尺寸。其有按款项盖用印花票者,无论何项契票,皆有定章。如商家合同、大小会单、银行汇票,各按所开款数纳税,自百至千佛郎,税五(自)〔生〕丁(生);〔自〕千至万,税五十生丁。公司股票分票每百税五十生丁,十年外加税五十生丁。杂税之大略如此。

六月十四日(7月18日) 往观拿破仑庙。庙仿罗马教堂式,极闳敞,两侧为武备博物院。层楼相属,千门万户,藏古昔五戎、三革、隆冲、渠蟾之属毕备。中分两殿,后殿为拿破仑墓,筑石为阙,光文辉映,绘拿破仑生平七大战事以饰承麈,以当时所获各国旗帜悬四壁,以所获铜炮铸铜人二立墓前。石椁赠自俄君,色黑肉好,复聚其生前衣履器用,藏于别室,而以其将帅之有功者,从葬前殿。法人之于拿破仑可谓不忘矣。

考拿破仑为律师查尔司之次子,一千七百(九)〔六〕十(六)〔九〕年,当中国乾隆时,生于法南部叩喀海岛,少有大志。十岁时,游学巴黎斯武备学堂,精晓兵法,冠其侪侣。一千七百八十五年,改革兵起,投国会党,任千总。一千七百九十三年,以平法南省海口玛色勒之乱,升总兵。其明年为大将,提督意大利军务,以谗罢官。

是时,国会党甚众,摄行政事,百姓不服。复设新国会,旧国会举巴拉士治兵抗之。巴拉士素知拿破仑勇略,举以为副。拏破仑骤散新国会四万人,威名大著。又明年,赴意大利招集旧部。一千七百九十六年,遇奥将统五大将军之师来征法国,拿破仑督孤军奋进十阅月,大小数十捷。于是奥及教皇并诸国皆纳款,行成于拿破仑,而意大利北半诸部小邦,胥夷为法行省。拿破仑不具闻于国会,擅处分一切，国会忌之，而莫敢何。

一千七百九十八年，国会恐拿破仑居巴黎，斯夺其政柄，遣人说以取埃及，为进窥印度计。拿破仑大喜，遂率水陆师赴埃及，先夺取地中海玛踏岛，旋攻破亚力山大京城，进逼推罗，战于炎风沙漠之中，敌殊死战，良久竟溃，埃及平。方拿破仑之取埃及也，英知其谋，遣乃森御于地中海。及至，而法兵舰已驶行，尾追至阿不其海湾，始见其舣泊处，一战烬之。拿破仑时在陆军，急趋叙利亚攻据札发海口，欲北取亚克尔城，以图印度。而英将斯美先入，守城甚严，志不得逞，恐持久变生，疾驾小舟，脱归法国。时西历一千七百九十九年也。

当是时，奥、俄、英诸国谋讨法，而国会议论，莫衷一是。法民皆思推戴拿破仑，惟国会不悦。未几，别党有怨于国会宰官，结以为援。是年十月，即护以健卒，直造国会，逐其党，立定新政体，仿罗马古法，立首领三人，总揽国权。一为主，而二辅之。下其议于国人，问可不可。时法扰乱十年，人方望拿破仑再造法国，皆以为可，推拿破仑为首领第一。拿破仑既专国权，见奥兵驻于意大利北境防堵。一千八百年，潜率将卒逾最高之阿勒伯山，连败奥兵，意大利全土复为法有，往还不出一月。于是，拿破仑首与奥国、意大利之那拿利、葡萄牙、俄罗斯、西班牙修好，再与教皇和。自是，边境安靖。拿破仑改革民主时政，事修理破毁陵墓、寺院、学堂，拨还教士充公田产。巴黎斯复建大学堂、博物院、藏书库、各科专门学，创褒赏式，有发明术艺器械、新理者，赐牌劝奖之命。律师定法律、立银行，便民交易。复发国帑二百万磅，以赈不足。罢爵位权勋者，另为差等，务求益国益民，使人不受权势暴虐之害。

一千八百有四年，法人见拿破仑治国远胜国会中人，共请即皇帝位于巴黎斯，于是共和之政复变为君主矣。明年，又立为意大利王。拿破仑既擅君权，思踞欧洲各国之上，以为能平西班牙，即可取其南美洲属地；能平荷兰国，即可取其南斐洲、奥洲；能平英国，即可取其印度并北美洲。一千八百有五年，与英、奥、俄诸国战，告捷，势甚张。

复平荷兰、西班牙等国，立其兄弟亲戚为王，以监制之。

一千八百十二年，征兵六十万伐俄，俄人佯败诱之，为清野计，法人无所得食，大困。及至莫斯靠古都，乃一空城。时值严冬，兵卒冻馁交侵，十不存一，拿破仑令退师，被俄蹑击无算。归国，愤愧，下令选兵，而西班牙、葡萄牙、瑞典、普、奥诸国闻法军覆，群思恢复故土，起与英俄连结。一千八百十四年五月，围攻巴黎斯，执拿破仑，流诸地中海海岛，会于维也纳，议定各国疆界。俄、普擅权，英、法、奥三国私相盟，阅时八月未决。

一千八百十五年三月七日，拿破仑逃入巴黎斯。甫及一月，兵大振，各国慑其余威，无不愕然。急征兵，命英大将危令炭、普大将普鲁切、奥大将西华潜山分队向法，法兵不支，拿破仑诣英兵舰（英）乞降，复锢之大西洋赫连海岛，监以兵。一千八百二十一年，卒于岛，年五十二岁。余维拿破仑用兵如神，然终以好战败，与项王垓下之围，如出一辙，可为穷兵黩武者戒矣。

六月十五日(7月19日) 午正，法总统请宫内大宴，同座自总统及首相外，皆宫内官。宴毕，与总统款谭，颇为浃洽。申初刻，归寓。

查法国外部之制，设大臣一人，每年给俸六万佛郎，此外员额共六十二名，额外行走者又逾数倍。其考取之法，必其人曾习法律、公法及外交条约等学，于学堂卒业后，得有专门凭单，始准赴考。考取后，在部当差，初不给俸，历试后或补各司员缺，或升使馆、领署参、随，或外派、或内用，皆须计功计资，以为行赏之地。如仪制局之总办古娄谢位居各总办之首，而历官则已至全权大臣。又如翻译官微席叶以东方言语科得凭后，在部当差，旋派驻北京使馆翻译，历升至头等翻译，后又升天津各口领事。到法后，又升总领事。实则仍当翻译之职，并未莅领事任。此为藉升使领参、随各等之第明证。

至所派出使人员，皆即部内当差之员，而所补部司各员，亦即曾派使领各署之员。既不能取材他部，亦不使办外交者改服他部之官。

盖西国最重专家,谓必使其人一生精力尽萃于此,而后服事有功,且令人不能视官如传舍,则于事亦无遗虑之处。是以无论何项政事,皆有专精之人,固不仅外交为然也。如有因年满辞差或卸事,在籍或在事病故人员,犹必给与半俸,以示优恤。至出使员额,计派驻使三十六员,领事二百三十七员,每使馆参赞一员,或二三员不等。随员多至二员,其翻译则仅东方使领各馆设有翻译、通事等员。盖如邻近各国,言语文字为外交官者,类能通习,即无须另设也。

六月十六日(7月20日) 外部遣微席叶来约赴显理第四行宫游玩,并请试电车。车中与马车同式,惟前无辕,后安电柜,引电展轮,速率数倍。若疾行一小时,可行二百里,操纵在人,城市例不得骋。遂乘车至郊外登山小憩。此为显理第四别宫,为政余游息之所。丛木阴翳,一望无际,凭楼眺远,如收巴黎全境于尺幅之中陈几案间。林中游人如织,或倚树观书,或握手谈艺。时见妇女二三,穿针引线,有事女红,虽游观不荒本业也。申刻,归寓。

案:法国兵制,一千八百八十九年定律,国中子弟,无论贵贱贫富,均当一律当兵。当兵年限,自二十岁至四十五岁为止,以二十五年为满。在营效力,时或三年,或一年不等。其馀年数,则俟遇有军务,听候调用。乡间年满二十岁之男丁,每年责成总甲官按名开单开列后,按乡分授张告。张告之期,以正月十五日为最迟。张告之后,复示以挑选日期。挑选处,宜择乡镇首邑。当举办时,大众往观无阻,知县为督理,总甲官佐之。唱名后,兵丁挨次拈阄。阄置筒内,有未到者,其父母代拈。如父母亦未到,责成总甲官代为办理,按照图中号数开列名氏。遇有应免或减当兵年数者,开列呈明。拈阄后,俱按号数次第开单,交乡间分别张贴。除有残废不克到营当差外,全国男丁俱应当兵。

其有可以免充者数条,如无父母之长子应留养幼弱者免,寡妇之子或其父出外须留养其母者免,父年七十以上子当留养或长孙曾孙均免,兄弟两人,长者免充,或其兄业已当兵弟亦免,或有兄弟当兵受伤或阵亡，理当留养者免，大书院师弟、义塾师长或学生能代教读者免，教会内有名分之人或教书、或传道者免，年幼留养或读书未成，经官验看后准其免充。又有年轻读书，自愿团练一年，即许免充营兵。以上均由官给予凭据，准其免充。

计现在法国兵额：步兵共六百零四营，每营约五百人；骑兵八十五营，每营约六百六十人；炮兵四十营，每营约一千一百七十六人；又有守台兵二十二营，工程队七营，护粮马队二十队，每队约一百三十二人；执事兵共一万五千八百九十九人。统计兵数，实得五十七万五千名，是为平时兵额。此外尚有预备兵、守土兵，约共一百九十二万五千人。守土预备兵一百八十五万人。合正兵共得四百三十五万人，是为战时兵额。

凡正兵效力三年期满，即为预备兵；预备兵差限七年，期满后改为守兵，守兵差限六年，期满后改为预备守兵，预备守兵差限九年。预备兵遇有调遣，或奉饬回营，或赴操，即当各回本营，听候年中大操两次，每次限四礼拜。守兵则大操日期较预备兵每次减两礼拜。至预备守兵除有军务守兵不足须调用外，平时并不调遣。又预备兵于正兵差满后，准其完婚，但于分内营伍事宜，仍当遵守。生有儿女四人者，免为守兵。

六月十七日(7月21日)　未正，微席叶来约观游也鲁铁塔。游，法人，擅工程，有名于时。此塔占地数亩，支铁为四足，下广上锐，高三百迈当，合中尺八十四丈，有梯倚柱，仅容一人，盘曲而上。别有升车斜行，挽以铁索。塔分三层，下层面积尚宽，间屋十数，上层、中层，以次递减。易升车上，有屋数椽，守者具酒果延余小憩。俯视齐烟九点，衢路如挂。塔临巴黎城河，望若襟带，舟小于苇。高处风甚厉，似吾华九秋时节矣。酉正，归寓。

案：法国兵部验看兵丁办法，一为拈阄时定夺，兵丁声明事宜；一为定夺兵丁应免、应减、效力事宜，验看时知府为督理，验官共六员，有本府参议人员一名，参议府中事务人员一名，参议县中事务人员一名，总兵或武职大员一名，督理粮台人员、医官各一名。验看时，各镇各按总甲官所开年满二十岁之名单，责成医官按名验看。遇有身长不满一迈当五十四，或因身体孱弱，不克操练军械者，展限一年，听候验看。有残废者，即行豁免，验看后即为定夺。验官中有僭法妄权者，准民间申诉。

此外，兵丁一经验看，即将名次列单，按镇张告。如有少年子弟于未到当兵之期，欲先行当兵者，若体质强壮，则十八岁亦可到营。然自十八岁至二十岁，必须父母允许，方准投营。如无父母者，由其保傅商请，亦可投营。年数或三年、或四五年均可。得有宝星、功牌者，或记名什长者，年满准其复行投效，或两年、或三五年，以十五年为限，并有优奖，复行投效之例。如花红津贴、养老俸等类。马队兵弁于年满后，亦可复行投效一年。除加津贴外，仍于预备兵差内免当三年。

营伍中升阶有二，一由选拔，一按资格。惟遇有军务，则略变通，以宽升阶。遇有选拔事宜，须会商办理。如营长暨马队队长，均由会议选用，不论资格。其由资格迁升者，应按章办理。武职中等级系由总统所赏，欲行裁撤，非自行告退曾邀总统允准，或因干犯法律，或由参议军务人判定革职，别无裁撤之理。差委则与等给不同，国家随时可派可撤，无一定也。

六月十八日(7月22日)　往游巴黎旧城之大树林，法语译音谓之“波哇”，广可得二十里，丛阴罨蔼，清流映带，小艇数十，藏树阴中。微闻人语，小桥有客，独坐垂钓，绝似江南风景。沿堤行数武，入山洞，瀑布跳珠溅衣，仿佛清凉世界。出至加非馆，列坐树间，几凳皆文绿。异方之乐，啁哳并奏，万斛征尘，为之尽涤。余因喟然思范文正之言“先天下之忧而忧，后天下之乐而乐”。彼惟能忧，是以至乐存焉。当乐而忧，泮奂优游；当忧而乐，流连倾覆。然则忧乐者，固人心危微之界，而国之盛衰，消息系焉，殆不可以不慎也。酉刻，归寓。

考法国海疆，分五镇。首镇要埠曰赛蒲，次曰勃雷司脱，三曰劳利秧，四曰罗歇复尔，五曰多伦。师船分队，在南者曰地中海队，在北曰北海队。地中海队现共有头号铁舰六艘，铁甲巡船三艘，带鱼雷铁甲一艘，二等铁甲三艘，三等巡船三艘，灭鱼雷船四艘，出海鱼雷船五艘，三等雷船一艘。北海队现共有头号铁舰六艘，铁甲巡船二艘，二等三等巡船各一艘，灭鱼雷船三艘，出海鱼雷船三艘。此外各小队分驻各地段者，计共四百五十七艘。

按：一千八百九十六年十二月二十四日律载，凡陆军所订增添兵额章程，海军均可仿行，毋庸另立专章。拈阄时，号在前者，即派入水师效力。在后者，随时挨次传补。兵轮水手、船厂船主、工人，均系沿海之人充当。

凡行船营生者，无论本国人及入法籍之某国人，其游行处所于海面埠头，以及河港，应将名氏注明沿海户口册内，其居住海潮地段，如已淤废成土田，不能行船，则名氏毋庸注册。至沿海户口册内，复分三等：一系未入海军效力者，一系现在海军效力者，一系差满出营者。如有不愿入海军效力，查其现已不执行船网鱼之业，则准其除名。至名列此册应得利益，除免当陆兵外，仍可打鱼营生。有子者，亦可送入学校，由官给资，年老赏给养老俸。

六月十九日(7月23日) 早，赴法总统宫及各大臣处辞行。午正，归。洋员金登干自伦敦来见。

案：法国制造兵船、军械官厂，多在附近海口。除赛蒲、勃雷司脱等处外，尚有官厂二处，曰安特来，造军火；曰额律艾勒，造军火枪炮、护船铁板及各种铁器。

其馀各公司制造厂，共有八处，附近地中海有造铁器及军械厂二处，一在赛纳海口，一在哈夫海口。又马赛海口有军械所一处，三那载尔有制造厂一处，名为鲁阿乐公会。三德尼有机器厂一处，保尔德娄有制造厂一处，名为造船公会。柏瓦衣及额鲁汪有制造厂二处，名为三那载尔公会。以上八厂，均系建造各种铁甲船、兵船、鱼雷船。其公司名目曰奴尔忙在哈夫，曰三德迪勒，曰保尔奴勒莫，在保尔德娄,曰布来司德,曰福衣内,在囊德。以上五公司,专造鱼艇,及各等小船。自外又有小船厂,曰丹加乐克,曰界浦,曰额鲁赛勒三处,专造各等拖船;曰米徐艾勒佛衣斯,曰三希弄盟,曰商迪阳,曰艾莫郎希,曰赛司希戴尔,曰欧勒载尔,曰三戴谦,曰佛衣乐米尼八处,专造护船钢板,及一切铁具。

六月二十日(7 月 24 日) 在寓。戌正,请裕星使并金登干夜宴。

考法国近年商业进步,以前五年比较,实有日盛之势。余觅得法商务进步表,命翻译官译录。

查一千八百八十五,进口货值计九千十八兆佛郎,出口货值计七千四十三兆佛郎。一千八百九十九年,进口货值计一万三百六十六兆佛郎,出口货值计九千六百八十五兆佛郎。又查一千八百九十九年商船比较单。法国共有商轮一千二百二十七艘,载重五十万七千一百二十吨,帆船不在内。一千九百年册开,法国商船合帆轮两项统计,共有船一万五千四百八十九艘,载重九十五万七千七百五十六吨。其涨力不可谓不速矣。

至国家奖劝工商之法,必先设立学堂,培植人才,为工商业中领袖。复拣派人员考察他国商务、工艺等事,以资取法。复设立学会、领事官、商务专员等,为之保护利权。复举行大小博览会,以资比赛。如赴他国赛会,则复出资以助之。如有独出心裁,制造新具,即与专利文凭,复有赏给功牌之例。至于运货往他国试行贸易,则官复为之偿进口关税。航海商船,每岁由官复为津贴。盖其鼓舞而振兴之者,具有精心妙用。

本年商部预算册,拟拨前数项经费,计艺学官学堂经费四十万八千一百佛郎,膏火五万八千佛郎;高艺学生津贴八十万佛郎,造就工商领袖学堂经费八十三万四千九百八十九佛郎;津贴地方开工艺学堂八万三千佛郎;津贴商务学社银、赏给功牌花红、书籍费、往他国考察商务人员费,共十四万五千九百佛郎;稽查工商费六万五千佛郎;

赏给工匠在本厂当工三十年功牌等费四万一千佛郎;工业会费二万七千佛郎,赏给工会功牌等费一万佛郎;赏给本地赛会功牌花红暨津贴工商等博物院、议事会等费,以及帮贴游历费,共十一万一千佛郎;在非洲、森路易各国博览会内赛会费二十五万佛郎;在外埠商务局贴费七万佛郎;入海捕鱼花红银四百七十六万六千佛郎;制造航海船只花红银七百三十万佛郎;驾驶海船花红银一千三百七十三万佛郎;纺丝花红银四百万佛郎;稽查纺织人员费三万八千佛郎。

英轺日记卷八终

英轺日记卷九

六月二十一日(7月25日) 早,法总统遣外部官来赠送留琼多乃宝星一座,并参议、参赞、翻译等宝星六座,当即电达外务部,请代奏。午初,发行李至车栈,拟赴沙滩屯海口。适参议梁诚晤洋员金登干,称英外部电询中国专使,当加冕之日如在欧洲,尚愿回英,拟摺简邀请等语。余因查日前张星使德彝函送英外部照会原文内称:本国君主体气日充,加冕典礼不久想可补行,惟一概从简。原议仪节,概不举办,各国无须再简专使前来,即由驻扎本国各使代行一切。已饬本国驻扎各国公使前向各国政府道谢云云。细译原文语意,是英君补行加冕,并无专使礼节。金登干所接电文,当系英外部私行探询之辞。因一面电询张德彝,一面饬翻译潘斯炽暂将行李发回。

案:法国工商专利章程,一千八百四十四年定例,工艺中凡有创一新法,惠及于民者,国家自当鼓舞奖劝。奖劝之法,莫贵乎推广制造之专权,俾商家不得争利,用以偿创法家之苦心。惟专利之权,亦应限定年数,期满民间即可仿作,俾众人皆可分享其益。国家颁发专利文凭例条有四,一须实系创制,二实系新法,三有关工艺,四有利于民。无论何法何物,一经创制,续办者即不能与创法者比。凡未有官准专利者,所有招牌告白等件,均应注明"未奉官准"字样,违者照例科罚,自五十至一千方为止。复犯者加倍科罚。

凡民间欲得专利文凭者,须遵例呈请于商部,其例亦有四,一、二物不准合请一凭,因按凭纳税故也。呈请时,宜开清物名,定明年限;二、撰作所创物说略,不准有添改涂注,并不宜用外国文字;三、制物图样或双或单,听凭物主定夺;四、开明呈单图说各清单,逐一签押,随第一批收税单，并呈一切呈单图说原稿。郡中商部，各有存案，俾民间随时询问，俟专利期满，即可仿造。

至专利年限，或五年、十年、十五年不等，由创家自行定夺，自呈请文凭之日计算，凡限定五年者，纳税五百方，十年千方，十五年一千五百方。此款按年分批交纳，实合每年百方。第一批须于呈请文凭以前先交，遇有交纳未清者，可撤专权。退让者宜悉数付清应纳之款。添立凭单者，每张纳税二十方。官准专利之后，所创制造器具制成物件，外人不准擅用出卖。违者照假冒例科罚。惟准创法家退让制卖，照例报效。退让之法，有尽让者，有分让者。退让事宜，应由代理书契之人经理，所立契据，宜于本郡文案处登簿存案。否则不足为据。

六月二十二日(7月26日) 在寓。考法国工商学会，为数綦多，名目不一。其由官设而与地方有实益者，通国共三十八处，计安郡有三冈旦安郡工会，布什都弄有马赛考查工商造册会、马赛机师会，卡哇多士有康邑农桑会，世伦特有薄都爱学会，洛哇恩斐利阿有囊特工艺会，茫郡有郎士工艺会，美恩有美恩工艺会，诺阿有北法工艺会、富耳密工商会、北法工艺防险会，弄郡有弄郡教工会、里昂织工会，赛纳有劝奖本国工艺会、教育会、工艺学堂旧徒会、工师会、多艺会、高等工艺学旧徒会、保护工厂学徒会、奖励手饰银器工业会、列邦商家互保会、友艺会、钟表学堂会、谷隆白树林友艺会、贱值取租会、工业防险会、助恤花羽二业幼童会、幼年会、友群博览社会、巴黎保工会、糖业酒化学师会、计算造册专家会，赛纳恩斐利阿有本郡工商自由会、爱尔勃甫工会、卢昂工会、防险工会，椹郡有阿米昂工艺会。

其查考工商之法，内则责成各郡守，外则责成各埠领事。郡守司查本郡工业土物出产销路一切细情，及常川作工之机座数目、工人薪资、作工时刻按月详报；领事司查各该部商船来往、货物时价、银盘涨落，及何货利售、何式合宜，并查各处关税新章、改税新议及一切有关商务行船条约、例章、禁令，随时电知，或用文呈寄外部，由外部移送商部。

此外，又有巴黎农工商上议会、各郡商务局，通国共有一百十五处，工务局通国共有五十五处，均有考查之职。一经商工部询问所属近情，即须用文详报。各郡详报文牍，会集于商部外商司第一房，各领事处所寄公牍，会集于外商司第二房。行船册报集于第三房。应译者随时译录，应细查者再令详查。倘案关外国商情变动，须令本国商人与知者，则由第二房刊入商情近报，俾众周知。

六月二十三日(7月27日) 在寓。闻近日法国因新易政府，更定学堂规制，不准男女教士充当教习，并欲将教士遣归乡里。有不愿归者，则命转徙他国，人情颇不服，势甚汹汹，然总统业已批准施行。政府之意，亦不为动。余因慨然思沧浪之歌，清斯濯缨，浊斯濯足。万事皆由自取，传教何独不然？权舆由太虚，有天之名，由义理知觉，有性之名，由气化，有道之名，合性与道，有教之名。教也者，必养性修道，善以事天。此不独我国孔子之教为然，即凡普天之下如释教、道教、回教，以及天主教、耶稣教，无不当循。是以为矩矱也，修之则昌，悖之则灭。天视天听，一消一息。然而是说也，深言之，在尽性以立命，中人之所弗能也；浅言之，惟守身以安分，颛愚之所共喻也。

考天主教规有云，凡教内之人，当谨持自爱，有大冤事不得不禀官者，必先鸣地保公同理论。如果横不依理，方准具控，更不准状词内以教民自称。耶稣教规云，不可议论国政及官长，牧师欲人如何待我，必我如何待人。凡各国教堂处所，于此规条，咸龈龈宣谕。可见天主、耶稣教会于守身安分之义，不惮三致意焉。

乃今兹教士之来吾华传教者，或至憍蹇睢盱，凌躐官长，干预词讼。其于守身安分之义，教会龈龈宣谕之规，抑何相悖若斯也。夫生人之好乐、忿懥、贱恶、骄傲数者，皆七情之偏徇，而用之浸渍于不自觉，则将缠缚于欲壑。譬诸浮芥之舟，沉溺汪洋，靡所底止。维皇上帝疾其拂人之恒性也，乃辄降之罚，此非因果报应之卮言，实开辟以来，五大洲中不可磨灭之公理也。天主、耶稣当其立教之初，即以守身安分为宗旨，何尝不洞明此谊？乃其支与流裔，恃彼教之众，且强驯至偭弃规矩，蔑其本分，流弊所极，诚恐遇事掣肘，不独吾华之地方官实受其累，异日剥肤之祸，传教者将浸被之。彼教中有识之士，何未有能见及此者，吾是以揭明守身安分之说，大声疾呼，以为教会告也。

至于传教之与立约，原系判然两事，保护传教所以加载约章者，原为爱护中外子民，无所歧视。然中国既尽保护之责，则各国亦当允任调和之谊。兹事重要，亟宜于改约时与各国妥筹善法，务持其平，庶几民教永久相安，闾阎享太平之福已。

六月二十四日(7 月 28 日)　在寓。晚接张星使德彝函送英外部照会。原文称：本国君主不愿各国再简专使前来之处，前经照会在案。现君主补行加冕之际，若中国专使及其参、随等适在英国，愿观典礼，则当代留地位。惟不以中国专使之礼接待，仍以爵礼相待云云。因思行人之职，重在将命。此次奉使赴英，业经呈递国书，我已告辞，彼亦致谢，情文兼至，贺礼早已告成。若以私觌之礼，行于朝会之间，体制所关，殊多窒碍。因即发外务部电一件，告知不复赴英情形，并函覆张德彝嘱其照复英外部，告以彼时并非适在英国，未克在座致意道谢云。爰即与参议梁诚商定二十七日起程。

考法国农政之重，始自前王盎利第四。其进步之速，则以近三十年尤为足尚。盖自第三次改民政以来，刚裴大当国即于一千八百八十一年创立农政专部，内司外使，纲举目张，继之者稍事损益，规制聿臻大备。农部奏销之款及学堂常年经费，考一千八百三十年时，农政附于他部，其费祗十万佛郎。迄今费至四十四兆九十万八千佛郎，其步骤可谓猛进矣。

推厥本原，国家教导农家子弟，培植农学高才生，并有官设学堂。学堂分两类，有专课者，有兼课者。兼课之堂，有寻常小学、高等小学、寻常师范院，皆于正课外，兼授农学。中学堂亦有仿此办法者。现共九十四处高等小学堂，七十六处女学堂，二处皆添授农学一门。

其专课官学堂，共分四等：一曰教耕院，师徒随同耕作，指授浅近新法，所以教为农夫也；二曰农业三等学堂，教授工作新法，兼授农理，所以造就上农夫也；三曰中等农学堂，理法并授，智学尤重，所以造就农师及管田园执事人也；四曰高等农学堂，所教尽属农学精理，学成者为高等农师，并可投充专门学堂教习、农田稽查官及管树林、管牧养等官。通计国中，现有教耕院十四处，三等学堂三十七处，中等学堂五处，高等学堂五处，农学专门教习二百十六人。考求新理、新法之学院六十三处。

至于国家提倡农政，又有良法二端，一曰保护、一曰奖劝。保农之政，内隶于农部第一司，外则责成郡守乡官，各县又有农务局，专考本县农情，以备顾问。得有良法美意，亦可条具上陈。此外又有部中派出专员，劝农、立会、讲学，查验生虫妨谷之草，驱杀害苗之虫，教知参用机力、汽力、化学、粪料之利。国家又为立兽瘟局，常年经费五十万佛郎。一千八百九十七年四月，又令查禁伪酒伪乳汕等物，他如打牲取鱼，非时有禁，竭泽有罚，用毒剂有刑，此皆保农之善政也。

劝农之政，亦隶于农部第一司。劝奖之事有五，一、赛农场，每年分段举行，计十二次；二、奖赏花红；三、赛肥硕会场；四、禾稼果木大会；五、资助劝农各会，颁赠书籍，分给奖牌。自一千八百九十二年定例后，每年国家拨款，发种麻花红，计二百五十万佛郎；一千九百年，发蚕桑花红，计五百九十万九千佛郎；纺丝花红，计四百五万四千佛郎，法政府又与官银行妥定章程，准收各农会票据抵借银款，银行又垫付银四十兆佛郎，由官分存。农务息借局并不取息，俾各乡农会就近取借，以资周转。凡此皆劝农之善政也。

六月二十五日(7月29日) 在寓。拟英君补行加冕并无专使礼节，不复回英情形摺。定稿后，即饬供事缮写。

考法国地税之则，每年准国家出款由议院核议，原无定额。郡县中应完税课，由郡县各绅董摊派。乡间中应完税课，由乡官及协理一人或乡绅二人会同本乡所举五人公办。其税项系按进款多寡核定，进项中应先除一切耕种、培植、收获各费。馀利酌中为定数，按年就此数抽税派定。

房产税课之法，乃于进利中，将原价若干，分定年月，扣除其应修补各费，一律除清。馀利作为定数，按年收税。官地公产统免纳课外，如振兴农务、鼓励工艺所有应用房屋、粮储、牧圈等处概无房捐。房产之税有二：一按地土肥美完纳，一按房产起造完纳，十年校正一次，由乡董商请办理。乡间中田地房产应完税课者，绘有图籍，载明进利多寡。此法创自一千八百有七年，至六十二年始行告竣。办理绘图事宜有二，一先命测算家将本乡所有田地丈量妥善分明界限，绘成一图，并详明某地主田地若干，所种何物，除清费用尚有馀利若干，即行注册，常年税课，凭此摊派；二责成地方官先将田地所种何物分明，列为等第，田地肥薄、房产大小各图，其一以为式，复照等第高下估定。每一万迈当进利若干，先由乡绅会合地主房主商妥，即由郡守批准，作为定数。田地房产一经分别等第，查明进利若干，分明界限，绘成图样，注明地主、房主姓名，所有田地、房产各若干，种植土产何物，派税时即可照册办理。此项图籍府县乡间各存一册。至于畜牧无专税官，树林亦无税，按年分段伐木，由官租与给价最多之商人承办，租价随时低昂，公家渔利，亦由官出租，与树林办法无异。价无定则，若私业树林果园牧场鱼池，则归入土田一门，并照出产多寡，分别等第，按年摊派税课。税之多寡，亦无定也。

六月二十六日(7月30日) 巳刻，赴使馆。率同裕庚并参、随、翻译各员，遥祝万寿。礼成，归寓。

案：法国每年入款，地税之外，以盐课为大宗。定例：本国及阿尔日属地进关进口食盐，每百基罗各拉么纳税十佛郎。由外国进口者，税则不一，各按所运进口之处，或船只所挂旗号核定。国家征收盐税则例共十四条，详录如下：

一、凡拟开办盐矿盐井盐池，须由总统批准租让，方为合例。

二、凡开办盐矿者，可照矿务条例办理，应如何办法，由地方官按照租让情形定夺。开办前如何察验，亦责成该管官办理。

三、租让一节，宜推本地主为先。

四、所让矿地，不得越二十方基罗迈当，盐井、盐池概不得越一方基罗迈当，所立合同，宜载明地主利权，按照一千八百十年定例第六及四十二等条办理，国家不取报效成本。

五、凡拟开盐矿、盐井、盐池之人，首应按照一千八百六年定例第五十一条办理，凡未禀官而遽开锅煮盐者，锅具入官，另科罚一百佛郎。每年应提盐数，至少以五十万基罗各拉么为率，不得再减。所提之盐，以供民用，照例完税。设有不能照数提出者，须先由总统允准始可，否则有罚。一切开办章程，由官议定，亦由官查验，俾所定之盐实数完税，以免偷漏。所有已开办各盐矿厂，须遵办。

六、凡开办盐矿者与提盐人等欲行停工，须于一月前报明，不得再迟。停工后一月内，设所提之盐未经售出，即可令完税课，接办之人须按照第五条定例办理。

七、凡开办盐务者，若未按照例中第五条呈请允许，即由郡守禁止举办。遇有应行科罚之处，照下第十条办理。

八、凡提出之盐未及第五条所立定数，宜照定数完税，以示惩儆。

九、凡盐质盐水一切起运事宜，除官准各处外，不得外运。其起运章程，概由官长定夺。

十、凡有犯例中第五、六、七、九等条者，或不遵守谕令，除将盐质、盐水及所提之盐、造盐、运盐各具严拿入官外，尚有罚款，自五百至五千佛郎为止。遇有搀混或私造、私运等弊查出，加倍科税。复犯者，加倍科罚。

十一、以第五、六、七、九各条定例，各化学物料家，设有提出之盐，亦当一律遵守，造火硝之家所出食盐，由管理杂税人员稽查。

十二、所有盐质、盐水等物运往工厂，作为耕种使用者，或为腌鱼肉使用者，一切起运章程，免税、减税各节，统由官定。

十三、凡有因朦混而免税、减税者，一经查出，照第十条定例科罚，遇有搀杂偷漏等弊，加倍科税。腌鱼肉各栈，若私用食盐，所用多寡，照以上条例科罚。凡准用外国盐腌物之家，若因作伪，罚纳倍税，凡制盐腌物，免纳税课，各家亦须遵此定例。

十四、凡有违例者，当由海关或管理杂税人员查出，交改过所定断科罚。

六月二十七日(7月31日) 巳刻，由巴黎起程。法外部暨洋员金登干、裕星使并参、随各员均赴车栈送行。酉正，抵沙滩屯海口，住客寓。戌正，息，殊疲苶矣。

案：法国电政最重，通国电局，除铁路所用，及避暑过冬等处时开时闭之局不计外，所有都城邮电兼办局一百十四处、电报专局五处以外，大小局所约共九千处。电局章程，凡设立电线，递寄电信，非由政府允准不可。如有私用电机或他法由电线通信者，例定监禁一月至一年，并罚款一千佛郎至万佛郎不等。所有器具，一并拆毁。如国有大事，可将来往私电信暂时停止，或于一道，或数道，或全行停止，并可将各回来往电信，或数道、或全行暂停收发，惟须通知各国。

电费在法国及附近属地，往来寻常电信，每字五生丁，至少须费五十生丁。各报馆寻常电信二十字以内，出资五十生丁；二十字以外，每字二生丁半。凡有紧要电信须越次先寄者，费以倍。如国民有请设私电线者，应递呈管理邮电衙门，或请知府转递。

私电线分两种，有与官电线相接者，有不与官电线相接者。倘其线之长过五基罗迈当，而与官局亦有利益，则国家即为设立，并为经理其事。若欲设之线，不过五基罗迈当，应准呈请者自行设立经管，国家仍随时派人稽查，其费由电务衙门开单，分令各局偿还。稽查委员所需量电等机具，亦由局给费。

六月二十八日(8月1日) 遣翻译刘式训持简往拜法海口水师提督及县官。午后，赴海口一游。申初刻，归寓。

案：法国矿务衙门，隶于工部，所定矿税有二项：一曰矿地，一曰矿产。地税有定则，凡占地一方基罗迈当，每年纳税十佛郎，矿产税系按出产净利多寡征抽。应抽成数，由议院量每年国用而定，故无常额。惟一千八十年声明，此项税银，无论如何，不得逾净利百分之五，著为例。以上税项，均归经征田地房税人员征收。所入之款，由国家另行存储，专备矿司经费，及查探矿苗、开采新矿、整治旧矿之用，非此不得擅行发动。

至矿局与地方交接各例，国中无论何人，不能擅自在他人地面探验矿苗，务必与该地主商妥，或由政府询明矿务局。果可试验，即发准凭，并令预偿地主地价，方可掘土验矿。如国家准令在人家地面及园林内或于围墙外地段五十迈当内探验矿苗，必先与地主先行议妥，并命请办者预付掘地款银，始能发给探苗准凭。至地主，则尽可于围墙内外探验矿苗，无庸禀知政府，惟不能动工开采。倘欲开采，则须请领准凭。所有地段，倘已认让他人，即不得再行探验。如矿局中购地开矿，地主应得何等利益，则应订立让矿合同，详行核议，并无定限云。

六月二十九日(8月2日) 申初刻，率同参、随、翻译人等由海口乘小轮登英公司“山博而”轮船。船面极宽广，重力一万二千吨。先是，余在巴黎启程时，裕星使之公子勋龄、馨龄附车相送至海口。比登舟，始辞去。申正，启碇开行。

考法国铁路公司之制，公司所有轨道、厂屋、所占地段、应纳地税，按寻常地税最重者完纳。惟税额无常，每年由议院估定总数，交地方官分摊征收。各公司除纳地税外，别纳转运税。每年先将进项簿送官查验，然后抽收。向章，人货并抽，自一千八百九十二年后，货物运脚，除银钱、雅玩、行李大件仍旧百分税十二外，馀一律免税。座客税亦分二等，冲要铁路搭客进款内每百分抽十二，小铁路或一郡专用者，或数郡合用者，搭客进款内每百抽三。其馀寻常铁路，凡车能容六人以外、五十以内者，每年每客位征税十佛郎；能容五十人以外、百五十以内者，每年每客位征税五佛郎；能容百五十人以外者，每年每客位征税二佛郎五十生丁。

查本年法国官商铁路成数表，官办冲要铁路，已成者，二千七百八十基罗迈当；未成者，二千九百四十七基罗迈当；拟开者，一百三十基罗迈当。商办冲要铁路，已成者，三万五千一百六十一基罗迈当；未成者，三万七千七百十二基罗迈当；拟开者，八百八十基罗迈当。各工厂等接运货物铁路，已成者，二百三十三基罗迈当；未成者，二百七十六基罗迈当。商办小铁路，已成者，五千三百八十六基罗迈当；未成者，七千二百二十五基罗迈当。商办气电等车铁路，已成者，四千八百九十六基罗迈当，未成者，六千九百三十二基罗迈当。

六月三十日(8月3日) 舟行大西洋，有微风。

离家四月，定省久疏，眷念庭闱，明发不寐，作思亲诗四首，录入《英轺杂咏》中。

七月初一日(8月4日) 舟行大西洋，有风。

案：法国境设立学塾，以童蒙为初阶。统计国中童蒙官学堂二千五百五十五处，私学堂三千一百八十四处，阿尔日属学堂亦在其内。凡国人儿女自二岁起，即可送入该学堂，六岁为止。又设初级官私学堂，官学堂六万七千六百七处，私学堂一万六千三百八处。国人儿女自六岁至十三岁，例应入该学堂学习。所入学堂，无论公私或在家延师教读，均听其父母之便。其在家延师教读之学生，自七岁起，例应由官考试一次。如学业未精，须送入官私学堂肄业。至十三岁后，均准出学，或就工业，或务农，均听其便。城乡并有特设各种讲学会，于工人休息之日，或晚间，即借学堂斋舍宣讲各种浅近学问，以及工艺等事。

查本年学校册，列高等初级学堂男一百九十九处，女七十处；次等初级学堂男三百九十三处，女一百五十三处；次等中学堂男二百三十五处，女八十五处；高等学堂男一百十四处，女三十处；备课女学堂五十处。其中学堂功课甚繁，学生各就性之所近，意之所好，以为讲习。俟有成效，然后考入专门或大学堂肄业。又别设男师范小学堂八十八处，女师范小学堂八十五处。

所有高等学堂共分五门，一教理学，一智学，一医学，一文学，一律学。至天主教理官学堂，已于一千八百八十五年裁撤。有耶稣教理官学堂二处，智学官学堂十五处，医学官学堂三处，医学与制药官学堂四处，文学官学堂十五处，律学官学堂十三处，别有预备医学、智学、文学学堂共十五处。又有设在属国高等学堂律学三处、智学一处、文学一处，广招学生肄业云。

七月初二日(8月5日)　舟行大西洋。

考法国专门学堂，创自一千五百九十二年，现有教习三十五人，讲授全球古今政事、文学一切有用之理。其生物院共有教习十六人，分授格致、化学，并考验动植各物，又有实用学堂，专教各种高等学理如何施诸实用之法。又有高等师范学堂，所以造就大中学堂人材。

又有多艺学堂，专教各种艺学精理。学生功课期以二年，毕业后大考一次，作为海、陆、炮队武员。或不愿赴营，则准充国家工程师，掌国家矿务、舆图、火硝药等局工程。

又有武备学堂，凡年在十七以上、二十一以下得有初级文凭，均可考入该学堂肄业。毕业后，作马步队武员。又有海军学堂。凡投考学习海军武员者，须在十八岁以下，身体强壮，目力精到，方能收入。学有成效，作为二等兵官，再赴本国及各国海边游历考试一次，始补头等兵官。

又有矿务学堂。凡欲当国家矿务工程师、监工等差者，必由多艺学堂咨送肄业，或有投考学生学成后，准充商家矿务监工等职。又有桥路学堂，专取多艺学堂毕业生学习。又有工艺学堂，凡学生三年毕业后，发给准充工程师凭据，即归商厂聘用。

其外如东文学堂，则学生于二年、三年卒业后，即派往东方使领各署翻译差使。高艺学堂，则教授雕刻、绘画、画图等事，考取优等者，派往罗马、法国学堂毕业。考古学堂，则考察古时经籍、书写、教法等事。理藩学堂，则讲求属地事宜。凡学生三年卒业后已得律学二等文凭者，即派往属国当差。

商学学堂，则讲贯商务大纲，造就商部、商局人材。如教种树木学堂、高等农学堂、农学教耕学堂、管理水道及树林教养禽鸟各学堂，又有音乐学堂、描刻地图学堂，以及测绘海图学、造大工厂房屋、管理机轮、习学水手驾驶、造就矿厂监工工头、约束顽童、医兽、聋瞽、童医、治结舌各等项，无不设立学堂，洵有因事制宜之妙。

盖法国讲求文学，宣明教化，于欧洲各国中特为精详，故于学堂一事，尤极措意。倘有博雅之士，荟其程课，摘其虑宪，编为《法国学校志》一书，亦文苑中之巨观也。

七月初三日(8 月 6 日)　舟行大西洋，有风。舟颠簸，夜大雾，殊有戒心。

案：法国大学堂选用教习章程，律例官学堂诸席，有选用、考取之别。选用者，统归总统简派。先由律例科人员内选拔，由文部大臣请派。遇有缺出，或由本学校教习公同酌举，或由管理学校人员单举。欲充该学校教习，须年至三旬，考有律例科文凭，若中国进士之属，先在官学内教授三年，或在官准学堂内教授三年，方可承充。其学校中掌院一缺，三年一任，由本学校教习与管理学校人员于实缺教习中选举。至考试分门凡四，一曰民律刑律；二曰官律；三曰律史；四曰理财。第一门笔试罗马律例，面试民律、商律、海律、刑律、词讼、民间公例；第二门笔试国政或万国公法，面试国律、政治、财政、万国公法；第三门笔试官民律史，面试罗马公例、法国官民律史、罗马国史；第四门笔试理财政策，面试理财法、财政立法、工艺立法、藩属财政立法、农务立法。

至医学官学堂教习，亦有选用、考取之别。考取者，不得过选缺之半，亦不得不满三分之一。选用者，须年满三旬，考有医学文凭，作为进士，先在官学教授三年，或在官准学堂教授三年，乃为合例。其考试亦分四门，一分割、考究全体、生物等学，二格致、化学、药品、毒药等学，三医学，四外科、考究生产等学。考试时，亦有笔试面试之别。其格致、化学、生物各家笔试;分割、分验及考究全体等学,均扃门面试,医家试以医病。病人由考官传至考场,备齐药物,命医家治之。外科、考究生产家与考试医家相同,分割家试以分割画法,考究全体家试以考究法,格致家试以格致学及试验法,化学家试以化学及试验法,试生物家亦同,药品家试以作药法及备药料法。

其外艺学堂、文学堂、高等药品学堂各教习,亦有由总统选用者,亦有考取者,俱以秉公核实为主,无声气之可通也。

七月初四日(8月7日) 舟行大西洋,早起,仍有雾。午刻晴。

案:法国中学堂教法有二:一旧法,用辣丁、希腊文;一新法,无辣丁希腊文。凡欲充中学校古文教习,先应考有文凭,如中国秀才之属。欲充文艺教习,须考有性学文凭;欲充实学或智学教习,须考有实学文凭;欲充时务教习,亦须考有文凭,始得承充。至欲充性学、数学、格致、史记各教习,须考有文学或实学文凭,如中国举人之属,方为合例。凡中学校所属初级学堂教习,亦须得有高等小学校文凭,或堪充训蒙教习文凭者,始得充。

其中学校高等教习归文部大臣简派,文法教习亦归该大臣简派。公立中学校男教习分三等,首为高等教习,例应考有中学校教习文凭,或考有文学、实学文凭者始得充。次为中等教习,应考有巴葛老来亚文凭,识辣丁、希腊文,或得有堪充中学校教习文凭者始得充。此外,又有试用副致习,或派或调或撤,则概归管学大臣办理。

中学校又设有女掌院,亦先考有教习文凭,或考有文学、实学文凭,或得有堪教外国语言文凭,或得有中学校卒业及得有高等小学校卒业文凭者始得充。其欲充中学校语言教习者,须考有语言文凭;欲充绘图教习者,须考有应得文凭,或在罗马得有花红,或由杂艺等校得有文凭者,始得充。其外如体操教习、歌唱、针黹教习,例俱考有文凭。盖里塾党庠统于官,故通国无自行束修者。至其必以考取之文凭分教习之差等,铢两悉称,立法为尤良也。

七月初五日(8月8日) 舟行大西洋,晴热。

考法国所设初级学堂,男女教习等级不一,始至者为试用,试用期满补缺,由管理学校人员请派,归知府办理,报于文部。试用之期,以二年为率。其补用章程,则另由府参议核议。惟小学校掌院一缺,须年满二十一岁方可承充。又定例,小学校正教必须得有试用文凭。在官学校试用者,由稽查学校人员发给;在私学校试用者,由本学校掌院发给,然其中亦有通融之法。倘有曾在师范小学堂或中学堂于十八岁时已克充训蒙教习者,亦可作为正教。小学校欲该堂学生留宿,须商诸稽查人员回明乡官,将学堂基址开明呈阅奏准,方可办理。

凡欲充高等小学校掌院,须年满二十五岁,得有师范小学堂教习文凭,或高等小学堂教习文凭者,始得充。该学校教习亦应年满二十一岁,得有高等小学校文凭,方为合例。

至各等初级学堂,均准平民创设,或数人合办,或独自建立,惟总办、教习等员,倘非本国人,或未满例定年岁,或才能不及格者,均不准充任此职。其有因罪曾受科罚者,即不准承办学堂及在堂当差,所以甄别流品,条例綦严。

乡间男学堂应聘男教习,女学堂应聘女教习,蒙学男女学堂,亦归女教习教授。若本处已有一女官学堂,或女私学堂,欲再立一男女兼收之私学堂,则非由管理学校议事处允准不可。倘本地有各等官小学堂,即不准私学堂再收六岁以下学生,以免效法凌杂。

至各等小私学堂课程馆规,均由总监查官、管学官、稽查学校官以及学校议事人员、乡官、镇董等查察,略如中国稽察官学之例。查课之日,统饬将本堂学生书籍课本呈验。其有犯规等事,即禀请查办。

余因法国学校章程颇称周备,特详著之如此。

英轺日记卷九终

英轺日记卷十

七月初六日(8 月 9 日)　巳正,舟抵纽约海口驻扎。美国出使大臣伍廷芳率参、随各员登舟来接。午刻,登岸。乘马车至华得夫客店,伍廷芳先已赴彼祇候,跪请圣安。礼成,美国外部副大臣蒲士及纽约府尹参赞联乐士等来见。询知美总统现在艾士打湾避暑行宫,爰与伍廷芳商定知照美外部,于初八日午刻往见。伍廷芳旋恭赍到电旨一道,当即敬谨译出。

按:美国为合众部,一名花旗国,又名米利坚,在北亚墨利加之中,纬线自赤道北二十五度起,至四十九度止;经线自中国北京偏东百有九度起,至偏西七十三度止。东界大西洋,西至太平洋,南连墨西哥海湾,北接英国属地。共计行省四十有五,属部五,为地三百六十万英方里,户口约七千九百馀万。此外新隶版图者,曰夏威仁岛,俗呼檀香山,曰波吐立哥岛,曰飞立宾群岛,俗呼小吕宋国。民精于工作,锼会辟灌,朗密调均,善造火轮车船。凡陆路通衢之地,多用铁汁冶成,四通八达,以利火轮车之行。纺织制造器具,均用水火之气激机运动,不资人力,商贾舟车辐辏往来,举国多奉耶稣教,好讲学业,博习经典,通贯各国言语。近复增益智识,研究天文、地理、术数,学馆繁夥,书籍富庶,言语文字与英国同。其地贸迁有无,无往不利。以故欧罗巴人流寓于此者,英人为多。华人居美者,亦不下数十万人。统计纽约海口华民,亦有八九千云。

七月初七日(8 月 10 日)　未刻,偕伍星使往观纽约救火善会。诸会徒演习,自层楼超跃而下,御车携带水龙出门,为时不逾数杪钟,迅疾已极。马亦娴熟调良,闻口号则奔赴扼絷维易,蹈藉若风,教法之画一整饬如此。旋往吊美故总统克兰德墓，墓制闳丽靡迤，与拿破仑墓相仿佛。墓道前有李文忠题墓碣一，盖李与克总统交情最挚也。晚赴领事馆夜宴。

案：美自华盛顿创国以后，定制每部立正统领一人、副统领一人，或数人会议管理政事。各部之中，又推一总统领督，管合部政事，均以四年为满任，亦有一年二年一易者，贤则留之，复任至八年，不准再留。如首领任满，则推副者为正，或副者不协人望，则别行推择。乡邑之长，各以所推，书姓名投于匭中，毕则启匭，视所推数多者立之，或官吏或庶民，不拘资格。退位总统与齐民无异。

其推择总统之法，与推择各部统领同。凡公选公举，权不由上而由下。凡会盟战伐之事，则推总统为主，各部皆听命，事必会议而后定。如例所禁，总统亦不得犯也。其国政分为两党，一则尽心保护国政，其宗旨时与各邦违异，名曰护国政党；一则惧国权过重，常以阻抑总统及总议院之权为心，名曰护邦政党。所举总统亦即视党会为转移。

余因稽美国史书，考历代总统名居，并详其党与胪列如下：曰华盛顿卓耳基，斐真伊亚邦人，始立政法；曰阿但斯约翰，玛撒初色邦人，护国政党；曰遮非森多马，斐真伊亚邦人，护国政党；曰玛第森雅各，斐真伊亚邦人，护国政党；曰们柔雅各，斐真伊亚邦人，护国政党；曰阿但斯盎纳西，玛撒初色邦人，护国政党；曰乍克森安得烈，特尼西邦人，护国政党；曰凡布仁玛耳德，纽约邦人，护国政党；曰哈利森伟联，欧亥欧邦人，护邦政党；曰太勒耳约翰，斐真伊亚邦人，护邦政党；曰衷勒雅各，特尼西邦人，护国政党；曰颓勒耳撒绰利，鲁伊西阿那邦人，护邦政党；曰斐勒谋耳米勒耳底，纽约邦人，护邦政党；曰皮耳西范克森，纽罕西耳邦人，护国政党；曰布谌安雅各，偏斯伟那邦人，护国政党；曰林堪亚伯拉罕，伊利挪邦人，护邦政党；曰乍纳森安得烈，特尼西邦人，护邦政党；曰嘎纳特犹利斯，伊利挪邦人，护邦政党；曰哈伊斯，欧亥欧邦人，护邦政党；曰加勒得，欧亥欧邦人，护邦政党；曰阿特耳，纽约邦人，护邦政党；曰盔利兰，纽约邦人，护国政党；曰哈利森便雅悯，印第阿那邦人，护邦政党；曰麦铿利，欧亥欧邦人，护邦政党。

七月初八日(8月11日)　辰正，偕伍星使廷芳并率同参议梁诚、参赞汪大燮、黄开甲谒见美总统于艾士打湾行宫。美外部导入，美总统候于宫门内，余入门，行三鞠躬礼，敬宣皇太后、皇上德意，传旨慰问。总统答礼，深颂皇仁，并以余远道跋涉，深致拳拳。礼成，总统请大宴，申正，始散席辞归。晚，外部大臣就余寓中请宴，同席为纽约总(统)〔督〕、纽约府尹。宾主酬酢，款洽逾恒，席散，请观剧。子正，始归寓。

七月初九日(8月12日)　未初刻，即在客寓请美外部大臣并纽约总督、府尹午宴，即请伍星使作陪。

申刻，拜纽约府尹，并往观邮信馆，书筒杂袭累叠，奚止亿万？西人消息灵迅，响应桴鼓，洵有以也。

出游铁桥，长数里许，轨道数重，有行电车之轨，有行火车之轨，有行马车之轨，无虑薄索相辚逾时，跨海面而过，轮舶高帆，历历在目。过桥二里馀，经唐人街，为吾华民萃居之所。户皆悬龙旗、结彩绸，钲鼓骈隐，鞭炮轰阗，居氓欢呼雷动，各商董咸在道旁，衣冠迎送，殊足感也。

酉初，伍星使在客寓请晚餐。戌初刻，即发行李登火车，赴温哥华海口。美外部大臣暨伍星使、纽约各商董均相送于车栈。戌正，开行。

案：美公司火车行最迅疾其至远者(者)，每一点钟可行华里二百馀里，每一昼夜可行五千馀里。此车较迟，每一点钟约行一百七八十里，每一昼夜亦可行四千数百馀里云。

七月初十日(8月13日)　天气寒甚，车行四千四百馀里。余素慕华盛顿创国功业，今来美邦，始得详稽事实。

案：华盛顿家世业农，年十六，充度地官。会法人侵英领地，土人亦乘机纷扰,英人举华盛顿为队将,每战必克,授提督。三年以次平法及土人之乱,辞职,开垦荒地。是时,北美地俱英法管辖,英税法颇严,美人请立议院如英制,不允。美人起与英抗,十三省绅董会议御英策,推华盛顿提督军务,誓自立。华盛顿谓用兵损伤多,请英王退师,不许。众乃推华盛顿为总统,进击英兵,血战三年,英诸大臣谓不如许美自立,便遂与法会美人,盟于巴黎斯。华盛顿见国本已立,独身归农。

时美新造,国计无出,各邦代议士定国宪,请华盛顿核夺。逾年,推为民主,定四年一任。华盛顿承丧乱之馀,极力区画。在职四年,顿成富庶之国。任满将归,适值英法失和,法求助于美,美人欲藉法泄之,华盛顿执不可。美人以为示弱,议院恐不能禁,坚留华盛顿主持,如初议,衅端终弭。再任满,解职野服萧间,与樵渔伍。尝言:"帝王世及,不问贤否,是私天下也,大为民害,宜革之。"国人追慕其德,名其国都曰华盛顿,至今列在七大国之一云。

美人之议自立也,实苦英虐政。当建国之初,华盛顿告各国曰:"非我美之敢行叛英,英实不恤我美。"呜呼!强国务夺人土地,而驭之不以其道,结民怨、开兵祸,有势必至者。虽然,美之受制于英久矣,非华盛顿坚忍力战,必不能成开创之功;非合十三省为一民主,则无数小国必不能免强邻之蚕食。非从战胜之后,励精图治,而又时时以用兵为戒,则国之安危亦有不可知者。观美邦百馀年来,民主相承,日臻富庶,岂偶然哉?

七月十一日(8月14日) 车行四千一百馀里。

案:美国史乘掌故,以南北美之战最为脍炙人口。缘美国向分南北两部,南部驱役黑奴,北部欲废之。南北争论不息。咸丰十年,南部加罗里那先叛。明年,诸州应之,议立遮费泰威为大统领,出兵毁北部城寨,夺其船。是岁,北部亚伯拉罕林根为大统领,其大将马惹亚的孙以七百人守沙列士敦之参的砦。南军七千人攻之,开砦而降,南军建牙营于里治门,北军与战于薄尔仑,大败。

同治元年，北军将格兰多攻铎尼尔孙，虏一万八千人，南军弃威实城走，北军制一铁甲船，形如筏，甲板上设小塔，中装巨炮，载兵六千，与南军战，南军大败。铁甲之利，遂称于海内。自是，攻战经年，两军死伤各数万人。

三年，格兰多为大都督，作二军，一军沙尔满将之，一军格兰多自将之，与南大将黎会战累日，破之，进抵里治门，攻彼得堡，南军别将攻华盛顿，格兰多分兵蹑之，沙尔满逾险，抵亚的兰达。时北军深入敌中，赖一铁路挽运。沙尔满与格兰多合发亚的兰达，弃铁路，深入敌地，格兰多与黎战数十合，大破之。北军四集偪黎，黎穷蹙，以全军降，内乱始平。

夫用兵之道，贵乎将得其人。观美洲南北两军连年攻战，固亦互有胜负。惟南军将校，长于兵略，不免有轻敌之意。而北将格兰多英武善战，又得沙尔满佐之。同心协力，卒能降服南军。厥功伟矣！爰特著之。

七月十二日(8月15日) 车行四千八百馀里。

案美国举官，厥有三类：曰地方官，曰议事官，曰执法官。任官亦有三类：曰敕任官，如各部局正次卿、海陆军提督、使臣、领事，由总统特简；曰奏任官，如各部股长、海陆军副参以下官、四等使臣、领事、参赞，由大员保奏，奉总统拣派；曰判任官，如各部局书记、属官、海陆军小校佐、领署书记等，由其长选派，或由计吏局考取。

其行政分八部，曰国务部即外部、曰库务部、曰兵部即陆军部、曰海军部、曰律部、曰邮政部、曰内政部、曰农务部。近年以来，议设商务部，其规制尚未备。此外又设六局，以理庶务。曰总理本国各省通商局、曰劳工局、曰胥吏局、曰国家刊印局、曰渔务局、曰地舆局。

国务部正卿一人、次卿一人、二等次卿一人、三等次卿一人、参谋、律师、副律师各一人、总办一人。外交股长一人、领事股长一人、清档股长一人、会计股长一人、图书股长一人、通商股长一人、委任股长一人、翻译无定额。又有国务正卿秘书官一人、邮政分局长兼文报委员共三人。正卿承总统命，司简派外交官、领事官之事，及其往来文牍。凡与外国公使领事交际、各国订立约章，又与各省总督往来文牍，掌本国联邦大玺，外国约本，本国宪法律例定本，掌给发游历护照，及外国领事认状，及刊布议院增订律例，各议员之条议，联邦之宪法及使臣领事之年报、月报、特别报有关商务者。次卿皆掌佐正卿经理本部各事，司内外公使领事往来文牍，及一切公文照会属稿之事。正卿有事，则次卿摄理。参谋、律师、副律师备正次卿之顾问，及参议公文约章属稿之事。总办稽察进退本部书记以下官，综理本部一切杂务。

外交股长收掌本国外国外交官文牍。领事股长收掌本国外国领事官文牍。清档股长司清厘一切案牍而收藏之。会计股长司本部收支数目、存储一切赔偿等费及其证券。图书股长收藏一切图籍、各国国书约本、本国宪法、律例公文等件。通商股长刊布领事官年月特别报，及凡有外国商务之事。委任股长记录敕、奏、判任各官出缺、补缺、迁调之事，备办各项委任文凭、外国领事认状、游历执照、索交逃犯执照，监用联邦大玺。此外各使臣参赞、随员统谓之外交官。总领事以至副领事，统谓之领事官。海军部、兵部所派人员附驻使馆者，谓之海军随员、陆军随员，经费由各本部自行给发，皆一律由总统简定，交议员议准派充。

外交官恒于律法、政治出身人员中拣选，领事官恒于商务出身人员中拣选。又有议绅为出保结，是以位置得宜，不至失职。以下使领各署书记生、学生及领署挂衔副领事，可由使臣领事举充。出使经费由本部于年底豫算来年需款若干，咨请议院议拨。内分别外交官、领事官两项。领事官亦有遵照部定章程收取照费，以资办公者，亦有全资照费办公，不领经费者。国家近年又新设外交公法学堂，培养外交人材。至各处商务学堂，亦兼育领事人材。闻将仿照欧洲各国办法，凡外交官、领事官，皆专其任。盖其意，视外交之学为国家命脉所关，故郑重有如此者。

七月十三日(8月16日) 车行四千四百馀里,道中见野人甚多,服黄衣、居毡庐,状极蒙茸,华工亦复不少,皆粤人也。午后,过滩河,沿途杉木甚多,风景特佳。

案:美国库务部正卿一人、次卿三人、总办一人、建造绘图官一人、国库支应官一人、库务部稽核官一人、兵部稽核官一人、海军部稽核官一人、内政部稽核官一人、国务等部稽核官一人、邮政部稽核官一人、管理国库官一人、管纽约城分国库官一人、管诗卡各分国库官一人、管纽阿连分国库官一人、管波梯么分国库官一人、管辛辛那地分国库官一人、管三藩息司戈分国库官一人、库注册官一人、监督银行官一人、监督铸币局官一人、管卡逊城铸币局兼提炼厂官一人、管纽阿连铸币局官一人、管费城铸币局官一人、管三藩息司戈铸币局管官一人、管典佛铸币局兼提炼厂官一人、综理印税官一人、总理航海官一人、总理沿海舆地测量官一人、总理通国律度量衡官一人、查验汽船官一人、综理江海医院官一人、稽查外国流民官一人、督理救生局官一人、造册处官一人、刊印处官一人、灯塔料理官无定额,委任股长一人、度支股长一人、公财股长税务股长一人、巡税船股长一人、文书股长一人、公债国币股长一人、收发股长一人、杂务股长一人、律司一人。

正卿掌通国之财政,凡裕饷富民之事,监督征收税饷、支用报销,国库出入造具豫算出入表咨交议院核议,兼司工程、铸币、督理沿海地舆测量、救生船局、灯塔巡船及查验汽船、海面医院之事,事繁责重,为各部最。次卿三人,其一佐正卿掌税务、沿海之事,其一佐正卿掌铸币、银纸、国债、度支及本部所辖各官升降补缺等事,其一佐正卿掌殖民、测地、册籍及往还文件一切事。总办承正次卿命,稽察本部各股书记以下官,兼司邮寄信件、本部车马夫役以及保护国库一切事宜、正卿文书房之案牍。

建造绘图官司一切公家建造之事,及稽查估修公家廨宇。国库支应官司决断一切收支可否之事。库务部稽核官暨兵部、内政、海军、国务、邮政等部稽核官司稽察本部各股收支之事。管理国库官司华盛顿京城总库及纽约等城分国库,及各处国家银行一切出纳之事,掌管各项经费存款,股票、债票及支给国家公债利息等事。总国库外又有分国库八处,各设官一人,经理其事。国库注册官司查验纸币、公债票、股票、一切国家证券及签名盖印之事。监督银行官承正卿命,查国家各银行之事。监督铸局官承正卿命,督理各局铸币及各厂提炼金银之事,按季册报各局办法、成色、数目及各国价值成色。综理印税官监督征收印税、实行印税条例、管辖经理印税官吏、制造印花、颁发训条等事。总理航海官司一切船只注册及交纳船钞之事,每年册报于正卿。总理沿海舆地测量官测量太平洋、大西洋各海道及海口、河道、潮汐、沙线等事,造册刊布。总理通国律度量衡官、查验汽船官司颁行一切查验汽船章程。每年正月,开令于华盛顿京城,集议验船事(官)。综理江海医院官督理江海各医院医药,查验水手引港人等气体,及颁行一切检疫防疫章程。稽查外国流民官司颁行一切限制外国人民入境,及限禁华人入境条例。督理救生局官司颁行一切救生局办事章程、赏恤条例及稽查及事员役之勤惰、江海失事之情形、人命损失之数,册报正卿。造册处官司查取出入货值,如各国商务存栈货消流货各货良楛贵贱、税饷增减、各国商船出入口吨数、本国商船吨数、本国各埠商务情形、货产细数一切事宜,按月按季按年详造册表,呈于正卿,刊布各处。刊印处官司刊印国家所用契券文凭、证据、图籍,国库、国家银行所出纸币、股票、债票,凡一切公用之件。灯塔料理官司稽查沿海灯塔、浮桩、灯船、雾标等件,及应增、应移之事。此外又有税务司一百二十三人,由正卿奏派,分驻各关。又税务稽察四十六人,巡海官六人,皆归库务部所属。

七月十四日(8月17日) 早,车行一千馀里。未初,车停。缘司车长接德律风,知前涂山洞中有坠石当轨道,碍车行,故须少待。爰下车一游。野花纤缛,老树亭苕,别绕风景。少顷,闻有声隆然。盖前涂用火药,以炸裂坠石也。未正,开车。申正,抵温哥华埠,住客寓。埠甚繁庶，盖亦贸迁有无之要地。客寓虽不如纽约之华美，亦极宏敞，侍者以日本人为多。戌初晚饭后，殊觉疲茶，即息。

案：美国兵部即陆军部正卿一人、次卿一人、总办一人、总理军务陆军一等提督一人、秘书官一人、中军官二人、军政司副总办一人、炮队总管一人、炮队副总管一人、总书记一人。其外分曹而理事者，曰军政股、曰考功股、曰转运股、曰军需股、曰军医股、曰支应股、曰工程股、曰军械股、曰军法股、曰功恤股。

正卿承总统命，督理一切陆军事宜，掌估计稽察本部及各行营、坐营支项，购办粮草、衣械、养兵、运兵各费，及议院准定一切支项，管理委士盘国家武备学校及陆军教育事，兼管防守局战务、记功局事务。又掌通国边防、海防、储办枪炮、修浚河海之事。凡议院议设水道、桥梁等工，亦须查核准驳。凡防营添设、改设，及本部所管公地，均听调度。

次卿佐正卿司河道、海口及安设桥梁、租出公地等事，稽察武备各事，及纪功恤典等股，办理募勇、散勇粮草及军营法、司狱囚诸事。又管各省义团各项款目、测量地理、招办军需、赠给宝星、功牌、修理昭忠坟墓等事，查考古巴、飞猎宾各岛情形，及料简各该岛寻常事宜。

总办承正次卿命，司理文案，收发转递各营文函，刊刷告白文件、报册，采办纸张笔墨以及凡本部一切杂事及正次卿日行寻常事宜。

军政股司宣布总统、兵部正卿、军务处之命令及其往来文牍，收储各军册报，备办委任札付，收受告退禀件，并承卿命，管理招募之事。考功股长率其副，分查各军驻所、各等学堂之有军官教习者，以及各营合操所、义团营房、船政制造等局炮台防垒，凡陆军各官所司之工程，及陆军各官开除之款项。

转运股长率其副，筹办运送陆军及其衣械、器具、马驮、车舟、草料、纸张、笔墨及一切备存陆军应用之物，给办义团之衣服、器械、建造修理陆军驻所之码头、桥路、屋宇及其食水灯火，专司昭忠坟墓，兼司犒赏雇募侦探、乡导、通事等人。军需股司备办分给陆军粮食，及豫备军营准用物件,以便弁兵购领稽察各项支销。军医股司陆军医药、选派军医、稽察军医储备、药料及陆军医院医报之事。支应股司支给本部及各营陆军将弁兵丁俸粮,估发陆军各官公费,及给发伤亡弁兵除存未领俸粮。工程股统理工兵各营、修筑炮台防垒、安放水雷防海各事、军行桥路、河海塘湖丈量工程,及议院所定兵部应办工程。军械股司备办存储,发给美国常备义团、招募各兵战守所用大小枪炮器械,查考新式战具情状图式,以试验枪械之法,讲求各局制造,严杜参差糜费诸弊。

军法股司理一切军法,司律令案件,及陆军章程条教之事,查察关涉陆军各营、各学堂、各工程之案及陆军弁兵被控之案,赞助正次卿各股订立合同,凡有关律例之事。军号股司撰办陆军一切号令、旗号、灯号诸图说,各陆军行营电报、德律风各事,代传各陆军探报一切事。功恤股司纪载伤病、阵亡陆军弁兵之事,及凡与恤典局有关之事。凡股长,以陆军二三等提督承充,其俸薪亦较他部股长为特优云。

七月十五日(8月18日) 早起,发外务部电一件,报由温哥华埠启程日期。未正一刻,率同参、随、翻译人等,登英公司"日本皇后"船。是船宽广,较行大西洋之"山博而"船仅及其半,重力不过六千吨。申初刻,开行,同舟有英国香港总督及比国代办使事、参赞葛飞业,不期而遇,殊可喜。又有华商叶恩、李梦九来谒见,皆粤人,居维多利亚埠者。(日昨)〔昨日〕接该埠华商公电,请余抵埠时往临。余以舣舟为时过促,未及登岸覆之。

戌正,舟抵维多利亚埠。该埠华商共百馀人登船来谒,余不通粤语,命参赞汪大燮传语慰问,总以毋忘国家厚恩为嘱,诸商唯唯而退。亥初,即启碇行。

案:美国陆兵定额正兵共二万馀名,自一千八百九十六年美日战后,得小吕宋、古巴诸岛,乃增兵额。然议院定例,不得过十万人,战时总统可调各省预备兵投效,有事则赴,无事则散。各省预备兵共十万六千三百三十九人，教之战法，以时训练。平时无饷，师行粮食。

军队分七事，曰军务处，曰工程师，曰马兵，曰炮兵，曰步兵，曰医院，曰传发旗号队。正兵额缺，由兵部召募，于各书信馆遍贴告示，愿当者先由医生验看及格，然后挑选。投效者须能读能书，身驱强壮无病，品行端正，年长不过三十五岁以上，年少不得在十八岁以下。如未及二十一岁者，须其父给予准单，父殁母可代给准单。如父母均殁，则亲属管束人可代给发。如投效步军及防护海滨炮队，身高须过五尺四寸，身重最轻一百二十磅，最重一百九十磅。如投效马军及陆地炮队，身高须在五尺四寸以上，五尺十寸以下，身重不得过一百六十五磅。凡当正额兵，以三年为限，兵饷每兵每月给饷银十三圆，另给兵衣及粮食。如兵丁派往古巴、巴都力如、小吕宋、檀香山及阿拉司加当差，月俸每百加二十。兵官派往以上各处，每百加十。兵官分二等，一有照、一无照，有照兵官由总统及兵部发给官阶文凭，皆系陆军学堂出身，亦偶有由兵卒考升者。兵官升阶或按资格、或论战功、或论办事劳绩，俱归总统酌定，咨令上议院议准。

至其武备学堂定制，每上议院议绅及下议院议绅可派本省少年一人入堂肄习。未入行省之省，及华盛顿府亦可各派本地少年一人入武备学堂。此外总统可简派三十人入学习武事。议绅简派人法，有先登报布告本府人考期，招少年应试。考取第一，即送兵部，兵部给准照前赴学堂考试，考取即准入院。有议绅不用考试之法，即简派一人，请兵部给照，赴堂考试。亦有时简派两人，一正一副，请兵部给予考试准照，正者先考，不入选，传副者往试。投考者年岁须在十七岁以上、二十二岁以下。

考试之目有五，曰写字，曰算法，曰文法书，曰地理志，曰美国史记。入堂以后，四年毕业。所读之书为算法、法文、西班牙文、绘图、操武、法理学、化学、格物、矿务、地理、电学、史记、公法、陆军战例、国例工造及营造法、武艺、放炮法、军火定课，自西九月一号至六月一号读书，自西六月中澣至八月杪专学阵法，并居棚帐。每年甄别二次，有不入选者，斥退；学成卒业者，即派充千总官。生徒在学堂时，年俸五百四十圆，外国人入学堂，须归议院议准后，方可收入，并须自备资斧。入学堂两年后，准请假回家一次，平时不准请假，俾得专心学业。其章程大略如此。国中枪炮厂共有十七处，约分三种，一为藏枪炮处，一为制造军器处，一为藏军火处，均随时由兵部查核。

七月十六日(8月19日)　舟行太平洋。

案：美国海军部正卿一人、次卿一人、总办一人、度支书记一人、总理军务处海军一等提督一人、中军官一人、秘书官一人、调遣股长一人、厂坞股长一人、师船供给股长一人、军械股长一人、修造股长一人、汽机股长一人、医药股长一人、军需股长一人、通信股长一人、军法股长一人。

正卿承总统命，掌一切海军之事。次卿佐正卿掌一切海军之事，总办司本部文牍及正次卿房之文件，调遣股长司传正卿号令于各船队，训练海军官员、兵卒，招募、遣散判任以下官及海军兵卒，载送弁兵，分配水手，记载全军各队分扎处所，增修军略、军志、号令、电码、通行章程等书。

厂坞股长司全国海军船坞、船厂及其产业，及厂坞内之器具工作等事。师船供给股长司供给全军各船所用缆锚、帆绳、海图、灯旗、纸张、书籍一切师船应用之件，及收取外洋各处海图，分给诸队。军械股长司水雷、火药、炸药、枪炮、机器、船舰、皮甲各厂局之事，制造、存储、分给、运送以上各件，及供给各厂局应用纸张、笔墨、簿籍一切物件。修造股长司建造师船一切打样，马力、重力，凡船只相关之事及修理船只，应与军械、厂坞两股合办之事。汽船股长司打样、购造、配制、修理行用一切汽机事件，凡师船所需者。医药股长司海军各项医院、医生、人役及所用器具药料之事，又司建造医院，运送医药等事。军需股长司供给运送全军粮食、衣服、用物、食水及估计其费。通信股长司通传海军相关消息、信报等事。军法股长司理一切琐务、与兵部军法股同载。

考美国水师学堂规制，创始于一千八百四十五年，设在美利兰省安拿波里斯地。其考取学生入堂之法，每年总统选派十名，华盛顿都城一名，亦由总统举，下议绅每人可荐举一名，如遇缺额，水师部大臣每年三月五号后，即行知照某处缺额之下议绅另行荐举充补。各学生均应在学堂学习四年，出洋操练两年，学生务取强壮，其年岁须在十五岁以上二十岁以下者，始准入堂学习，均须具结声明，自愿为水师效力。若非由国家先行开除，八年之内不得规避。学生自入堂之日起算，每名每年领费美洋五百元。其已经出洋操练者，遇水师员弁缺出，即可按级升补。

统计美国现有海军船只铁甲战船十八艘，铁甲巡船八艘，蚊子防口战船二十艘，巡船五十二艘，水雷船六十艘，船厂之著名者，一在布鲁连，一在费城，一在砵罗耶，一在金山。

七月十七日(8月20日) 舟行太平洋。巳刻有风。午后，风益甚，浪入舱中，澎湃有声。夜风狂猛，舟大撼，磕然一声，若惊霆之不测。盖系浪击船面，铁梯为断，其馀玻璃碗盏、器具倾倒撞碎之声，不绝于耳，余不得寐。口占太平洋歌一首，其词云："太平洋势互西东，蚿蛇秋水百潦洪。澎濞湛灇两洲通，试访河伯与海童。我行凿空自纽约，历尽千山与万壑。维多利亚暂依泊，转瞬船头风浪恶。冯夷击鼓鲸鱼趋，骊龙惊起探明珠。九天九地凭风驱，踏破云梯拉朽株。颠倒回混穷区骛，海客蜷伏鲛人怖。沉心摇精不得寤，手足罢券蒙疾痼。吁嗟乎！生人是处皆风波，鹏戾鲲横强食多。但愿八极靖干戈，容与太平姿婆娑。丑初刻，舟停，撼如故。"

案：美国律部正卿一人、次卿一人、参议四五人、国务部参谋律司一人、库务部参谋律司一人、印税参谋律司一人、邮政部参谋律司一人、内部参谋律司一人、总办一人、律务总委员一人、估核股长一人、赦释股律司一人、委任股书记官一人、支应股书记一人、验案官一人。

正卿掌本国凡有关法律之事，决主各部局应守之条例，解释律例之意义，稽察全国之审案。律司、提刑等官赞佐本国与外国法律交涉之事。次卿佐正卿理法律之事,代本国国家辨论一切控告之案。参议承正次卿分司各项法律之事。国务部参谋律司、库务部参谋律司、印税参谋律司、邮政部参谋律司、内部参谋律司分隶各部局,参议有关法律、条约、例章、案件。总办司本部书记以下员役及本部文牍一切杂事。律务总委员商管本国监狱囚犯之事,督率其属,分行各省,稽察各审院之事。

估核股长司稽核全国审院之审案律师、提刑、书记等官支销款项,上于正卿批准,分行各该省暨库务办理,并估计全年费用。赦释股之律司司一切援案吁乞减赦等,其海陆军弁兵仍归各该部办理。委任股书记官司委任、存记、荐举等事,及备办委任文凭。支应股书记承正卿命,支发总察院、分巡察院各审官、提刑、书记等官役俸薪,及本部一切支用等事。验案官司查验一切控案主名,载考其执法之官。

全国总理上察院驻华盛顿京,专理全国案事件,凡各分道上察院及中央政府所派之察院,皆隶焉。总察正按察官一人、副按察官八人。曾任各省地方察院及分道察院官者,方得派充任事。无大故,则终其身,例由总统简派。其属书记二人、武弁一人、访事一人。分巡各道上察院计九道,正副按察官分领其事,各道设按察二人,例由总统、察院会派。各大郡上察院八十二所,各设按察一人,任或十年或六年,例由民间公举,或由总察院及本省总督会派。

此外,又设控请院,驻华盛顿,专理民间控请、国家赔恤、给还地产一切等事。其官正按察一人、副四人。又设一控私产请院,驻华盛顿,专理民间私产调判、分给、追还一切等事。其官正按察一人、副四人。又设诉告院,驻华盛顿,专理一切上控总统或总察之事。其官正按察一人、副二人。各省设本省地方等察院,无定限,隶总督。各城镇设巡警审堂,亦无定限,隶美尔及巡警总办。美国之律法如此。

七月十八日(8月21日) 早,风息。舟开行略平稳。

案:美国邮部正卿一人、次卿一人、二等次卿三等次卿四等次卿各一人、总办四人、参谋律司一人、委任事务书记一人、总度支书记一人、城镇记载官一人、度支股长〔正〕副各一人、派信股长正副各一人、供给股正副各一人、汇票股长正副各一人、发信股长正副各一人、待问股长一人、转递股长一人、合同股长一人、稽察股长一人、邮器股长一人、铁路股长一人、外国股长一人、理财股长一人、邮税股长一人、分级股长一人、挂号股长一人、销票股长一人、档案股长一人、委任股长一人、察吏股长一人、纠察股长一人。

正卿督办通国邮政事务，除部正、次卿各大局总办由总统简派外，本部各员及分局总办委员薪水一千元以下者，皆由正卿委派，兼掌与外国订立联合邮政条约，及与各局、各公司订立办理邮政事务合同。次卿佐正卿专掌度支以下六股之事。

度支股长司支发各局员月俸薪、一切局费，经理分局书记押保、租赁信箱，启闭邮局时刻，各局员役请假及设立邮政分局等事。派信股长司各城邑收信、派信办法，安设信箱等件，稽查派信路径、程途、时刻，选派信夫、稽察勤惰等事。供给股长司各局应用纸张、笔墨、秤磅、簿籍等件。汇票〔股〕长司本国内地邮政汇票及外国往返邮政汇票之事。发信股长司凡内地、外国信件之无人收受者，设法递寄，或存储该局候查，或寄还原主。其有紧要文书、银物，一律迅速交还。其无主者报知总局存储，告白候领。待问股长司复答各局员役查询邮政事例办法。

二等次卿佐正卿，专掌转递以下六股之事。转递股长司凡由铁路、电路寄信及马车载信、气筒传信等事、督造火电等项、寄信车辆料理津贴、各公司代行车辆之事。合同股长司与各车船订约装信之事。稽察股长司稽察各车船公司及代理分局能否按照合同办事。邮器股长司制办修理分给一切邮袋、信箱、钥匙等件，并记其存数、毁数。铁路股长司铁路代带信件之事，及随附铁路邮政书记委调升降之事。外国股长司凡与外国邮政联合往来交涉之事，及轮船代带信件之事。

三等次卿佐正卿专掌理财以下六股之事，兼掌供给各署公用免费信封、信片等件。理财股长司本部款项收入存储生息之事,及指挥各分局入款存解办法。邮税股长司发交各分局邮票、明片等件,核算其销售应入之数,立册存记。分组股长司凡一切邮件分别其等级,定为邮票数目,立册记载。挂号股长司凡一切挂号信件及其办法。销票股长司各分局缴还废坏无用信票、明片等件。档案股长司本部一切大小文牍。又其属有办理邮票委员一人、办理明片委员一人、办理邮票信封封面纸委员一人。

四等次卿佐正卿专掌委任以下各股之事。委任股长司本部委派各局员役之事,及订定分局名称。察吏股长司记载各局员役押柜、保结等事。纠察股长司纠察各员,及违犯邮例之事。此外又有分局总办六十一人、委员无定额。

余觅近年美国邮政出入年表载:一千八百九十九年卖信票共收美洋九十五兆零二万一千三百八十四元,费用一百零一兆零六十三万二千一百六十元;一千九百年卖信票共收美洋一百零二兆零三十五万四千五百七十九元,费用一百零七兆七十四万二百六十八元;一千九百零一年卖信票共收美洋一百一十一兆六十三万一千一百九十三元,费用一百一十五兆五十五万四千九百二十元。

英轺日记卷十终

英轺日记卷十一

七月十九日(8月22日)　舟行太平洋，颇平稳。

考美国内部，正卿一人、次卿一人、二等次卿一人、总办一人、参谋律司一人、委任股长一人、支应股长一人、公地铁路股长一人、土番事务股长一人、专利等事股长一人、土番属部股长一人、请给赏恤司长一人、纸张册籍司长一人、清档股长一人、专利给照局督办一人、赏恤局督办一人、公地局督办一人、教育局督办一人、铁路局督办一人、地理丈量局督办一人、户口册籍局督办一人、土番局督办一人。

正卿之职，督理专利给照、赏恤官弁兵吏、国家公地、红皮土番、通国教育、通国铁路、地理测绘、户口册籍、公家苑囿、津贴农工诸学等事。凡克仑比亚京畿内之医院、善堂，亦归稽察。次卿佐正卿，专理内部与库部及各属省交涉之财政契券、合同等事，兼理土番产业、购卖典押及铁路股与保全通国著名苑林等事。二等次卿佐正卿专理专利赏恤教育之事，兼理疯狂瞽瘖各种医院、善堂。总办之职，掌本部书记以下一切员役，及正卿往来文件，供给本部应用纸张、笔墨等件，及刊布《缙绅录》。

专利给照局督办掌凡一切新法、新机、新理或改良各件之有益民用者，督所属查验得实，给照准其专利，声明权利年限。凡商标号码招牌等件，注册存案。赏恤局督办掌凡曾立战功之官弁兵役，生时赏功，及死后恤典呈请办理者，督所属查验得实，照例给照，准领银两。公地局督办掌凡公地产业租卖典批及拨充各项公用善举等事。教育局督办掌稽察通国教育之事，凡整顿学律、学规，扩充学堂、书藏、教习学生一切情形，按期造册刊布，兼理津贴农工学堂办法。铁路局督办掌凡铁路公司敷设铁路在米悉悉皮河之西南北岸相近之处者，或经国家津贴担保债票股分者，或借用国家公地官道者，应将图说呈请督办查验，按年将数部呈请督办查验，督办即将随时稽查一切律法合同之事，每年六月杪造册刊布。地理丈量局督办掌所属分别公地之等级，查核地舆图说、泉水源流、地宜土产及丈量山林等地。户口册籍局督办掌所属办理通国及属地户口。凡生齿事业、本籍、寄籍三代等事，一一注明，造册刊布，每十年清查户口一次，临时由议院拨款，派员周历各省，特设分局办理，限期告成。土番局督办掌内地土番一切生聚、约束、教育、供给粮食衣服等事。

盖美国内部略如周官司徒之职。朝市之事养育之宜，皆属焉。纲举而目张，庶政事四达而不悖也。

七月二十日(8月23日) 舟行太平洋，有风，虽较十七晚稍平，然呕秽之声，已相连属矣。

考美国农部，正卿一人、次卿一人、总办一人、委任司总办一人、天文股长一人、畜牧股长一人、植物股长一人、森林股长一人、化分股长一人、辨土股长一人、验虫司总办一人、体物司总办一人、支应司总办一人、纂修司纂修官兼总办一人、记录司总办一人、外国商场司总办一人、书藏司总办一人、道涂司总办一人。

正卿之职，掌一切农务之事，督理农务试验各场，稽察边境检疫所、牲畜入口及内地检疫所牲畜转运，搜采农务新法，随时刊布。动植各物新种，分给民间试育。次卿佐正卿掌农务一切事。总办掌本部书记以下员役及本部杂务。委任司总办承正卿命，司本部与所属各官迁调、委派、裁撤之事，及其公牍、文凭。

天文股长承正卿命，测算阴晴、寒暑、风霜雨雪，逐日刊布。遇有风灾水旱，先期布告，临时升旗示警，以便农商及航海诸人。又测算河流涨落、稽查沿海传警电线、搜采海疆消息，随时布告，以便商务航业。又测候天气雨水，以便种棉。凡天文之事有关农商者，均归掌理。

畜牧股长掌查考各种畜病，设法消止，稽察各牧厂及屠市情形、进出口各种牲畜及内外检疫所转运牲畜事务。又稽察牛乳、牛油制造厂。果无弊害，始给文凭，准其出口。其属有畜牧分化所，官七人，主考察牲畜肉质、皮毛种类、奶酪各物损益，及牲畜病源。又有畜牧试验场一所，官二人，掌试验牲畜牧养之事。以上并属于畜牧股。

植物股长掌查考一切植物性质、功用、品类及除病去虫之害，并督理各所场事务。其属有查考谷蔬病害功用所，官八人，掌查考五谷、各种菜蔬有关民生者，如何去病除害、肥种生力以及移种选子之法。又有草木查考试验所，官四人，掌考察各种草木性质、功用、损益、生杀之法，分别子种之事。又有牲畜草料查考试验所，官二人，掌考查本国外洋各种草料宜于牲畜者，其移种选子之法、天时土宜之别及试种之事。又有果瓜考查所，官三人，掌考查各种瓜果性质功用如何、移种培养收藏之法，一以供民用、一以销外洋。又有园囿料理试验所，官三人，掌经理京城各街公家园囿栽树种草之事及讲求试验花窖一切培养花草之事。又有议院分派子种官二人，掌收藏各项贵重种子，分给上下院绅士、各省委员、各省试验场，令其试种。又有子种树秧交换所，官二人，掌搜采天下各国草木、谷蔬名种，分行本国各省试种。又有阿灵顿谷蔬瓜果试种场，官一人，场在京城南，为本部试种总汇之区。又有茶叶种制场，官一人，场设南加路邻那省，专试种茶叶及制造之法。以上并属于植物股。

森林股长掌教导农民、林业诸商等一切种树、取树之法。本国树木稀少之地设法栽种，并教导种植之法，考查何种树木可以销售商场，及一切树木长养锯解之法。又助内部整理林木之事。

化分股长掌用化学法分化水土性质，宜种何项植物，宜畜何项动物，如何肥土、净水，何种食物有益卫生，及襄理本部各股需用化学之事。辨土股长掌查考土性宜于种植之事及将通国地土绘图列说，以资考究，兼考查种植烟叶之事。验虫司总办掌考验各种飞走虫豸、有害动植诸物者如何捕捉灭绝之法，并将其形状性质列布各处。体物司总办掌考查动植物性土宜，分别通国地方，绘图刊布。又考查鸟兽及兽之孳乳者如何保全，使无扰害。又颁行议院所定雀鸟入口，及保全雀鸟之例。

支应司总办掌收纳部库拨款、各项入款，支给各股、各场所费用及财政之有关本部者。纂修司纂修官兼总办掌撰辑刊布报章、通启及一切公牍，凡有关天文农务之事，皆辑录刊印，通行各议绅。记录司总办掌访查本国、外国农务、谷食、牲畜牧情形。本国由各城邑官绅、外国由领事、农商委员、随员等官商代为查报，撰录成书，刊送各议绅、各省官员。又辑谷类收成、市场情形，每月一册，分布各城。外国商场司总办掌推广本国农产销行外国商场之事。凡各国市场所需品物，一一查明，又查如何转运、如何入口、如何销售之法。书藏司总办掌本部购存捐入各项公私书籍、报章，及各股年报、通启册籍之类。道涂司总办掌稽查通国街衢道路修治平筑情形，及如何整顿之法。

至其教育农事，由农务部渔务局各试验场为之提倡。农部又刊刻各种新法之书，任人取读，不受赀。农务赛物院，亦任人入观。农学堂除教学生外，并设夜课，以教农家子弟之无暇往学者。又恒于冬令农闲之时，开农务演说会，用浅语浅法教导村农之不能读书者。而国家于地税，则征收甚微，祗由本省酌收若干，供本省公用。惟本康地或昔地，则按年豫算摊捐，以供地方之公用，其数亦不一律，斯美国任地之大纲也。

余案：孟子言，王政不过曰“五亩之宅，树之以桑”，曰“百亩之田，勿夺其时”。而对滕文公则曰：“民事不可缓也”。可见农务实为国家本事。近人论西国之富，辄称其美矿产、擅工艺，鲜有及于民事者。不图今至美洲，考其重农贵粟之经，实与我中国先贤所论，隐相符合。且美国致富之本，实以树艺为大宗，乃叹古圣贤经济所包闳远，固未可以私臆菲薄之也。

七月二十一日(8月24日) 舟行太平洋，略平。

案：美国近两年出口货物，大约农务出产者居百分之六十四，矿产居百分之四,制造出产者居百分之二十八。计一千九百零一年出口货物所值,农务出产已居九十四兆元,知农务之不可不重,而鼓舞商情,流通货物,如泉源之畅行于地,尤为国家元气所关。

其奖劝工商之法,一曰免税,二曰赛会,三曰奖给金、银、铜三等牌,四曰专利。此外,复准民间自设工商学会,祇须将章程禀官查验存案,并准地方官入会为会友,其提倡可谓至矣。

查美国商船注册领凭者,轮船共七千零五艘,帆船、运船及各种船共一万六千艘,载货共五百万吨,约值二百一十五兆零六万九千元。

再考近五年出入口货物价值表,一千八百九十七年,出口一千零五十兆九十九万三千五百五十六元,入口七百六十四兆七十三万四百十二元,计出口多于入口二百八十六兆二十六万三千一百四十四元;一千八百九十八年出口一千二百三十一兆四十八万二千三百三十元,入口六百十六兆零五万零六百五十四元,计出口多于入口六百十五兆四十三万一千六百七十六元;一千八百九十九年出口一千二百二十七兆零二万三千三百零二元,入口六百九十七兆十四万八千四百八十九元,计出口多于入口五百二十九兆八十七万四千八百十三元;一千九百年出口一千三百九十四兆四十八万三千零八十三元,入口八百四十九兆九十一万一千一百八十四元,计出口多于入口五百四十四兆五十四万一千八百九十八元;一千九百零一年出口一千四百八十七兆七十六万四千九百九十一元,入口八百二十三兆十七万二千一百六十五元,计出口多于入口六百六十四兆五十九万二千八百二十六元。

七月二十二日(8月25日) 舟行太平洋,午后有风。

案:美国于各部外,分设之六局。一、总理本国各省通商局,专理各省彼此交易。凡土产制造如何改良便宜之事,尤重在转运货物一事。凡铁路、轮船、河道,皆听稽查,详报议院。商旅人等违犯转运条例者,听其议办。其官,督办五六人、秘书官一人、总办、总书记无定数。

二、劳工局，即工人局，专理大小巧拙工作之事。凡民间待遇、雇工、工作时刻、男女劳工年限、各行工值及教育工人、劝化工人之事，皆听稽查，造册详报议院。其官督办一人、总办一人、支应书记一人。

三、胥吏局，专理考选、传〔补〕各部、局、地方公局书记以下各员之事。其官，督办二人，总考试官一人、书记一人。

四、国家刊印局，专理刊印文牍、律例、银币、钞票、凡国家公署一切用件。其官，督办一人、总办一人、秘书官一人、技师二人。

五、渔务局，专司本国一切泽梁数罟之事。其官，督办一人，以熟悉渔务者充补，职在育养民食鱼秧，及虾、蚝、蚌、蛤等水族，分交各处试育，查考害鱼病鱼之事，化验河海各水宜于何鱼，务使凡有河湖之处，均有各种鱼秧，以供民食。搜采凡有关水族之事，及养育水族之法，均编辑成书，详达议院。外有总办一人、食鱼股长一人、育鱼股长一人、渔法股长一人、支应书记一人，别有分局试验渔务场三十七所，分布各省河海要口。又分派鱼秧火车五辆，考查渔务轮船二艘、帆船一艘，其事皆隶于总局。

六、地舆局，专理一切舆地图说之事，及拟定地名，通行照用。其官，总办一人、书记一人。此外有国家美术院一所，专收集名家画图、磁器绣物以为标准，会员无定。要而言之，各部以综揽宏纲、各局以分理庶务。所谓如川之流，脉络分明，是以任官惟其能，而国无废事也。

七月二十三日(8月26日) 是日为重日。盖自西徂东，舟随日行，度数不同，积分成日。至此适满一昼夜。故本日在欧、美两洲为二十三，在亚洲已为二十四矣。

考美国议政，分上下两院，议定律例、宪法以及通国应行之事。上院议绅九十人，每省举二人。美国行省四十五，共九十人。年岁须在三十以上，隶美籍须在九年以上，任六年，俸五千元，书记俸千元。

下院议绅三百五十七人，每户口三万，准举一人，年岁须在二十五以上，隶美籍须在七年以上，任二年，俸同上院。又属部委员无定额。

上院绅以副总统为议长，以下各议绅分股议事。约而言之，有农务山林股、有海滨测量股、有户口股、有选官吏股、有海防股、有商务股、有京畿股、有京畿公司股、有教育股、有大学校建立股、有理财股、有渔务股、有外交股、有保全动植物股、有地理测量股、有修理米西息皮河道股、有印甸土人事务股、有运河股、有内地商务股、有刑狱股、有藏图书股、有制造股、有武备股、有矿务股、有海军股、有稽察行政各部股、有太平洋群岛事务股、有太平洋铁路股、有专利事务股、有恤赏股、有飞猎宾事务股、有邮政股、有印刷股、有私产索给股、有公家廨宇股、有卫生股、有公产股、有铁路股、有坎拿大交涉股、有古巴交涉股、有修改美国律例股、有属部股、有通海运转道路股、有保全妇女股、有运售肉食股、有工业赛会股、有国家银行股、有稽察度量权衡股、有劳工股。各股名目不一，时有增减。大约每股自五人以至十二人，举一人为领袖。凡事，先经本股议妥，然后集众陈说，有一人兼任数股者。下院则自举议绅为议长，其分股略与上院同。

每岁以西历十二月辟门聚会，以西历三四月散会，有事则改迟，两院不得参差也。事经议妥，则呈于总统请命。若总统不允，仍交两院再议。倘议绅有三分之二以为可行，则径施行，著为例，否则作罢。凡议事，以从违多寡决可否，如欧洲例。

省议会分上下两院，如国议院例。上院绅年岁须在二十五以上，任或二年、或四年，日俸数元，散会停俸。下院绅年岁须在二十一以上，任二年，俸同上院绅，议事之章如国议院。康地、昔地议会略仿省会下院之制。会长一人，美尔有事，则由会长摄事。会绅年俸一千元，任二年，书记官一人，由议会公派，以理杂事。凡康地、昔地之事，由议会议定，上于美尔，以决可否。章程如省议会例。

七月二十五日(8月28日)　舟行太平洋，晚有风。余在纽约时，觅得美国学校章程，至是命参议梁诚口译，询以美学校官私共若干所，生徒共若干人。译曰：大学祇陆军、水师两学为官建，其馀皆私。中学、小学各种学，官建者学徒共一千六百万人。民间私设大学、预备大学，共四百八十所，大中小各种学私立者，生徒一百九十万人。专门学堂兼大学堂学徒六万九千人。

询以官学堂岁费若干，译曰除海军、陆军两学堂不计外，约二百十三兆三十万元，内盖造学堂、书楼、铺陈书籍等费，三十八兆；总办、提调、男女教习薪水一百三十六兆；杂用三十九兆。学堂入款，常年已定生息等款九兆二十万，各省政府税三十五兆，本地方税一百五十兆，各项收款二十三兆，共二百一十七八兆。

询以学堂选取教习之法，译曰：除大学已领凭作为举人、秀才之学生兼习师范准充教习外，另有专门师范学堂诸生，不论男女，读书满四五年，经本学考试及格、省督及学官考试及格，始给文凭。在本省各学充教习，大约经十六次考试，始得为人师。教小学初充教习，年修自五百元递增至二千元，并可升总办、督办。亦有以女子为总办考者。

询以专门之学分几门？译曰：法律、医学、天文、算学、理财学、工程学、化学、农学、哲学、矿学、传教学、商学。

询以学生卒业，如何录用？译曰：无定章，惟业医者，非医学堂得凭之人，即为犯例。其他律司、工程司、传教师、牙科师、电学师、化学师、打样师皆然。即商务中之至下等者，如写快字、机器钞字之类，亦须有学堂凭据，始有人雇用。如中国之教官，非秀才、举贡不能作也。有不录用之例，则人人皆求所以录用也。

询以国家如何考查学堂？译曰：系地方绅士所办之事，每城必有视学官，或学务司之类，又由绅士彼此公推数人，作为查学会，随时可以查考，有改学章、易教习之权，内部亦有学务股，不过受各省各城学官之成，稽其册颁行通国而已。

询以藏书若干所？译曰：美国藏书五千三百八十三所，书四十四兆六十万卷，任人取阅，不收赀。官立者十之一，学会立者十之三，学堂附属者十之一，馀皆富民独力创建者，以便寒畯。

询以推广教育之事，译曰：学会有演说，善会亦间有演说者，大约为年齿较暮及无暇读书、无力读书之人而设，为益尤大。其法，先由会长延请专门名家拟定题目，排日演说，先期布告各处，有凭票入门者，有随便入听者，无日无之。

此外，如新闻纸，亦教育之要端。美国新闻纸计月报二千九百零二家，七日报一万五千四百七十五家，日报二千二百七十一家，半月报二百八十五家，三日报五百十一家，季报一百七十六家，两礼拜报七十一家，两月报六十九家，三礼拜报五十五家，约共二万一千八百二十七家。译讫，亟录存其说以备考。

七月二十六日(8月29日)　舟行略平。

案：美国行省属部各官，分立法、行法、司法三种。行法者，总督以下各官也。行省总督举自民间，年岁二十五、三十以上曾入美籍五年或十年以上，住居本省二年或五年以上，方得膺举。任二年或四年，年俸一千五百元至一万元。属官自副总督外，有国务司、有稽察度支司、有库务司、有学务司、有律政司、有公地司、有农务司、有庶务司、有测绘司、有路政司、有书藏司、有刊刷司、有监狱司、有工务司、有稽察制造各厂司、有稽察银行司、有稽察煤油司。以上由地方公举者，十之八，由总督自辟者，十之二。任或二年、或四五年。其省司法院、郡县镇市司法院，统由地方公举，任或六年、或八年。属部总督及其属官，皆由总统选派。

行省属部，划为郡县、市镇，分区自治，各不相统。郡县谓之“康地”，又曰“昔地”，犹言邑也。户口恒在二万以上康地之长，曰美尔，职如古郡守，犹省之有总督也。举自民间，综司一康地之事，年俸自数千元以至一万五千元，任二年，举法略如总督。市镇谓之陶，犹言聚也。户口恒在二万以下陶之长，曰“苏泊外色”，总理一陶之事，职如古邑令而隶于总督，犹康地、昔地之有美尔也。昔地大小贫富繁简不一，治事官无定员，亦有立法、行法、司法三项，兹特举纽约以为例。

查纽约昔地，户口三百四十馀万，地三百零八英方里，划分五区，区举一长，为本区之代表，佐美尔治事，年俸自三千元以至五千元。由民间公举，任二年。度支局总办一人、二等帮办一人、稽核度支官一人、地税官一人、各区帮办数人，本昔地受饷官兼街市长一人、支应官一人、收发存放钱银官一人，工务局总办一人、书记一人、街道委员一人、沟渠委员一人、桥梁委员一人、自来水电气煤气委员一人、清道委员一人、管理各种公廨委员一人，巡警局总办一人、帮办数人、稽察官数人、分局巡警长数人、分段巡警官数人，参谋律法局总律师一人、帮办一人、委员数人、开辟街衢委员一人，火政局总办一人、分局总办一人、火政长一人、火政副一人、救火队长二人、书记一人，卫生局总办一人、会办二人、书记一人，公家苑囿局总理兼总办一人、分局总办二人、书记一人，建造局总理兼总办一人、书记一人、分局总办二人，地税兼估地税局总理一人、分局总办三人，善举局总理兼总办一人、帮办一人、分局总办一人，改过局总办一人、帮办二人，船坞码头局总理一人、总办二人、书记一人，经理遗产局总办一人、帮办一人、书记一人，学务局总理一人、书记二人、监督一人、分局总理三人、书记一人、管库一人，又学务会参与学务绅士若干人。豫算估用局系美尔、议会长、度支局总办、地税局总办、参谋律法局总律师兼任书记一人。昔地档案局正司理一人、副司理一人，本省派驻税酒局委员三人，检疫局委员三人、检疫医官一人、书记一人，引港局委员五人、书记一人，港务局总理一人、委员九人、书记一人。

陶地居民亦设会堂，每年聚会一次，议举理事之官，议定应行之事，其议员亦由众推举。其治事司事官一人，专司案牍及一切议事举官之事。巡警官一人，专司缚犯、诘奸、捕盗、狱囚弹压之事。稽查人命官一人，专司死丧及横死、瘐死之事。司库官一人，专司收支租税及代本省政府征收租税之事。稽核库务官一人，专稽核司库收支事。恤贫官一人，专司善举之事。审讯官一人，以律师出身为之，专司审讯狱讼之事，而隶于省察院。学务官一人，司公私学塾民间读书之事。

以上各官，或兼摄或专任，或久或暂无定格。余向闻此种郡县、市镇自治之法，实为美国内政第一关键，亦为内治最良办法。盖地小易举，人亲易合，事简易行，法令易周，奸宄易戢。一郡县市镇治，则一省治；一省治，则一国治。其法始于日耳曼，盛于英吉利。美国自主后，益求完密，蔚成大国。总统垂拱，百僚靖共，朝无不职之官，国无不举之事，由此道也。

七月二十七日(8 月 30 日) 舟行太平洋，夜有风，雾甚。轮舟频放气筒，觩啰之声达旦。

考美国将以甲辰年三月，在散鲁伊斯城开设博览会。驻京美使康格敦请中国派监督赴会考察，并选派工商兼赢比赛。余在纽约，接外务部电，嘱于暇时，便赴该处游览。惜以匆促，未及前往。又闻日本将以癸卯三月在大阪开设博览会。盖赛会一事，实为各国商务最要关键。其时，瑰货山积，彼此夸多斗靡，而工商游览其间，何物畅引，何物滞销，一一由于目击，则相观而善之念，必能油然自生。故其国家不惜津贴巨赀，使商人挟货赴他国赛会，诚以事虽细微，而收效最捷速，且查各国本无出口货税，而每当赛会之期，其进口货物并不收税，如为赛会载往，人货川资、运费亦皆减价。

今两国赛会之期，日先美后，而日本近在咫尺，诚能使中国富商麇载货物、选带工匠，明年前往日本，试行赛售，并体验各货引销利钝之故，考察各国货物体质、式样、雕绘之宜，回国仿造，窳者必求其良，良者益求其精，商出其资，工效其技。越岁再赴美国赛售，其得利者，固足动人欣羡，播为美谈，而失利者亦可废然自思，择善而从，有益商务，断非浅鲜。

至于办理之法，应由商务大臣及各直省督抚出示晓谕，并选派公正明允、有志济时之官绅，认真劝导，富商良匠赶造备赛，其大者如江、浙、豫、蜀之丝绸，北京、江、浙、湘、粤之顾绣，南省之竹、木、铜、锡各器，江西景德、广东石湾之磁器，宜兴之陶器，蜀之鲁漆，闽之沉漆，扬州之漆器，广东雕刻牙角、玳瑁之属。其小者，无论竹头、木屑、羽毛、齿革、珍宝玩物之类，皆不妨略备一二。然必须工商偕行，详细考验，乃能兼图后效。所有专为赛会载运出口之货，应仿各国通例，免其收税。明岁试办之始，并由招商局派船遣送，免收川资运费。如有商本不足者，由官借垫。如有折阅太巨者，由官津贴。其制造精美，为外人所叹赏、不胫而走者，给与牌匾，旌其门闾，统计国家所费，少不过数十万金，多不过百馀万金，以十八行省之大，分而任之，何虞不给？而将来商务日有起色，所获奚止倍蓰？

果能办有成效，阅一二年，即在吴淞拟建通商场之处设立会场，通照各国遣商来华赛会，仿照外洋成法，妥为经理保护，显以拯商民之困，隐以裕税饷之源，塞漏卮、开风气，实闾阎命脉所关，箴膏起废之良药也，知关心民瘼者必不以斯言为河汉矣。

七月二十八日(8 月 31 日) 早起，舟平。至阅报房，适值英国香港总督，款谭良久。港督深惜两广总督陶模乞退，颇以中国人才消乏为忧。复告余以欧洲各国智力相角，一旦有事，强凌弱、众暴寡，若火之燎于原，不可向迩。十年之后，欧洲一隅将不过仅存三国，鼎足而立。盖蚕食之祸，必至于斯。余因思从前德相俾思麦有言，五十年后，环球列邦能自存者，殆无几国，亦即此意。

盖尝上而溯之，亚洲自汉魏以后，欧洲自罗马以来，其间递兴递嬗，倏盛倏衰，未尝消息。矧方今世变之亟，有如疾风之扫箨、良骥之绝尘而奔，运会所极，将至于不可思议。是惟豪杰之士稔知此中之消息，兢兢焉彻彼桑土，绸缪牖户，乃能自完于其际。昔者黄帝处太古无为之世，其言曰："日中必熭，操刀必割。"见几之不可失也。孟氏子处战国纵横之世，其言曰："及是时，明其政刑。"见时之不容须臾缓也。兴念及此，能无憮然？

午后，天骤热。见西人男女环坐阅报，因忆及在巴黎时观游也鲁铁塔，其中司升梯之西侍，自上下下不过数杪钟，犹且浏览报章，不自暇逸。盖西国教人，专以惜时为宗旨。其言曰，凡士农工商，除礼拜休暇日外，不可虚度时日。若荒弃一分一杪钟之时刻，即损失无限若干之赀财。推究其意，与昔贤惜分阴之说，正复相符。而其以时刻为生财之根本，尤为精核无伦。可见泰西各国所以驯至于富盛者，自有道也。

晚间，同舟西人比赛讴愉，盖为醵赀济贫计。余偕参议梁诚及诸参赞等往同听之。子刻，息。

英轺日记卷十一终

英轺日记卷十二

七月二十九日(9月1日) 舟抵日本横滨。出使大臣蔡钧遣参赞官铨林等至轮舟来接,日本宫内外事课次长及外事课员、神奈川县知事、横滨市长均到码头迎接。余命参赞陶大均分别酬答,宫内省豫备马车,即登岸至横滨行宫。出使大臣蔡钧先已祇候跪请圣安,礼毕,小憩。

午初刻,乘特等火车赴东京。午正,抵京。宫内次宫及外务总务长官、东京府知事、警视总监、宪兵司令官、东京市长等均到新桥车站迎接。宫内省备有马车,次长陪坐,径赴上野行宫,地名"精养轩"。浏滥萧曼,境极幽雅。旁有池名"不忍池",残荷半沼,秋虫唧唧,至此殊动故乡之思。

午后,发外务部电一件,报抵东京日期,并饬参赞官陶大均与宫内次官订定明日午刻觐见日皇。

案:日本国国体为万世一系统治之国,其皇位依《皇室典范》之所定,皇男子孙继承之。日皇为国之元首,总揽统治权,依宪法之条规而行之。帝国议会之开闭,法律之裁可、公布、执行,条约之缔结,宣战,议和,陆海军之统率,大赦、特〔赦〕、减刑、复权之命令,皆属于日皇。大权之下,臣民享有宪法所定之权利、义务,奉戴皇室,分为华族、士族、平民三阶。华族分公、侯、伯、子、男爵五等。今明治日皇为神武日皇之百二十一世孙,名睦仁,孝明日皇之第二皇子。嘉永五年九月二十二日生,庆应三年正月九日践祚。翌明治元年八月,行即位礼。皇后名美子,从一位公爵一条忠香之第三女,嘉永三年四月十七日生,明治元年十二月二十八日敕为皇后。皇太子名嘉仁,明治十二年八月三十一日生，明治二十二年十一月立为太子。皇太子妃名节子，从一位大勋位公爵九条道孝之第四女，明治十七年六月十五日生，明治三十三年敕为太子妃。翌三十四年，皇孙裕仁生。三十五年，皇次孙雍仁生。皇女四，皇族凡十家。

所有帝室一切之事务，宫内大臣总理之。宫〔内〕大臣有统率所部各官、监督华族之责，又得于《皇室典范》制定之外，奉敕制定施行于帝室之诸法规，惟不可抵触法律敕令之范围。宫内省分内事、外事、调查三课，侍从、式部、皇后宫、东宫、大膳五职，内藏、主殿、图书、内匠、主马、诸陵六寮，御料、爵位、侍医、主猎、调度、帝室会计审查、文事秘书七局。又有御歌所，他若帝国博物馆、学习院、华族女学校，亦附属于该省云。

八月初一日(9月2日) 午刻，日本宫内省式部官至行宫，导引余率同参、随、翻译各员，进宫觐见日皇。至，则宫内官导余入，外部大臣等各立殿外。余入殿门，行三鞠躬礼，敬致皇太后、皇上德意，以中日地处同洲，亲逾唇齿，惟冀此后邦交益加敦睦，共维东方大局，庶几永享太平。命参赞官陶大均译述，日皇答礼，敬颂皇太后皇上圣安，旋即握手慰问再四，词意殷勤。礼毕，赴宫内大宴。日皇率宫内省、外部大臣等均陪坐，款谈一切，宾主尽欢。宴毕，少憩。余遂导见各参、随、翻译等，日皇逐一握手询问，各参、随等亦应对如仪。申正，回行宫。

考日本地理面积，日本国合本州及四国、九州、北海道、千岛、佐渡、隐岐、淡路、壹岐、对马、琉球、小笠原岛、台湾、澎湖岛[1]而成，极东至东经百五十六度三十二分，极西至同百十九度二十分，极南至北纬二十一度四十五分，极北至同五十五度五十六分。

全国分五畿八道，五畿即畿内、山城、大和、和泉、摄津五国，八道即东海道，为伊贺、伊势、志摩、尾张、三河、远江、骏河、甲斐、伊豆、相

① 1895年《马关条约》，中国被迫割让台湾岛及其附近各岛屿、澎湖列岛给日本。编者注。

模、武藏、安房、上总、下总、常陆十五国，东山道为近江、美浓、飞驒、信浓、上野、下野、岩代、磐城、陆奥、羽前、羽后十三国，北陆道为若狭、越前、加贺、能登、越中、越后、佐渡七国，山阳道为播磨、美作、备前、备中、备后、安艺、周防、长门八国，山阳道为丹波、丹后、但马、因幡、伯耆、出云、石见、隐歧八国，南海道为纪伊、淡路、河波、赞歧、伊豫、土佐六国，西海道为筑前、筑后、丰前、丰后、肥前、肥后、日向、大隅、萨摩、壹歧、封马十一国，北海道为渡岛、后志、石狩、天盐、北见、胆振、日高、十胜、钏路、根室、千岛十一国，但琉球、台湾不在此列。

更依行政之便，分全国为三府四十一县。三府即东京府、京都府、大阪府，四十一县即神奈川县、兵库县、长崎县、新潟县、千叶县、茨城县、群马县、枥木县、奈良县、三重县、静冈县、山梨县、滋贺县、歧阜县、长野县、宫城县、福岛县、岩手县、青森县、山形县、秋田县、福井县、石川县、富山县、鸟取县、岛根县、冈山县、广岛县、山口县、和歌山县、德岛县、香川县、爱媛县、高知县、福冈县、大分县、佐贺县、熊本县、宫崎县、鹿儿岛县、冲绳县，别于北海道置道厅，台湾置台北、台中、台南三县，计近今户口全国户数八百十七万五千二百户，人口男二千二百七万二千六百五人，女二千百六十八万八千百四十九人，合计四千三百七十六万七百五十四人。人口之生，当百分之三零一九，死当百分之一零一九之比例。

八月初二日(9月3日)　早，日皇特派侍从长赴行宫答拜。巳初，率同参议及各参赞等往观炮兵厂。地极宏敞，坚重昈分。午刻，赴后乐园小松宫亲王之约。小松王前在欧洲时，曾见过数次。至此欢聚，益臻亲密。园中松桧盘郁，石径逶迤，尤擅奇胜。余询小松亲王，知是园为水户藩源光所建，其规模皆明遗老朱舜水所布置。朱，浙之馀姚人，有明末造，流寓日本，遁迹不出，寄居是园，构得仁堂并刻伯夷、叔齐遗像，以写其志，洵忠臣也。余作诗吊之，录入《英轺杂咏》中。申刻，往观气象台，测风雨阴晴之属，璇玑莅敷，不爽累黍。出，宫内官复导观日人搏斗、击剑。轵深井里之徒，锐气桥容，风云叱咤，想见任侠之概。戌正，赴蔡星使夜宴。子刻，归。

案：日本立国首重宪法，宪法之外有曰私法、曰公法、曰国际法。私法者，定人民与人民之关系，从而保护制限之者也。公法者，定政府与人民之关系，从而保护制限之者也。国际法者，定国与国之关系从而保护制限之者也。宪法于三者之中，属乎公法。要其宗旨，则定主权之所在，定人民之权利义务、定主权之关系及权限。盖一国之大本大法，于是乎立。

主权之要有四，一曰独立不羁，二曰完全无缺，三曰至尊无上，四曰独一无二。独立不羁者何？言其不听命外国之权，亦不听命于国中各部之权也。若外制于公法，内阻于行政各部及议会之议论，此则揆诸理势之当然，于主权之独立无损也。完全无缺者何？凡合一而不分者，谓之全。昔人称高等法院为有主权法院，其说非也。盖高等职官若有主权，则国家不止一主权，岂所以立国？故主权曰完全无缺。至尊无上者何？盖主权为国家至高之权，位乎一切之上，无有可驾而凌之者也。独一无二者何？即古人所谓天无二日、民无二王之义也。昔有理学家霍布士之说曰：有生之人，各系平等。故古之人皆互相宰治，以全其天。迨后人数日增，习俗渐移，于是互相宰治之道废。遂至人人皆欲扩张其权利，因扩张而相争，因相争而强者胜、弱者败，驯至强者愈强，弱者愈弱。举天下之弱者，悉听命于一强，此必然之势也。故尽一国之政，而一人专之，以控众弱，于国家大有稗益。盖主权之关系，如此其重。据此可见平等之说，原系矌闻罕漫之词。宪法者，乃执一御万之要道，实裁判等差之根源。故必先辟平等之说而后可与言宪法。

八月初三日(9月4日) 午初，设宴于行宫，遍请梨本亲王、华顶亲王、小松亲王及宫内省、外务省各大臣酬酢欢洽。未初席散，赴芝离宫观击球。其法以空洞为鹄，左右悬红白球各十枚，比赛者红白各四人，挟球驰马往投。红者中，则击鼓；白者中，则鸣钲。红白各自护其耦，两家中至八九枚时，彼此益相厄。譬红者进，则白者中道阻击之，使不得投。鞁雷警捷，极缤纷之观。胜负以中十枚为率，一家胜，则负者之曹咸下马，芒然气阻而退云。晚赴红叶馆夜宴，主人为梨本、华顶、小松三亲王。畅饮剧谈，余特赋诗志谢，录入《英轺杂咏》中。子初，归。

案：宪法自由之说，指民人应得应守之权利义务而言，然非谓民人可以上侵主权也。盖天下有无国之民，无无民之国。民为邦本，故视民宜贵。我中国经传中固已详言之矣。兹考各国宪法所论国民应得之权利，约有数端，一曰言论，谓自言其所欲言，于风俗有议论，于学问有议论，于交际及一切事物皆有议论，公是公非，国家不为之制限。一曰迁徙，凡人民之去他国、适此邦者，国家不为之禁制，不因而课税。一曰信从，是非好恶，存乎人心，人心之所好，不必强之使违；人心之所恶，不必强之使从。一曰产业家宅可以自主，人有产业，听其自守之、自殖之，自聚之，国家不为顾问，人有家宅，宪法不许闲人滥入，不许强为予夺。一曰赴诉鸣愿。凡有害已者，诉于国家，以求保护之。赴诉有利已者，请于国家以求援助，谓之鸣愿。官吏于其赴诉鸣愿，当据理以为判断，是曰权利。

至论人民应守之义务，厥有二端，一曰赋税。取一国之财，办一国之事，政治之公理也。凡建国立政府，其政事、军事之费用，文武百官之禄食，皆仰给于财政，故通国之民，昔当尽力以供赋税。赋税有四大要，一、应比例其资力之多寡，以定所收多寡之率；二、应设一定之法，以示完纳赋税之人；三、赋税之时与如何完纳之法，应择其最便于民者行之；四、收税之际，应极意节省冗费，使民之所出，与国之所入，其差率不甚相远。此宪法所定赋税之大端也。二曰服兵。生人各有自卫之理，乃天职也。能执干戈以卫杜稷，古史所重，故立宪各国皆以服兵为民之义务。而德国所定服役义务，与军法裁判等，尤为精严。其宪法第三十七条载，军法裁判，以刑事为限，亦以法律规定之军律依勒令之所定。此宪法所定服兵之大端也，是曰义务。

然则宪法自由之说，盖所谓尽其性分之所固有，职分之所当为，实则权利、义务皆有制度判决。浅言之，可谓之自由，深言之，则断无自由之一时与自由之一事。若夫横决恣肆，则适与宪法相悖，岂所谓自由者？故必辟自由之说而后可与言宪法。

八月初四日(9月5日) 是日，中国学生五百馀人为欢迎会，于会馆请余一往临存。余于午初刻率同参议、参赞各员赴会馆。使馆参赞铨林、翻译冯国勋咸在会馆为学生总长，暂租在神田区骏河台铃木田十九番地，房屋甚窄迫。余下车，诸生咸排班晋谒，彬彬有礼。余因近时学派歧杂，异说朋兴，爰将为学大旨为诸生勉励数言，其说如下云：

诸生从数千里外负笈远游，讲求各种学术，我甚嘉慰欣感。盖诸生所以东来就学，不惮艰苦者，一念之诚，总为爱国。凡人生天地间，畴不知自爱其国。然吾观诸生爱国之念，更比别人亲切一层。何言之？盖我中国所以到此贫弱地位，总由不知学问，诸生能讲求学问，岂不是爱国最亲切之人？故我愿将为学大旨为诸生演说。

世界之变迁，到今日而极。凡中国从前所谓训故〔诂〕、词章各种旧学，皆无所用于世。然诸生要知我中国旧学，原不是无用，所以见得无用者，只为从前世界未曾繁赜到今日地位。我此次新从欧洲来，略考其政治、法律、工艺、商务、格致各种学问大概，始知西洋各国学问宗旨，总不出“知己知人、殚精求胜”八字。然要立此八字之根基，实不外我中国圣人所谓“求己”两字。然此求己两字，不独我中国圣经贤传曾经详言，即就现今世界上各教门宗旨而论，佛氏所谓治心去净尘垢，即是求己；耶苏谓起一念即作事之基，即是求己；回教所谓坚忍果毅，亦即是求己。天下未有不求己，而能治人之人。孔子言：“不患莫己知，求为可知也”，若能求为可知，学问到极精极专地步，自有人知之一日。方今时事艰难，凡急于求治之人，动说借才异地，可为痛心。吾辈学问何以不精不专，至于国家万不得已，借才异地？试思借才异地，岂能持久？韩文公言：业患不能成，无患有司之不明(诸生)。诸生要知我今日演说，即是他日定有人知之根基。

孟子曰“尚志”，凡人立志，要以远大为主，务为挽回气数之人，不要为随气数转移之人。我中国史书，不必言。试考外国各史书，凡能办大事、建大功业者，何一非志趣闳远、始终条理？若居心有一毫愤激，办事即不能有条理。所以今日为学，总要期于远大，不要空存愤激之心。纵横数万里，上下几千年，能成一开气化，尽美尽善第一等人，此方是求己真正学问。我不若人，固是可耻；知不若人而不知求己，亦是可耻。然知求己而立志不远大，尤为可耻。我见诸生苦志向学，此一念便是爱国，我甚感激。我能知诸生一片爱国之苦衷，可见我皇太后、皇上实洞鉴诸生一片爱国之苦衷，然则诸生现在此力学，一味求己，已有人知。将来学问成就，国家断然大用。诸生爱国，国家爱才。上下情通，便可造成一尽美尽善开化世界。往事不必论，切切实实，望前做去。我自己无才无学，愧对诸生。然所望于诸生者，言尽于此。谓予不信，证诸异日诸生，诸生千万勉励。

演说毕，诸生恭诵答词，余复略与周旋，遂归寓。申正，赴上野劝工厂一游。晚，吴京卿汝纶来见。吴，安徽桐城人，历佐曾文正、李文忠幕，澹于仕进，工为古文辞，承其乡先贤方、姚二先生之师法，而不事墨守，洵东南之耆儒也。余以古文一道，在今日几成空谷足音。缀学之士，诚知殚精于此，何患不因文以见道？今见吴君，殊可喜，因留之饭，畅谭数时而别。

八月初五日(9 月 6 日)　巳初刻，往观武备学堂。午正，归寓，设宴请宫内省、外部在行宫照料诸君。未初，席散，往观赤十字社，社长小松宫王妃导观病院各处，精洁周详，无微不至，深可忻佩。

案：十字社肇自西历一千八百五十三年俄国邱里吗也之战，有英女士名那伊听牙儿发慈善博爱之心，率部下之女身，踏战地亲为救护，当时尚未能感动世人。迨西历一千八百五十九年，有义国骚尔弗里诺之战，义、奥、法三国数十万军连战数日夜，交锋原野，死伤无算。是时，瑞国人有名阿里里柔南亲入战地，目睹伤病者困苦之状，即著一书布告，以激发世人博爱之念。于是瑞国有名毛阿尼曳创设一社，议定伤病之救护方案，乃现今泰西诸国所有赤十字社之嚆矢也。

后至西历一千八百六十三年，同志之士遂开万国会议，议订救护之法，曰凡在战时救护伤病者，与其专自任劳，不如众力合一之便且大也。众议一决，诸国竞兴。此社遂使列国政府声明军队卫生者，实系中立，无关战斗。

爰订万国公约，即赤十字社条约也。条约云：凡战地伤者、病者及救护之人，并其房屋什具，无论是否敌国，彼此一视同仁，均不能加兵侵害，俾可尽其救护之美。所以赤十字社之约，能互守不渝，而其赤十字以为万国共用为标识者，盖由瑞国始创救护会之故。按瑞国旗号赤地画白十字形，万国遂议转白地画赤十字为社之旗号。后毛氏以其社主旨扩告万国，自称万国中央社，以斡旋各国赤十字社之交通，而各国亦募集博爱慈善之士为社员，大修豫备社资数百万，以应临事。

至日本救护战阵伤患之事，启自明治十年西南扰乱之时，创痍无算。是时，三条、岩仓两公为主，劝奖宗族诸亲，佐野、大给两议官赞同进创立一社，谓之"博爱社"。其后，日皇诏书褒勉，复有有栖川宫亲王、小松宫亲王及各职员议员竭力赞成。明治十九年，遂有寻盟西国赤十字社之事，改称日本赤十字社，得与瑞国日内瓦万国赤十字中央社交通。小松官亲王总裁社务，改撰职员、议员。又有桥本军医监尽心设法讲究看护救疗之道，开赤十字社病院。又有栖川宫王妃、小松宫王妃襄赞，另开笃志妇人看护会，以赤十字社主旨广布天下。

兹考其社则，共十九条：一、本社主见、名称及本部所在；二、由日皇、皇后保护；三、日内瓦条约；四、平时及战时事业；五、社员；六、总裁；七、监督；八、职员；九、地方委员及支部；十、常议会；十一、总会；十二、资金；十三、物件；十四、寄捐；十五、褒赏；十六、战时常议会及派出战地理事员；十七、年报；十八、纪章；十九、更正社则。此外别有附言，缕析条分，极为美备精详。

余惟战阵之间，不重伤、不禽二毛，著于传记，实即古时之公法。

中国诚能仿设此社，未始非仁民济物之大端也。复询是社经费，由捐赀集腋而成。余特捐洋五百元以赞助之。观毕，归。

戌初，赴外务省大臣小村寿太郎之约。同座以外部官为多。酒半，小村举觞致颂，情词恳挚。余敬谨答词，小村亦欣纳。席散后，复入别室畅谭。子正，始归行宫。

八月初六日(9月7日) 早，日皇遣宫内官送余桐花大绶宝星，并参、随、翻译等各宝星外，另赠参赞陶大均磁瓶一对。盖陶于去年已得四等宝星，以差使等级论，无可再加，故另颁珍物，亦各国之通例也。爰发外务部电一件，请代奏明。巳初，留学生良弼来见。良系宗室，英迈有志，决为异日大用材。

巳正，赴大学堂观医科剖治学、人类学、地震学。其壁间表识云，中国测地动机器，始见于《后汉书·张衡传》。余按：汉阳嘉元年，张衡造候风地动仪，圆径八尺，形如酒尊，外有八龙，首衔铜丸，下有蟾蜍，张口承之。地动尊则振，龙机发吐丸，蟾蜍衔之，振声激扬，伺者因此觉知。乃叹考据之学，外人亦未尝不精也。惜以匆促，未及遍观。

午刻，赴文部大臣之宴，在植物院。地极幽秀，揽山水之胜，小亭着花，菲菲郁郁。饭毕，复延赏数刻，出观盲哑院。院长导余入，学生列坐，盲者以机写字作颂词，略谓：中国汉唐以来，文学之支与流裔，被及日本，因得稍稍窥知学问径涂，弥为感戴洎于今。兹泰西学派东来，学生辈得借西人之机器以为目，并借西人之机器以为口，深望中国亦仿建盲哑院，俾残废之士，亦能向学，通知古今，不胜大愿。余奖励之，特书“弥纶造化”四字匾额，以赠院长，并捐助银四百元。

出，宫内官陪余往听古乐、观舞，设台如中国制。乐器瑟、笙、箫、鼓、琵琶五事。节亦按板，其声希渊静有致。甫听乐一阙，宫内官告余曰，此《更衣乐》也，乃日本上古风俗，称《催马乐》，为歌讴之一种。又听一阕，宫内官告余曰，此《三台盐》也，唐武后所作。帝及皇后、储君居三台，开春晏时奏此曲，故名《三台盐》。旋观舞一折，宫内官告余曰，此《承和乐》，日本之古乐也。仁明皇承和年间，开菊晏，敕三岛之武藏、大户之清上等作此，故名《承和乐》。又观一摺，宫内官告余曰，此《还城乐》也，唐元宗诛韦后，还京师，作此曲，故名《还城乐》，一名《见蛇舞》。说者谓西域之人好食蛇，求而得之，喜而作舞，模其姿样，故名《见蛇舞》云。

余因详询日本制乐源流，宫内官复告余曰，日本乐艺之起，自天钿女命之皇祖天照大神御前歌舞以来，猿女君氏世代掌神乐之事。又神武皇征服中州时，命道臣率引来服部诛八十岛师，用歌谣以奏其绩，称为《来自舞》。此外有《东游大倭舞神乐》《风俗催马乐》等歌舞，昔日本国风之雅乐也。又允恭皇四十二年正月，新罗王来船八十艘，贡各种乐人、乐器，是他邦乐部入日本之始。后经百有馀年，钦明皇之十五年二月，百济王奉皇命贡乐人施德三金等四人，推古皇之二十年，百济国味摩子来朝传中国之伎乐。尔后高丽任那汉唐诸国之乐，相次东来，文武皇之大宝年间，于治部省设雅乐寮，设唐乐师、高丽乐师、百济乐师、新罗乐师等职员，各从事于其律。大宝二年正月，文武皇宴于西阁，奏《五常乐》《太平乐》，载于史册。圣武皇时，天竺林邑国之僧佛哲师等来归化，传乐舞八曲，于今尚存。仁明皇时及承和年间，遣伶人尾张滨主、大户清上赴唐博习乐章，又承和五年遣使藤原贞敏至唐就琵琶博士廉承武于扬州开元寺北水馆学琵琶，携乐谱归朝。承和十二年，唐之非阳县人孙宾携筝与乐谱来日本。当是时，乐人多奉敕制乐舞，洋洋盈耳，于是唐乐、高丽乐与日本国风之歌舞，俱为朝廷之祭式礼典，不可缺。千有馀年，迄于今日。从事乐官世袭其业，隶属于帝室，是以累叶弗替焉。余因命参赞陶大均详录之，用资考证。

晚归，行宫设宴，请柴五郎诸君。子正，息。

八月初七日(9月8日)　早，往观银行。日本银行创于明治十六年，其资本金一千万元，谓之中央银行。设于东京，各府县首邑各设分行，与他处各银行亦得汇通。余先至交换所，该处犹北京之银市，为商家总汇之所。每日各银行遣人至交换所核算行使钞币若干，即便登记。以故各商家款项出入盈虚，官银行无不周知，洵理财之第一关键也。

旋至银行，房屋闳敞，银行总裁、副总裁迎于门，偕入，谭财政大概。余询以日本钞币始何时？答曰：始于明治七年，至二十三年，民间钞票始概行停止。询以彼时禁止民间钞票，有无阻碍？答曰：无阻碍。缘以商家亏损，息款概作为国家借款也。惟此事经理，务在得人，偶一不慎，商政从此颠倒错迕，流弊无穷。复询以国家豫算之法，倘核计来年所入，不敷所出，不敷之款若何弥补？答曰：此难预定，或借国债，或借洋款，出股票，均临时酌办。复询以商家存款，当提款时，系商家任便支取，系由银行核定？答曰：须由银行核定。因出示五色表一纸，上列银行存本为一格，商家存款为一格，民间存款为一格，又与各洋商往来出入款为一格。

阅毕，总裁导游其稽察银币所，并阅库藏。库穴地为室，重门复槛，用机一开，电灯倏尔照耀。库门外均有小铁道，款项收发，悉循此轨。金银存数，俱有表识。曲折行约百武。出后门外，环重墙，守藏者告云：此贮自来水，所以防火灾也。又东行数武登楼，为核计国债所、销算纸币处、管护民间存款所，各国金银式样及各国银行章程。又观其商民承领息金处，则男女稚子，均在彼候领。又观其议事厅。

游览既毕，余因喟然思程明道先生作宰于民间，一名一物无不周知。今立银行，则不特国家出入之数了若指掌，即商家贸易之盈亏，闾阎家计之多寡，亦靡不立见。国家举办一事，能合众人之力以为力，血脉流通，生机讵有不畅遂者耶？

出，往游刷印局，局长先导游印报处，有官报数种，略如北京邸钞。次游印票处，则邮票、印花总荟于是。又游活版处、刷版处、调纸处，活版处排字大小千百，顷刻可成。刷版处印字，诸色药水俱备，局长试验化学染水之法，先置黄色水于瓶，搀以药水少许，成红色；又搀少许，成青色；再搀少许，成黄色。盖其变化之质，就药水分量之轻重以为转移。水银之成红质，即是理也。至其印报之法，尤为便捷。机长十数丈，此端置纸，旋至彼端，反正均已印全，折叠亦无不如法，可谓精妙。其各处所用女工，俱立而不坐。每司一事，壹志专心，目不邪视，尤为可敬。

游毕，局长请观演水龙，以时匆促辞之。归行宫，饭后赴横滨正金银行之约，并横滨领事暨众华商之约，子正始回东京。竟日酬应，盖倦甚矣。

八月初八日(9月9日)　巳初，由上野坐火车赴日光，华顶博恭王、梨本守正王及各大臣、宫内各官，咸至车站来送。午正，至宇都宫换车。地方知事迎于车站。申初，至日光，即至德川将军家庙一游。庙极华美，盖德川氏二代初执政权，极重时也。其墓即在庙后山上，高三百馀级，贾勇登观。晚宿于金谷洋式客寓，临溪面山，泉声盈耳，心神为之一旷焉。

考日本政治，以国务各大臣组织内阁，内阁总理大臣班在各大臣之首，奏宣机务，承旨以统一行政各部，开阁议以决重要事项。内阁各大臣曰内阁总理大臣、曰内务大臣、曰外务大臣、曰大藏大臣、曰陆军大臣、曰海军大臣、曰司法大臣、曰文部大臣、曰农商务大臣、曰递信大臣。内阁中置书记官长，承总理大臣之命以管学机密文书、统理庶务。赏勋局、法制局、恩给局、统计局、印刷局五局，均隶于内阁。又有枢密院，日皇亲临，以咨询重要国务之所也。以议长一人、副议长一人、顾问官二十五人、书记官长一人、书记官三人组织之。

帝国议会合贵族院、众议院两院而成。贵族院议员有五种，一、皇族；二、公侯爵；三、伯子男爵，各自其同爵中选举之；四、有勋劳于国家者，又有学识者特敕任之；五、于各府县之纳多额直接国税者之中互选一人而敕任之。皇族之男子成年，方列议席。有爵者满二十五岁，乃得为议员。贵族院奉答日皇之咨询，又议决华族特权之条规。其它依议院法之条规，开会议之。议长、副议长，由议员中敕任之，任期七年。

至众议院议员，则于各选举区中选举之。帝国臣民男子年龄满三十岁以上者，有被选举权。其有选举权者凡三，一、帝国臣民男子年满二十五以上；二、于造选举人名簿之期前满一年以上纳地租十元以上；又满二年以上纳地租以外之直接国税十元以上，或地租及其它之直接国税合计十元以上，犹续纳者。

议员之数据众议院议员选举法，东京府十六人，京都府八人，大阪府十三人，神奈川县七人，兵库县十四人，长崎县八人，新潟县十四人，群马县七人，千叶县十人，茨城县十人，枥木县七人，奈良县五人，三重县八人，静冈县十人，山梨县五人，滋贺县六人，歧阜县八人，长野县十人，宫城县七人，福岛县八人，岩手县六人，青森县五人，山形县八人，秋田县六人，福井县五人，石川县六人，富山县七人，鸟取县三人，鸟根县七人，冈山县九人，广岛县十一人，山口县八人，和歌山县六人，德岛县六人，香川县六人，爱媛县八人，高知县六人，福冈县十一人，大分县六人，佐贺县六人，熊本县九人，宫崎县四人，鹿儿岛县九人，北海道厅六人，冲绳县二人，计三百六十九人。

八月初九日(9月10日)　早，坐小车游日光山。自客寓缘山涧行，瀑布虢虢声不绝。过大桥隔涧有石佛数十森立。行数里，有村市，田畴植菜蔬，鸡犬闲闲。又行数里，已至山中。仰视高峰，云气蓊菱，上与霄接。两旁树木，阴森一片。秋声与瀑声相和，自是，路稍滑挞。又行数里，至马返。小池渟澮，居民植菊数本，风景猗幽。自马返行，山径盘纡，车夫伛偻蚁旋上，瀑布洒漫，时从石隙迸溅，延属九层，行数里许，为剑峰。又盘迤六层，行数里许，为华岩。爰观大瀑布，宽约二丈许，长七十丈许，烟云缭绕其间，奔腾溯湃，汹旭如雷鸣。日人有《华岩瀑布歌》刻碑上。迤逦行至中禅寺，登临湖楼。湖长十八里，居山之巅。盖系山穴流瀑成河，深亦数十丈。居民垂钓，意闲如也。楼上饭罢，泛小舟，舟人网鱼以献余，赋诗纪游。戌初，归寓。市长放烟火以致敬。

案：日本财政租税，分二种，由国家直接征收者为国税，由地方自治体征收者为地方税。又别有市费、町村费，由市及町村支办经费。

国税以支国家公用，地方税以办地方事宜。国税科目中，税额最巨者，地税约四千七百万元，酒税最多时约五千五百万元，次则海关税一千六百万元，营业税五百八十万元，所得税五百万元，共收国税一亿九千四百万元。此外，收官业邮便电信，约一千八百万元，烟叶专卖税约一千万元，总计二亿五千五百万元。若夫国家岁出之数与岁入之数，无大差别。查明治三十三年支出各费，计皇室费三百万元，外务省二百十八万元，内务省一千三百五十三万元，大藏省四千九百七十一万元，陆军省三千七百三十万元，海军省一千七百五十一万元，司法省四百八十八万元，文部省四百四十七万元，农商务省二百二十八万元，递信省一千七百五十万元。各省经常岁出费共一亿五千二百四十万元，临时加增费一亿零二百十四万元，两共二亿五千四百五十四万元。

至地方税之赋课，分四种，一曰地税、二曰户数税、三曰营业税、四曰杂项税。各府县收入税项，即支办府县诸费，如警察费、教育费、土木费、卫生费是也。三府四十二县之地方税，约共四千六百万元，支款约四千万元。大藏省官理财之法，总以岁计豫算为大要。比较经常临时出入增减之数，羡者储之，亏者益之，无差忒也。

八月初十日(9月11日) 乘火车回东京，仍住上野精养轩。蔡星使请晚餐，因惫甚，辞之。

案：日本货币，当维新以前，各藩财政不同，通货之制亦异。德川政府发行现款，谓之硬货。凡三种，一金货、二银货、三铜铁诸钱。硬货之外，各藩及旗下各于领地制造楮币，有金札、银札、钱札、米札等目。全国各藩发行种类甚多，不下千六百馀种。迨庆应四年，新政府知货币之必当改正也，于是革改旧制，取各国之良法折衷日本之旧例，命铸造新货，旧式方形改为圆形，其价名采用十进一位。法定新货之种类凡三，金货、银货、铜货三品是也。明治三十年前，咸用此制，自三十年十月以后，始改用金货。统计自明治三年至明治三十二年铸造各种货币数目，共四亿三千九百八十万元，内金货一亿八千五百八十六万元，银货二亿三千三百一十七万元，白铜货八百十九万元，铜货一千二百四十一万元。

至于纸币，由政府颁发者凡十种，百元、五十元、十元、五元、二元、一元、半元、五十钱、二十钱、十钱。其初创设国立银行、发行纸币，因国用多端，出币日夥，至明治十二年，有一亿四千六百五十万元之数，物价腾贵，硬货与纸币其价悬殊。至明治十七年，设立日本银行，颁发兑换银行券，他行纸币减少。明治三十二年，纸币二百馀万元，银行纸币减少至六十万元，兑换银行券流通有二亿二千七百万元，硬货发行数目四亿三千八百六十万元。故以日本现行纸币与硬货合计凡六亿六千八百万元。

八月十一日(9月12日) 卯正，由上野至新桥火车站上火车。小村外部大臣及珍田长官来送。酉正，至滨松宿焉。寓于大米屋，系日本旧式，颇精洁。滨松为静冈县属，知事来见，遂留共饭。

考日本军政，凡国民十七岁至四十岁之男子，皆有服兵役之义务。兵役有四，曰常备兵役、后备兵役、补充兵役、国民兵役。常备兵役又分为二，曰现役、曰豫备役。现役者，陆军三年、海军四年，满二十岁者服之；豫备役者，陆军四年四月、海军三年，现役终者服之；常备兵役终者，服后备兵役五年。

其军事上之最高顾问为元帅府，以陆海军大将补之，现为元帅者，为陆军大将侯爵山县有朋、陆军大将小松亲王、陆军大将侯爵大山岩。陆军大臣管理军政，统辖军人、军属，又有参谋本部参谋总长，以陆军大将或中将补之，直隶于日皇，参画帷幄之军务，掌国防及用兵一切之计划。又有教育总监部教育总监，以陆军大将或中将补之。统督各兵，监管辖陆军各学校。又有东京防御总督部，任东京之防御。又有东部、中部、西部三都督部任所管之防御，并各师团共同作战之计划。

其陆军军人之员数，兹据最近者考之，计将官及相当官百十九人，上长官及士官八千三百四十一人，下士三万四千七十四人，卒二十六万八千七百五十四人，其它四千五百二十人，合计三十一万五千八百八人。

八月十二日(9 月 13 日) 辰起，滨松制西洋乐器场及音乐学堂生徒携乐器来奏技。

巳初，即乘火车赴西京。行抵车站，小松亲王并地方各官至车站来接，情意可感。小松亲王有事来此，本拟今日回京，闻余至，特留，并约明日陪游各处。是夕，宿京都客寓，甚闳大。此屋成于光绪十七年，因今俄皇为太子时来游而造也。

考日本海军之制，海军大臣管理军政，统督军人、军属。又有海军军令部，军令部长直隶于日皇，赞帷幄之机务，参画国防及用兵之事。又有横须贺、吴、佐世保三镇守府，镇守府司令长官直隶于日皇，统率麾下之舰队、舰船部团体，监督所属各部，总理府务。计现在各军舰所属，横须贺镇守府有朝日、初濑等舰计二十一艘，吴镇守府有三笠、八岛等舰计十九艘，佐世保镇守府有敷岛、富士等舰计十九艘。是外横须贺镇守府有水雷驱逐舰三艘，水雷艇八艘，吴镇守府有水雷驱逐舰二艘，水雷艇五艘。佐世保镇守府有水雷驱逐舰五艘，水雷艇十艘，合计三十三艘，总计吨数四千四百七十七吨。又配置舰团队之人员，通常备舰队，三镇守府舰队，三镇守府海兵团，三镇守府水雷团，竹敷要港部。

凡将官六人，上长官二百六十九人，士官五百六十人，候补生百九十三人，准士官三百九十九人，下士三千四百八十七人，卒一万六千七百四十五人，合计二万一千六百六十九人。

八月十三日(9 月 14 日) 午初，回拜小松亲王，往瞻日本旧皇宫。规模甚朴简，有紫宸殿，殿壁绘汉名臣像，云是唐时人手笔。复往游德川将军府第，宏丽过皇居，足见当年威力也。午后，小松亲王来约观武德会，先令生徒演蹈水，能在水面放枪，身藏水底。闻生徒能在水上行五六十里，吁可畏哉！此他日海军之奇才也。复观生徒舞刀，内有女生徒对舞，年皆十三四，咸名门闺秀。又演习超乘腾骧缉猎。有六龄童子，亦能骑，厌躐如法，绝不冲踤，是岂异禀？教之得其道耳。小松亲王复导观织绒布场，诸色咸备，主人赠布数匹。晚，小松亲王招饮于中村楼。在山半，风景极佳。

考日本刑政司法大臣，监督裁判所及检事局，指挥检察事务，管理民事、刑事、非讼事件、户籍、监狱及出狱人保护事项暨其它司法行政事务。裁判所有四种，第一，区裁判所；第二，地方裁判所；第三，控诉院；第四，大审院。各裁判所置判事并附置检事局。凡对区裁判所之判决而上告者，地方裁判所裁判之；对地方裁判所之判决而上告者，控诉院裁判之；对控诉院之判决而上告者，大审院裁判之。大审院之裁判为终审。明治三十一年，大审院民事上告件数旧受二百九十九件，新受四百七十四件，合计七百七十三件。其结果，弃却二百六十一件，破毁百六件，所下百七件，合计四百七十四件，未决二百九十九件。其结果，事件之种类，人事三十九件，土地百四十二件，建物船舶三件，金钱二百二十一件，米谷十一件，物品九件，证券八件，选举事件二件，杂事三十九件，合计四百七十四件。又各区裁判所新旧受理合计十四万七千五百十七件，判决及其他之结果合计十三万一千八百九十二件，未决一万五千六百二十五件。

警察则于东京置警察厅，警视总监受主务大臣之指挥监督，管理东京府下之警察、消防及监狱事务。各府县置警察部，警部长隶于知事，处理各管内之警察事务。通警事厅并北海道厅，各府县警察署之数七百二十五，警察分署七百十五，派出所及交番所一千二百十九，驻在所一万一千三百二十五。警察官则警察部以上二千二百十九人，巡查二万八千四百十六人，合计三万六百三十五人。每一警察官当人口一千四百二十七人之均数，监狱通东京及各地方之数，凡百三十七。其职员，典狱五十六人，监狱书记五百二人，看守长二百九十人，监狱医二百四十六人，看守八千四百三十七人，女监取缔四百三十四人，押丁五百九十六人，教诲师二百十人，授业手三百八十八人，佣六百九十六人，合计一万一千八百五十五人。

八月十四日(9月15日) 至西京市上观制陶器、织绸缎场。绸缎极佳,惜色杂不合中土之用。赴商岛屋,观绣画,购买数种。登清水寺,西京全境在目。日本之建都于斯也,由奈良迁此,距今千一百年。一切制度,咸仿唐制,故有东洛西镐之目焉。

考日本地方制度,有府县设之区域郡市及岛屿隶焉。府县为法人,受官之监督,于法律命令范围之内,处理其公共事务,并依从来之法律命令或旧惯及将来之法律敕令处理。其属于府县之事务,府县中置知事,在内务大臣指挥监督之下,监督其所部之官吏。遇各省主务之事,则受各省大臣之指挥,执行法律命令,管理其部内之行政事务。又设府县会以为自治之机关,其议员之选举区,依郡市之区域。府县之人口未满七十万者,议员以三十人为定额;七十万以上者百万未满者,每加五万则增一人;百万以上每加七万则增一人。又置府县参事会,以府县知事、府县高等官二名及名誉职参事会员组织之。名誉职参事会员府八人、县六人,于府县会议员中选举之。府县之下,有郡、市;郡之下有町村,市之下有区。郡、市、区、町村,皆有长,有会议员。但市之下分设区者,惟东京、大阪、京都三市。各府县置知事、书记官、警部长、参事官、视学官、警视技师、典狱属等职员。北海道则置道厅长官、事务官、警部长、支厅长、参事官、视学官、警视技师、典狱等职员,处理其管内之行政焉。

八月十五日(9月16日) 辰,坐火车赴奈良。奈良为日本故都,多古寺,寺中收藏经典极夥,惜匆匆不及观。在菊水楼午饭,楼外即公花园。有鹿数百头,见人不避,极驯扰。饭后登车,酉刻至神户。众华商招饮于中华会馆。日本官商咸集,约六七十人,华商放烟火为乐。晚宿于诹访山西常盘楼,背山面海。时值仲秋,月光炤映海中,与绿波一色。子正始息。

考日本教育之法,自维新以来,视兹事尤重。明治初年,于西京兴大学寮。凡旧慕〔幕〕府所有之学校,一律重修。江户镇定之后,复兴旧昌平黉医学所及开成所,集四方之学者,置学官,设府县学校、取调局、史料编辑国史校正局于昌平黉，置翻译局于开成所，复改昌平黉为大学校。然大学以下学制，各地风气不同，规制互异。于是始编制大中小学之规则。明治四年废大学，置文部省统辖全国教育之事，创建师范学校、女学校、书籍馆、博物馆。寻颁布学制，特下谕旨，指示教育之方，普及全国，彬彬乎学校如林矣！

明治十年，建东京大学，设法、理、文、医四学部，是为教育一进步。至明治十九年，大设改革，颁帝国大学令，设帝国大学及大学院于东京，次设帝国大学于西京，依师范学校令设高等师范学校于东京、广岛，置师范学校于各府县，置高学校于东京、仙台、西京、金泽、熊本、冈山、山口等处。设中学校及高等女学校于各府县，依小学校令，计划初等教育之事。于是商业学校、工业学校、农林学校、医学校、农学校、徒弟学校、实业补习学校、技艺学校、女学校、其它私立诸学校，自东京及各处，靡然向风矣！

计现在学校之数，全国二万八千馀校，教员约八万四千人，教养学生约五百二十万人。各种小学约二万七千校，教员八万人，生徒四百九十万人。中学约二百校，教员二千六百人，生徒约六万四千人，师范学四十七校，教员八百人，生徒一万人。其它别有专门学校、各种学校、女学校，共计各学校每年经费约二千万员〔元〕。学校之外，各府县又设立幼稚园全国二百二十馀处，又设图书馆自东京及各府县共三十馀所，其图书数目约五千馀万册以上。图书之出版尤盛，每年平均约二万五千部。又新闻杂志东京一处可出二百馀种，每年发兑在一亿七千万部以上。通计全国七百五十馀处，一年可发兑四亿三千万部。民智日开，盖由于此。

八月十六日(9月17日) 辰刻，乘火车至大阪。大阪府代理知事、大阪市长均迎于车站。备有茶点，并令女学生插花于瓶，陈列客厅，猗靡扶疏，颇具意匠。盖此间工养花，专有教师指教，大家闺秀以为陶情养性之助。是日，各女学生咸来见，少坐，赴住友铜厂。日本铜厂以足尾、住友二家为最巨。凡有铜器，厂中无不制造。

午刻，在自由亭午饭。府知事请各画家面写屏扇以赠余。观自由亭，临江，不甚宽阔，知事告余曰，大阪商务为日本之冠，而海舶仅达神户，转输不便。现市民集金千六百万元修筑马头，二年后，海舶亦可至此矣。

饭后，赴阅造币局。此局本造银元、铜钱，自改用金币后，现造金币，重与英镑同。银币只造五角以下。局规模阔大，办事秩然有条，每造一金币，须经数十道手，故所制精美，而伪造者无从肆其技也。

酉初，赴大阪城。城中现驻第四师团陆军，有造军器厂，城为明时平秀吉所造。城墙以石砌成，其大者方四五丈。登城四望，全市在目，烟筒环列，密于丛木，可见制造厂之夥矣。酉正，返神户，设宴招地方各官饮。子正，登火车，赴广岛，地方官咸送于车站。

余阅日本学校管理法问答，喟然思我中国先王教人之法，其本在于端伦纪、修道德，而其操存持守之大要，不越乎言行之间，盖所以制品诣而淑性情者，实为士大夫之本务。今观日人所论学校管理之目的，与我古人效法，抑何其相近也。其言曰：所谓学校管理之目的者何？一曰保其秩序，以补佐教授之功力；二曰训练意志，以养护品性之发达。以二者之轻重较之，以训练意志、养护品性之发达为重。何则？涵养德性为教育上最要之事，与教育上之一切事情，俱有关涉，故即据小学校言其教育之旨趣，在修练儿童之心意，以保全其知识、道德，使他日离学校、进社会、各从其职业之时，能修其素行、励其实业、发扬尊王爱国之志气，成忠良之臣民。故发挥儿童自治之精神与发达自制之能力，实为管理之要旨。然自治之精神与自制之能力，当循序渐进，始能获效。此章程一节，所以为学校中至要之件。使学校中之外情内状，果井然有条，则生徒之心身发达易，而进步亦速。惟既能自制其身，自规其行，而于饮食空气之供给，运动游息之适宜，亦不得不加之意焉。然后得养成其自制自治之习惯，而使心力体力俱为有用之物。诚哉是言！教术之本原，道德备于斯矣。

抑余又闻日皇之教其国民，尤竞兢以伦理为重。盖自明治二十三年以前,西学播传,有风行草偃之象。人人惟以启发智识为急,而于德义之方,则与从来异其趣。或云国家主义,或云儒教主义,或云泰西主义,无道德一定之标准,遂于德育之点缺如。日皇爰于二十三年十月颁诏,以定臣民之分,缘督人伦,俾父子、兄弟、夫妇、朋友各有所遵守,道德之基础遂坚,民间亦频论道德,或撰男子品行论,或撰女德论,如福泽谕吉之修身要领,足裨风教。而冈本监辅所著《铁鞭》《西学探源》二书,尤为中正平实。余因喟然思我中国古者教人之法,务在端伦纪、修道德。今考东人教育之法,抑何其相近也!《论语》首章言学,次章即言"孝弟而以犯上作乱"为戒。孟子首章言"未有仁而遗其亲,未有义而后其君",道无古今中外,一也。学亦岂有古今中外之殊?有志之士其谅余言。

八月十七日(9月18日) 辰正,至广岛,第五师团长山口中将率僚属并地方官迎于车站。余赴旅馆少息。午正,山口请观兵士操演,为西国待国宾最重之礼。操毕,山口设宴于司令部,席间起祝以两国交际益望亲密。余以前年联军入城时,山口曾有保护京城宫殿之厚谊,因举盏答颂,谓此次来游贵国,蒙大皇帝及各官格外优待,足征两国交际亲密之证,实为感谢。余来广岛,敬问山口将军起居,并谢前岁保护盛情。颂既,举座皆拍手欢呼。饭毕,县知事江木导游缩景园,园为故侯浅野邸,仿西湖景构造,略缩小,故以名。戌刻,知事各官咸来旅馆同饭。江中放烟火以致敬,情意甚殷。余因捐金二百元以为学校之费,藉酬各官接待之情。此地离宫岛甚近。宫岛为日本三景之一,地方官本请余宿宫岛,因有瘟疫,仍宿广岛。

案:日本外务省官制,据明治三十一年十月敕令,共十条:一、关于外国政务之施行、在外洋本国商事之保护,及外国在留本国臣民之相关事务,与派遣外交官及领事官等,俱归外务大臣整理监督;二、于大臣官房已揭通则之外,而于驻在本国之各国外交官、领事官、外国人叙勋、条约书保管及文书等翻译事务,俱由外务大臣掌管;三、外务省专任参事官二人、专任外务大臣秘书官二人、专任书记官五人，以为定员；四、外务省置二局，曰政务局、通商局；五、政务局专掌关于外交事务；六、通商局专掌关于通商航海及移民事务；七、外务省置翻译官四人，奏任，从事文书翻译；八、外务省属以六十人为定额；九、外务省置翻译官补六人，判任，皆承上官指挥，从事文书翻译及通译等事；十、外务省置技手二人，承上官指挥，从事电信事务。此为职掌大纲。

至一切分课规程及公文书类取扱规程、记录文书、编纂规则、备极详审。其缔结通商航海条约者二十一国，曰中国、亚美利加合众国、英吉利国、俄罗斯、和兰、佛兰西、葡萄牙、德意志、瑞士、比利时、意大利、丹麦、诺威、瑞典、西班牙、澳地利、匈牙利、秘露、韩、暹罗、墨西哥、伯剌西尔、公果，其中置设公使馆者，若中国、若英、若俄、若美、若佛、若德、若澳兼辖瑞士，若意、若和兰兼辖丹麦、若韩、若墨兼辖秘露、若暹罗、若伯剌西尔、若公果、若比利时。又领事馆所在之地，中国在上海、天津、厦门、芝罘、牛庄、汉口、苏州、杭州、沙市、重庆、福州，韩国在釜山、元山、仁川、京城、木浦、镇南浦、马山，英国在伦敦，英领地在香港、新加坡、孟买、喜德尼、通司威尔、希亚脱尔、晚香坡，暹罗在盘谷，美国在纽约、桑港、塔马科、希加科，美领地在马尼剌、呼饶路，而俄领地在哥尔萨港，佛国在里昂，比国在安威尔斯，墨国在墨西哥，伯国在里河逗堤牙奈路，计三十八所。此外尚有名誉领事馆二十七所、分馆五所，又于海参崴设贸易事务馆一所。

八月十八日(9月19日) 辰刻，登火车赴马关，市民因余捐学校费，咸感动，各户皆悬国旗为敬，各学校生徒均出送，自旅馆至车站，约四五里，生徒排列不绝。见余车过，均脱帽鞠躬。各官亦均送至车站。车中思此次游历，日本朝野接待，情意优隆，倍越恒等。旅馆及车马费，皆日皇发给，所糜甚巨，尤觉歉然，因与参赞陶大均商所以为报。陶谓，可于各处学校善举捐助若干，每处或三百、或二百、或一百元，视居日多寡为定，共以千五六百元为率，余韪其说。遂令与宫内省式部官西乡、日高两君商，两君大悦，谓此举足使吾全国永感不忘，当即电告各处。申正，至马关。山口县知事武田率合属出迎。将登舟，诸学校等处道谢复电已至，足见日人办事之速。酉正，登“新裕”轮船。余发日皇一电，深道感谢，兼告离国日期，并发外务部电一件，告知抵京日期。西乡、日高来告别，均有依依不舍之谊。戌初，展轮出马关口。

按：日本铁路创设于明治三年，始兴造于东京、横滨之间，长十八英里，至明治五年告成。其后陆续修造，有东海道、信越、奥羽、北陆、北海道等线。又民间私设铁道公司，凡重要之处无不遍设。计现今铁道厅及私设铁道公司共五十八，线路百馀，延长五千九百六十英里，开行约三千七百英里，铁路资本已至二亿六千七百万元，每日由铁道运货、搭货，殷轸不绝。据明治三十二年铁道乘客总数，得一亿二百二十六万人，物货数量约一千二百万吨，此为乘客货物。至货金约在三千八百万元以上，每日均平计算由铁道往来旅客二十八万人，货物由铁道运送者三万二千八百万吨，可收进款十万五千元，亦可知交通运输之利溥矣。

八月十九日(9月20日)　舟行平。

考日本矿政，全国矿山所在，多有近仿西法开采，出产日增，矿业遂骤旺。现今已开之地，有五千三百处。矿区面积共五亿坪。矿产之数，可得四千万元。故政府于札幌、盛冈、东京、大阪、福冈、五矿山特设监督署综其事。稽其所产，一铜。日本本为世界产铜之国，最近出产数目得三千五百万斤，占全球铜产十二分之一。考明治八年，仅出四百万斤，今已增至三千五百万斤。国中产铜之区，一足尾，得九百二十万斤。次阿仁，得六百五十万斤。三别子，六百万斤。以上三处，占全额之七。其日向、五木等处，则远不逮矣。二曰铁。世人皆以日本无铁，此说考之未审。盖日本地质原极精密，故铁矿实甚富有。岩崎县釜石铁矿可出四百二十一万吨之铣铁，加以近旁仙人冈有一大磁铁矿床，以是制铣可得二百二十三万吨，故釜石近傍，有六百五十万吨。此外别处考查，约可产九百四十万吨之铣铁。三曰煤。

煤为日本矿产之第一，最近产额得六百七十万吨，其价二千五百馀万元。嗣后产额，尚可增多。考明治八年，仅得五十七万吨，不过现今十二分之一。十六年始有一百万吨，二十一年有二百万吨，近则又加二倍有馀。其消数，国中每日需用一万二千吨，每年需用四百三十六万吨。于此足征工业之盛。然较诸英国，则已瞠乎居后。查英国每年产煤共二亿二百万吨，用煤共一亿六千五百万吨，每一日计消四十五万吨。是日本一年消数，尚不及英国十日之额。然而日人于矿政一事物图而授，惨淡经营，其进步殆未可限量也。

八月二十日(9月21日) 过登州境，风波大作，余向不晕浪，至此亦不能支。卧少顷。

考日本农业，颇知本事。全国农民现约二千二百万人，地适米谷，故自古称瑞穗国。每年出米可售四亿六千八百万元，麦可售一亿八千八百万元，粟可售一千六百八十万元，大豆可售四千六百万元，小豆可售七百七十万元，荞麦可出九百万元，黍可出一百五十万元，稗可出三百六十万元，甘薯可出四千九百万元，马铃薯可出三千三百万元，甘蔗可出一千二百八十万元，茶二千三百万元，烟草可出四百五十万元，合计地产共有八亿六千三百九十万元。

又其土性宜桑，故蚕业茧为第一，运赴外国生丝，近年约二百万石，明治三十年售价五千五百六十万元，三十一年售价四千二百七十万元，三十二年售价五千九百七十万元，三十三年售价四千四百七十万元，是为日本出口货第一。

绵每年出产约七百五十万贯，每贯重合八两，而人民需用甚夥，不及十分之一，且进口绵价甚廉，故产额日减，而进口日增。明治三十三年约有六千万元，此外绵丝、绵线之进口者，约一千七百万元。绵类进口，约共七千七百万元之多，每人约需一元八角。是为进口货之第一。麻每年出产三百六十万贯，不足于用，故每年由中国、印度、比律宾进口者，约百三四十万元。

漆为中国特产，而日本漆尤良美，市中陈列漆器，靡不精致适观。

考其漆汁收获之额,总计木数五百二十七万一千一百十四本,制造户数一千七百二十三家,每年汁量可得四万贯,尚不足用。故由中国进口漆汁,岁需五十万元。合计日本各种物产,可得一亿五千七百七十万元。加食用农产,共约十亿二千七十万元。以人口分配,每人可得二十三元八角。

八月二十一日(9月22日) 风仍不息,舟行甚缓。亥正,始抵大沽口。

考日本政府维持商务甚力,其言曰,商业应人之需用,为供给者与需用者之媒介也。今之时势,实当商业变革,所谓商业界之彗星年也。兹特轩言其机关事状,盖有数端:一曰商业会议,所以谋商业之兴旺。多于商业繁夥街市设立之,其会员由其地绅商充当,通计全国五十六处,会员约一千七百人。二曰银行,以握通融之枢纽。中央金库有日本银行,外国汇兑有横滨正金银行,资助实业有劝业银行,预金贷付如泉之流。计全国银行共有一千八百所,银行资本共二亿六千馀万元。三曰公司,以摄商力之萃聚。日本全国有七千馀公司,皆为农业、工业、商业、水陆运轮起见,合资而成,计资本共六亿二千万元。其中最多者为大阪,有六百五十,公司资本一亿二千万元。东京五百四十,公司资本三亿八百万元。其它府县各处,公司资本尢一亿元以上者。计神户六千万,福冈五千五百万元,京都三千五百万元,爱知、三重、冈山、静冈、千叶、奈良等各府县公司,则均在一千万元以上。至国中所设外国贸易之开港场,以横滨、神户、大阪、长崎、函馆五港为大。其它处曰新潟、曰清水、曰武丰、曰四日市、曰丝崎、曰下关、曰门司、曰博多、曰唐津、曰口津、曰三角、曰岩原、曰鹿见、曰佐须奈、曰那霸、曰滨田、曰境、曰宫津、曰敦贺、曰七尾、曰伏木、曰室兰、曰小樽、曰钏路,共二十四港。比较其历年输出、输入品价之额,每年总有超过之数也。

八月二十二日(9月23日) 因水浅,"新裕"船不能进口。余易坐小轮进塘沽口。

考日本海运事业，其初，轮舶亦购自外洋，驾驶一切，亦均依赖洋人。其后有土佐人岩崎弥太郎向外国购得旧船，创立汽船公司于东京，名曰“邮便汽船三菱会社”。始在本国沿海定期往来，专掌本国航海之权。此为轮船商会之权舆。继而东京起合本汽船公司，名曰“共同运输会社”，与三菱会社并峙，争相颉颃。至明治十八年十月，两社相合，创立日本邮船会社。又专为航通濑户内海起见，于明治十八年五月大阪复兴商船公司开定期航海之业，于是东京、大阪为二大轮船公司，实为日本航海业之基础。此二公司之消长，即日本航海业消长也。日本邮船会社，资本金实二千二百万元。设本店于东京，设分店于内外各地，共七十处，共计汽船有百馀艘，吨数约二十万吨，马力有一万五千馀。往来内地者，有定期赴外国者：往来天津，每七日一次；往来朝鲜、海参崴，每七日一次；往来欧洲经上海至伦敦，每月一次；往来美国，每月一次；往来濠洲，每月一次。至大阪商船公司资本金，实五百五十万元，轮船约八十艘，置本店于大阪，纯然私立公司，专握关西沿岸之航权，近浸至中国、朝鲜各海口矣。统考日本现在全国轮船，共有一千二百二十一艘，吨数五十一万余吨。又洋式帆船三千三百馀艘，吨数约三十万吨，合计共四千五百艘，吨数约八十万吨。

八月二十三日(9月24日) 乘火车回京，径赴颐和园祗候覆命。

八月二十四日(9月25日) 巳刻覆命，恭请圣安，仰蒙召对数刻之久，温谕慰文至于再三，感激慈恩眷怀，圣德实无涯涘。伏念载振此次奉使，仰秉宸谟，得无陨越，藉慰庭闱期望之思，兼洽磐敦周旋之雅，私衷感悚，弥觉执简钦钦而不能自已也。

英轺日记卷十二终

京话演说振贝子英轺日记

京话演说振贝子英轺日记卷之一

光绪二十七年十二月十六(1902 年 1 月 25 日) 振贝子奉了皇上的命,派充出使英国大臣,贺英皇加冕,跟手上了个谢恩的摺子。

光绪二十七年十二月二十四(1902 年 2 月 2 日) 又递了个奏调随员的摺子。调的是参议官、二品衔记名简放道梁诚,参赞官、四品衔外务部员外郎汪大燮,二品衔记名道杨来昭,二品衔候选道黄开甲,四品衔外务部主事唐文治,二品衔记名道陶大均,翻绎官、前北洋海军参将吴应科,四品衔候选主事刘式训,五品衔候选县丞潘斯炽,一古脑儿九个人。在京城的时候,这位贝子爷常常跟各国公使来往。这回子,各国公使听说他放了出使大臣,人人都想请他到自己国里去逛逛,他全答应了。

光绪二十八年二月二十二(1902 年 3 月 31 日) 上去陛辞,蒙皇太后、皇上问了一个钟头的话。退了下来,英国公使萨道义在自己的屋里子请他吃饭,替他饯行。

三月初四日(4 月 11 日) 捧了国书,带领着梁诚那些人出了正阳门,坐上火车,送行的都来了。单是醇王跟那桐,和他讲得顶亲热。英国公使萨道义、日本公使内田康哉,一个个和他拉手。巳正一刻开车,申正就到了天津。英国领事威金生来见。酉正到了塘沽,上招商局的"安平"轮船。

三月初五日(4 月 12 日) 寅初开船,卯初到大沽。那个时候,正是潮来,狠有个看头,倒是水太浅了,沙太高了,搁住了轮船,走得不利落。申刻过山东庙儿群岛,那岛大小十五座,架在黄海、直隶海的中间,望北是北城隍岛,跟老铁山头差二十二里;望西南跟莱州的海岸差六十里，望东是旅顺，望西是威海，形势可也不弱了。戌刻过烟台，亥刻过威海卫。烟台口外有座小山，叫作成山。望西六十里，有个海岸，像舌头这么伸了出来，连着登州，叫作细沙头。望东南转西北一个岛，叫做芝罘。对着成山，又有个岛，叫做刘公岛。岛上住的全是英国人。

三月初六日(4 月 13 日) 未刻，过黑水洋，瞅见一股清烟，吹在半天云里。过了一会，船上的桅杆渐渐的透了出来，才知道也是一个轮船。外国人说地球是圆的，这话真不错。

三月初七日(4 月 14 日) 卯刻，过蛇山。这山在崇明县地界。《崇明县志》说这山本来没有人住，康熙年间有两个做卖买的飘洋过海，不知道怎么就找着这个地方，现在轮船过那儿，不要两个时辰，就可到上海，真真便当的了不得。巳刻，到吴淞港，又叫作黄浦，"安平"轮船就停了。上海道袁树勋来见，总税务司斐式楷放了二条海关上的巡船，接他过去。又说英国兵在工部局码头，排了队伍候着呢！申初，就坐小轮船上岸，工部尚书吕海寰、工部侍郎盛宣怀在彩棚里请了圣安，见了面，就坐了马车到斜桥洋务局，见上海的官、见上海的绅士、见上海的商人。

三月初八日(4 月 15 日) 英国领事班德瑞、副领事慈必佑来见，说他们总领事有病，不能过来，抱歉得狠。又是法国领事巨赖达、德国领事克纳贝、俄国领事阔雷明、美国领事古纳、日本领事岩崎三雄、丹国领事厉克司密甫、比国领事薛福德、义国领事聂腊济尼、奥国领事柯次辣、葡国领事濮琚，上海海关税务司好博逊、副税务司李蔚良、博禄多，造册的戴乐尔、夏立士，写洋文的义理迩、写汉文的威理司，前前后后都来见。江汉关税务司贺璧理为了随办商约，所以也在上海。日本陆军马兵少佐今井直治、翻绎勋八太郎也来见。

这一天，就是见客，还忙不了。戌刻，吕尚书、盛侍郎还有那些绅士，在味莼园公请，弄了一班西乐，英国商约大臣马凯、各国领事都在座，一起有三十多人。

三月初九日(4 月 16 日) 英国提督杰美斯何乐章、美国提督黎富思、法国驻华陆军总统凡勒脱都来见。午刻,英国领事班德瑞请到他衙门里吃饭,派了炮队护送。将要到他衙门的时候,又派了步队来接,狠露着殷勤。申刻,江苏巡抚恩寿为了阅兵,路过上海,到洋务局跪请圣安,就留他吃晚饭。

三月初十日(4 月 17 日) 日本议商约大臣日置益、小田切万寿之助来见。申刻,到各处洋行逛了一回,晚上到英国商约大臣马凯那里吃饭。在座有五十多人,商量修改商约那回事。

三月十一日(4 月 18 日) 申刻,赴总税务司斐式楷的茶约。中国人、外国人一起有一百多人。戌刻,日本正金银行长锋郎请吃饭,日置益、小田切万寿之助都在座。

三月十二日(4 月 19 日) 午初,英国兵官司达雷约会着去看操。先放了一条舢板船在码头上候着,上了兵船,那些兵官都挂了刀,那些兵都拿了枪,奏起西乐。一会儿西乐住了,司达雷引着两个兵官来见,叫看他的炮。船面船边,摆着八个快炮,炮子儿都有一百多磅重。又摆着六个小炮。舵楼两座,紧紧的接着,前面那座舵楼,是平常用的;后面那座舵楼,是打仗用的。前面那座舵楼,是木头的;后面那座舵楼,是钢的。舵楼正面安着一块玻璃,当中有个轮子,是转舵的,两边儿都是测量机器,还有德律风。船面上挂着一个鱼雷艇,一个快船,就是岸上用的快枪快炮,都预备着。

看了一回子,进大餐间,喝过茶,司达雷请看操。吹起号筒,那些兵一个个都占了方向儿,又吹了一遍号筒,各炮都动。闭了炮门,上子落子,快当的狠。一会儿,那船装出一个受伤的模样儿来,那些兵扯上帆布挂在海中间,防他的水进来。一会儿,那兵又装出受伤的模样儿,另外有几个兵,抗〔扛〕着他的腿,送到舱里去。一会儿又装出这船受了炮、起了火,大家伙儿驾着水龙救火。一会儿,又装出鱼雷船来攻击的模样儿,开了炮,打他一会儿,又装出几个掉到海里去的模样儿。另外有几个兵,拿了条绳,绳上拴着个铜圈儿,丢到海里去救他。看过了操，照旧坐了舢板上岸，兵船上又奏起西乐，放上几门炮，算是送客。

未刻，上海的绅士在澄衷学堂请吃饭。这澄衷学堂是个道台叶澄衷办的。有二百多学生，规矩狠好。顶大的十六岁，顶小的七岁，一班一班的来见，狠懂个礼数。当时就写个“棫（扑）〔朴〕权舆”的匾额奖赏他们。

三月十三日（4月20日）　未刻，到高昌庙逛机器局，总办毛庆蕃领着路，共看了四个厂。一个是枪厂，一个是炮厂，一个是生铁厂，一个是熟铁厂。做就的后膛枪、林明瞰枪、黎意枪、快利枪，总跟湖北的差不多，觉得比往前强多了。

三月十四日（4月21日）　辰刻，拜发放洋日期的摺子。钞了稿子，咨送外务部。申初三刻，带了随员从洋务局出来，一直下船。当初在塘沽的时候，李经楚来见，要搭“安平”轮船到上海。李经楚是文忠公的侄子、两广总督勤恪公的儿子。在“安平”轮船上，谈了几回，人狠明白，这会就把他续调来了。

吕尚书、盛侍郎、恩中丞、英国商约大臣马凯、英国新放总领事满斯斐都在码头上送。裴副总税务司照旧放了条巡船，送上宾角公司船，这船叫作“班哥”，船主叫作樊伦梯尼。北洋海军统领叶祖珪、副统领萨镇冰来见，请到“海圻”兵船上去看炮。这船跟“海容”船都是戊戌年在英国船厂造成的，管带萨镇冰是北洋水师学堂的出身，办事认真，旁人都赶他不上。水师兵有三百多人，都还整齐。可惜时候晚了，没有开操。

三月十五日（4月22日）　卯刻，出吴淞口。午刻，到了浙江洋面。未初，下了雾，甚么都瞧不见。船走得慢的狠，常常放气，招呼对面来的船。未正，刮了一阵风，那船就停了。戌初，下了雨，雾全散了，这才起轮。远远的望见有个岛在海中间，说是舟山。过了一会，望见一个灯塔，说是定海港。

三月十六日（4月23日）　早，过石浦海面。石浦港在牛头山的西边儿，有条水道可通三门湾，南边儿打黎民岛，也可以通三门湾。港北有座石浦城，向北二十五里，就是象山。港口有几个小岛，可是避不了风。光绪十年，咱们跟法国打仗，一只“澄庆”，一只“驭远”，都沉在这港内。午刻，到了闽海。

三月十七日(4月24日) 出闽海，到了粤海，走过南澳镇。午后，天气暖了，可以穿纱衣服。洋人嘉导理同他的参赞广开甲来见，送了一本育材书社的章程。这嘉导理狠有钱，在广东造了一座学堂，他一个人捐了四万块钱，定的章程末了一条说是不能牵涉那些传教的话，极有斟酌。就写了“功超利艾”四个字奖赏他。

京话演说振贝子英轺日记卷之二

三月十八日(4月25日)　巳初,到了香港,打了一个电报给外务部。港督派了个中军来接,并且请吃中饭。午正,带了参议官梁诚、参赞官黄开甲坐了香港的小轮船上岸,到将军公馆吃饭。那个时候,正任港督请假回国去了,是将军格思可言跟他代理。那格思可言早早在门口儿迎接,拉着手一块儿到厅上去。格思可言的夫人跟英国驻防副将的夫人、英国远东水师提督、水师左右翼长、水师司令官、陆军司令官、汉文参赞、汇丰银行总办、警察衙门总办、华民政务司一古脑儿都在那哈儿,大家都冲着他湾了一湾腰,算是行礼。

未初,入席。问他们香港的地方有多大,港督说:照英国的尺寸量起来,有三十五迈;九龙,有三百五十迈。香港这地方,靠山近水,分做三环,上环住的全是洋人,中环全是洋人开的铺子,下环住的全是中国人跟中国人开的铺子。又问他们香港的人口有多少,港督说:中国人有二十五万,九龙中国人有十万。洋人合拢来,不上三千,陆师不过八千人,兵船是常常来常常去,所以也论不定。又问他们刑罚的轻重,港督说:轻的是罚钱,重的是罚做苦工。淹死小孩子的要绞,能够把人救活的,一赏总是几百银子,从不用什么鞭子、板子。又问他们教养的规矩,港督说:有个官学,进去念书的,不取束修,不发花红。卒业的给一张执照。又问他们商税的出入。港督说:英国不过查查有夹带没有,并不要他的钱。

申初,吃完了饭,港督说:这儿的太平山是个好地方,何不去逛逛?一面叫印度巡捕带路。山上有火车,用绳吊着的。下了火车,有乘轿子候着。坐上轿,走到半路,轿子就停了,都拿腿跑。那山上的景致,好的了不得。逛了一会,就下来了。申刻,到华商公所赴他们的茶会,华商董事是候补道冯华川、谭乾初、温灏、内阁中书陈始昌、候补知府廖维杰。大厅中间挂着一幅醇亲王的照,这几个董事,也请他留一个照。照完了,奖励了他们几句话,然后回船。

三月十九日(4月26日) 辰正三刻,英国驻沪水师提督斐理治、副提督格伦非来拜。巳正三刻,英国代理港督格思可来谢步。午初,斐理治放了一条小轮船来,请他到那里去看操,就带了梁诚、汪大燮、杨来昭、黄开甲、吴应科一块儿去。船主史兰忒,带着多少兵官,照样行礼。问他船名,说是叫"台理勃儿"。船长五百四十英尺,宽七十英尺,吃水三十九英尺。装重的东西,可以装到一万五千吨。马力有三万四,每一个时辰,海面上可以走二十三里,要烧三百六十吨煤。前后有四支桅杆、两座台,一座台是搁机器的,一座台是搁炮的。船头上搁一尊十二寸口的快炮,单是一颗弹子,就有三百五十磅重。每一分钟,可以放三个炮。船的旁边儿,搁着十二尊六寸口的快炮,船舱有六层,第二层是船主的房,客房、大餐房、兵官住的房,都狠干净。第三层是那些兵住的房。第四层没有窗户,白天都得点电气灯,搁着修炮的机器。第五层只有一间造冰的机器房,其馀都是火药。六层搁着水雷。看完了,到船厅上去喝茶。临时走,还奏起西乐送他。未初回船,马上出口。

三月二十日(4月27日) 走过琼州。

三月二十一日(4月28日) 走过越南海,就是汉朝的九真、交趾、日南、占城、真腊,这船湾着顺纪、广南、广义、广安、广和的东边儿走。

三月二十三日(4月30日) 过柬浦寨犄角儿的海。这地方,是婆罗洲的西北。

三月二十四日(5月1日) 辰正,到新嘉坡,轮船停在公司码头。打香港到这儿,是六天的水路。前番在香港的时候,上海道袁树勋打给他一个电报,说是驻坡代理领事吴世奇已经回了坡督,要预备酒席款待。他打了个回电去，答应了袁树勋。现在吴世奇跟新派的领事凤仪，放了条小轮船来接，说这儿商人预备着行台在振裕园，就请过去。随即带了参赞、翻译、随员到官码头上岸。英兵排着队伍，奏起西乐，护送他上车。到了行台，广东派得来的保商委员吴桐林、绅士李清樹来见。

午正，去拜坡督。坡督的衙门在一个土冈子上，干净得狠。坡督史惠忒南在门口迎着。俩人拉着手，到正厅上去行礼。中军参赞、法国领事介史惠都在座。停了一会儿，坡督请吃饭，跟马来王披而阿来同席。坡督说，这马来王住在毕喇，明儿上船，也是到英国去贺加冕的。

吃完了饭，回到行台，商人佘勉然请到他的花园子里去逛逛。这花园子是前任领事、广东人胡璇泽盖的，现在归了姓佘的了，又叫作"蔚园"，好得狠。三月里天气，池子里的荷花都开了。这佘勉然是福建人，住在新嘉坡已经三十多年了。他从前做买卖，后来发了财，颇颇挣了些家当，人极明白。现在打算造一座孔圣学堂，教新嘉坡商人的子弟在坡督那里递了个禀帖，坡督已经答应他，交英藩部核议。另外有一分章程给驻英出使大臣张德彝，等张德彝跟英外部商量妥了，然后出奏。当时就把这佘勉然奖励了一番。那些商人们又请他到岸上去，看见大门口儿扯上龙旗，点香蜡的，十家里头倒有五家。逛了一会，回到行台，那些商人又请吃饭。戌正回船。

三月二十五日(5月2日) 辰初，坡督过去谢步，顺便送行。领事吴世奇、凤仪，商人佘勉然都来了。辰正开船，马来王早已上了船了，戴的是绒帽子，前后溜尖，上面挂了几条金线，身上也是短打，全是金线盘成的花样。上船的时候，家里的人都来送行。年纪大的跟他拉手，年纪轻的跪在地上，捧了他的腿，闻上一闻。他的妃子拿一条大手巾盖着头，单留出两个洞，可以瞧人，身上也是盘金线的衣服。另外又有一块大红包袱系在腰里。马来王的行李，都裹着杏黄绸。一个箱子、一轴画，拿了上来，照旧拿下去，有人说这就是宝册。

三月二十六日(5月3日) 午刻,到了槟榔屿。本是马来的属地,明朝给荷兰人占了去了。本朝嘉庆手里,英国人跟荷兰人订了个条约,每年出十万块钱,向他租过来做卖买。不上几年,就狠兴旺了。住在这槟榔屿的,中国人有二十八万,洋人只有几百人。这槟榔屿,既没有炮台,又没有驻防的兵,为着从前跟各国订过条约,那个地方不许打仗,所以全用不着。中国人有议院、有公所,章程极好,有什么苦人去,教他一个手艺,等他自己可以养活自己。再不然,就凑了钱送他回国,以后不许再来。未正,上岸逛了一逛,申正回船,戌正开船。

三月二十七日(5月4日) 过马来新埠。槟榔屿的南边儿,有块地方,叫拔退维亚,是荷兰国该管的。住在拔退维亚的,全是中国人。乾隆年间,荷兰杀了许多中国人,荷兰国的官,把那几个为头的人逮住了,一面写信给粤闽总督,问怎们办。粤闽总督写封回信给他,说中国人出了洋,就不能算中国人了,你们爱怎们办就怎们办。从此以后,荷兰人就瞧不起咱们中国人了。

午刻,到了麻喇甲。又叫玛雷,出金银、花椒、树胶、香料。麻喇甲的人,个子狠矮,脸蛋儿漆黑,性子可了不得,动不动就杀人。十停里面,倒有八停做强盗的,可糟不糟呢!

三月二十八日(5月5日) 船过印度洋,颠的狠。印度古时候叫天竺国,又叫身毒,跟缅甸是连着的。有一千一百五十六万二千七百里,有三万〔万〕多人。汉朝就通中国,汉武帝打发过人去找身毒,汉明帝又打发人上天竺去问佛教。唐太宗、元太祖,都领着兵去征伐过。明朝建文皇帝时候,蒙古王(撒)〔撒〕尔马罕得了印度这个当儿,葡萄牙已经开了商埠,在那哈儿做买卖了。荷兰国人把锡兰岛夺过去,跟葡萄牙在一块儿做买卖。万历二十八年,英国人在孟加拉国立了一个东印度公司,后来就给英国人全占了去。

三月二十九日(5月6日) 走印度洋,船仍旧颠得狠。

三月三十日(5月7日) 船更颠,船上的人都难受。

京话演说振贝子英轺日记卷之三

四月初一日(5月8日)　辰刻,到了锡兰岛的格仑埠,英国拿塞门德土在海里头筑了一条堤,留出一个口儿,预备停船。带了参、随,上岸到英国官的衙门里去,丢了一张片子。打一顶小铁桥经过,要两个罗比,才放过去。

午刻,到饭铺里吃了顿饭。饭后,去逛开来庙,庙头有一尊卧佛,躺在地下,有两丈多长。庙背后有一座塔。和尚说,释迦牟尼的真身,在这塔里藏着呢!

申正回船。酉初,换坐“奥士地利亚”轮船,“班哥尔”船的船主,把他送到“奥士地利亚”船上才去,狠露着殷勤。这“奥士地利亚”船,可以装九千六百吨东西,有一万匹马力,每一点钟可以走十五里半。

四月初二日(5月9日)　辰刻开船,望西边儿走。走过印度可么邻角,风浪好了一点儿。船也不甚颠了。

四月初三日(5月10日)　船望西北走。

四月初四日(5月11日)　船照旧在印度洋里走。风大的狠,船上把窗户都闭上,把人闷得慌。刚刚打开窗户,海水就进来了,险得了不得。

四月初五日(5月12日)　风更大。

四月初六日(5月13日)　未刻,过索可特剌岛,这岛里头的百姓,有一万多人,全是阿剌伯种。

四月初七日(5月14日)　风住了,到了瓜达夫伊角。

四月初八日(5月15日)　卯刻,到了阿丁湾,就是明朝的阿丹国。道光十八年,给英国人占了去,在山上造了座炮台,费了八百万磅银子，又派两万陆师、一条兵舰在这儿驻守。一会儿，英国副提督来见，说他们正提督害了病，动掸不得，所以叫他来的。亥刻开船。

四月初九日(5 月 16 日) 到了红海，海面窄得狠，倒有二千多里长。顶阔的地方，只有六百里。东南角上有座小岛，叫丕林，也归英国该管。红海里的水并不红，岸上的山可全是红的。

四月初十日(5 月 17 日) 过红海，走过阿剌伯爱加城。汉朝叫作条支，唐朝叫作大食。那一处的人，全是回回教。

四月十一日(5 月 18 日) 到了埃及的边儿上，有座大山，叫作西乃山。这埃及地方住的都是犹太人。周景王的时，给波斯夺了过去。周显王三十八年，希腊王亚勒散德把波斯征服了，统要回来。汉朝的时候，投降到罗马国里。唐朝的时候，谟罕默德又把他夺了过来。明朝的时候，又给土耳其占了。本朝嘉庆年间，法国皇帝拿破仑打破了城池，杀了无数人，派了兵在那里驻守，后来物归原主。光绪四年，埃及穷了，借了英、法两国的债，所以现在算在英、法两国名下，就是这个缘故。

四月十二日(5 月 19 日) 巳正，到了苏彝士河，天气就凉了，可以穿夹衣裳。午初，有个外国郎中来验病。午正开船。

四月十三日(5 月 20 日) 寅正，出苏彝士河，到了波赛。辰正，进了地中海。午后，走过阿勒散得力亚，是埃及的海口。

四月十四日(5 月 21 日) 走地中海，到了希腊的边儿上。希腊这地方，有六百五十里长，五百里宽，有二百多万人。商朝的时候，有一个人叫洒落哥，造了些字出来叫〔教〕给人认，所以英国的字，都出在希腊。

四月十五日(5 月 22 日) 走地中海，天冷得狠，登时可以穿皮。酉正，到了不邻底西，是意大利该管的地方。岸上就是火车栈，来往的人，也没有数儿，瞅见了中国人这样打扮，他们以为是稀稀罕儿，围着瞧的人可不少。

四月十六日(5 月 23 日) 走地中海，到了义大利的地界。义大利，就是汉朝的大秦，东南连着奥地利，北边连着瑞士，西北连着法兰西。周朝的前头，是土番。到了罗马时候，才算是一个国。西汉的时候，跨着欧罗巴洲、亚细亚洲、亚非利加洲，居然是个大君主。临了给拿破仑编做藩部，等到拿破仑败了，才慢慢儿的撑起来。

申刻，过默西纳，南边儿是挨得纳，北边儿是委苏维俄，可都是火山。

四月十七日(5月24日) 走地中海，起了点风。

京话演说振贝子英轺日记卷之四

四月十八日(5月25日) 巳初,到了马赛,出使法国大臣裕庚在码头上迎着。上岸,到了茀罗大客店,裕庚请了圣安,发了一个电报给外务部。

四月十九日(5月26日) 申正,裕钦差请到科尼斯去逛,风景好像格仑坡。戌刻,裕钦差请吃晚饭。马赛提督、马赛知府都在座。

四月二十日(5月27日) 未正,马赛提督、马赛知府来见,谈了一会儿就走的。

四月二十一日(5月28日) 打马赛动身,裕钦差送上火车栈。马赛到巴黎的火车一天开两蹚〔趟〕。戌刻上车,走得快的狠。丑刻,过立墉镇,这立墉镇是顶热闹的所在。望了一望,灯火通明,就像天上的星一般,好看得狠。

四月二十二日(5月29日) 辰初,火车走过恩罗河的西边儿,又走过里昂,又走过北河,到马康。又过的仍,又过寨纳河,到美伦。午正,到巴黎,火车停了一会儿,走波威、亚眠、亚贝威勒、补罗义这些地方。申初,到了加来埠。总税务司赫德的儿子叫作赫承先,到火车栈上来接,邀了他一块上都华小轮船过海。

酉初,到了英国东南海口,英国外部大臣参赞费乃奉了英国皇上的命来接。洋员金登干、马嘉利,英国出使大臣张德彝、参赞陈懋鼎、陈贻范来见,都华巡抚毛尔来见。上了岸,坐上英国皇上派来的宫用火车。戌刻,到了伦敦。英国皇上又派了可耳费耳在车站上接着,说了半天话。到昔赛儿客店,出使英国大臣张德彝请过圣安,见过些参赞、随员,亥正就歇息了。

四月二十三日(5月30日) 打了一个电报给外务部,告诉他已经到了英国,请他代奏。午刻,刚想写信给英国的外务部,约他一个日子,彼此见面。谁想英国外务部澜斯登已经打发了参赞费乃拿了帖子来拜,随即回拜他。总税务司书记官费尔爱来见,说的全是中国语。他说在北京住过十二年,一切情形都知道。

查英国这地方,在欧洲的西边儿。本来是两个岛:英伦、苏格兰在东,阿尔兰在西南。英、苏古时候是两个国,到明朝万历年间才并的。英国的形势是南北长、东西狭,英苏岛有七十四万三千八百多里;阿尔兰岛有二十七万二千九百五十多里。英伦共分五十二部,东边儿六部,第一部叫作迷德勒塞,首邑就是伦敦;南边儿十部,北边儿六部,中间儿十八部,偏西是威勒士,分作十二部,说话跟英伦稍微两样一点儿,有二千九百多万人。苏格兰分作三十三部,南边儿十三部,中间儿八部,北边儿十二部,有三百九十多万人。阿尔兰分作三十二部,东边儿十二部,西边儿五部,南边儿六部,北边儿九部,有五百多万人,统通一百十七部,部长是百姓公举的,一年到头并没有辛〔薪〕俸。

四月二十四日(5月31日) 拜了个到英国日期的摺子。驻英参赞曾兆锟来,说英国皇上二十六要见他跟张德彝,等外务部商议妥了,再打发人来关照。现在的英国皇上叫作爱惠,是维多利亚的大儿子,生于西历一千八百四十一年十一月初九,已经做了六十三年的太子,娶了丹国竭律天第九个王的公主。(按:实际应为1863年与丹麦公主结婚,而非做了63年太子。编者注)素来讲究兵学,在去尼司蒿司学堂得过卒业文凭。外国的规矩,无论什么人,到了学堂里去,就跟这些学生一样。英国皇上于西历一千八百六十年在阿克司弗大学堂当民兵里面的副将,又在吏部民兵里当副将。六十一年,又在谦不吏去学堂当民兵里面的副将。六十三年,才当第十营好失而兵队副将。六十八年,统带爱夫不而其兵队,又统带第一二营护卫兵。七十五年,封做将军。八十年,统带戈登海伦敦兵队。九十八年,统带格伦敦第而兵队。九百零一年，统带披而司坡兵队、苏格兰阿尔兰兵队。英国的百姓，都知道敬重皇上。英国皇上的小照，大街小巷都有。

四月二十五日(6月1日) 英外务部参赞费乃来关照，说英主定了明日午刻相见，呈递国书。到那个时候，派宫车来接。这日特兰斯发尔和约签字，英国的百姓都欢喜得了不的。

四月二十六日(6月2日) 午初，英国的礼官穿了公服，同了外务部的参赞坐了宫车来接。就带了参议梁诚、参赞汪大燮到英辛占尔士宫。这宫是英国皇上的旧宫，现在并不住在这里头。进了门，有几个英国的官在那里站着。上了楼，有几个英国的兵拿着兵器，也在那里站着。大小官员跟着礼部、外务部都在那哈儿。

礼官引着到了一个殿上。南边儿的窗是沿街的，北边儿的墙上，嵌了一座火炉。殿的东边儿，支着一张小椅子，礼官请他坐下，告诉他，今天英国皇上为着特兰斯发已经平定了，在这里论功行赏，颁赐宝星。殿的西边儿，有一个座，座前有个茶儿，茶儿上全是宝星。坐了一会儿，听见街外奏乐，礼官告诉他，英国皇上来了。拉着他到窗边儿去瞧，见一辆马车，两个穿红衣服的，坐在马车上拉缰，马车里头的，就是英国皇上。仪仗什么都没有，殿西南有个小门。门开了，英国皇上打便道到了殿上，礼官引着他进去。参议梁诚捧了国书跟在后面，行过了鞠躬礼。英国皇上还礼，彼此述过了颂词、答词，呈递国书，传了遍皇太后、皇上的说话。英国皇上很喜欢，拉了拉手，约他同去瞧颁赐宝星。

跟着到了殿前，让他坐下，看见两个武官，并着肩进来。进门的时候，弯了一弯腰，到了英国皇上的座前，又弯了一弯腰，英国皇上冲着他们笑了一笑，拉着他们的手，跟他们说话。两个武官一人弯着一条腿，英国皇上拿过宝星，亲自替他们扣在身上。两个武官，拿一条胳膊架着英国皇上的胳膊，低着头站起来，望后退了几步，才出去，跟手进来几个兵，拿着兵刃，冲着英国皇上站着。以后进来的打左边，出去的打右边，领赏的仪注跟两个武官差不多，一古脑儿，有二十多人。又是什么各国驻英的钦差、英国的百姓都来贺喜，英国皇上的儿子、侄子都站在英国皇上的背后。内廷的官，都站在英国皇上的旁边儿。见他的人都得拿片子，内廷官接了他的片子，念着他的名字，才能够进来，出去都得弯一弯腰。未刻，把宝星颁赐完了，英国皇上回宫，这才带着参议梁诚、参赞汪大燮坐车回去，打了一个电报给外务部，要他代奏呈递国书的日期。

四月二十七日(6月3日) 做了一个呈递国书日期的摺子，下午叫供事写了，带着参议梁诚去逛泊锡花园。这花园本是一个姓泊的私产，后来拿这花园孝敬了英国皇上，什么人都可以去。这花园整整的有十里，四边儿全是铁栏杆，中间开了一道小河。申刻，男的女的，都上这花园歇歇腿儿，热闹得狠。

四月二十八日(6月4日) 拜发了昨天拟的那个摺子。下午，去拜英国的王子，叫作翘耳治。翘耳治就说："前儿我在宫里头，就瞧见你了，彼此不好招呼。今儿我正打算去拜你，你倒先来了，不敢当的狠。"又问了些别的话。英国的规矩，是该立长子为太子，因为这翘耳治的哥哥早就过去了，所以就把他立为太子。这翘耳治年轻的时候，在世职学堂里念书，又到武备学堂里去学水师，曾经坐着铁甲轮船到过上海、南京、武昌这些地方。那个时候，还是学生，现在已经当了水师提督了。今年三十七岁，脾气也好，学问也深，英国百姓都佩服他。

四月二十九日(6月5日) 一早就去拜英国各大臣。这个当儿，他们都在那里办加冕的事，忙得了不的。没有工夫见客，丢了一个片子，也就罢了。英国的上议院掌院大臣参赞政务是伯爵贺尔斯贝，议政院大臣是公爵狄逢奢，户部大臣是白尔福，户部参赞大臣是男爵毕启，内部大臣是李奇，外部大臣是侯爵澜斯登，藩部大臣是曾伯伦，兵部大臣是博禄第，陆军统帅大臣是罗贝，海部大臣是伯爵赛尔朋，商部大臣是伯尔佛，农部大臣是汉壁理，工部大臣是德勒士。

伦敦工部局大臣姓琅,邮部大臣是侯爵德锐,参赞阿尔兰,政务大臣是子爵阿士博思,阿尔兰总督是伯爵克多更,参赞苏格兰政府大臣是伯爵路巴,佛兰凯斯德省参赞是子爵詹晤士,管理印度大臣是子爵哈密敦。这些人都是有权的,有什么事都交给下议院去议,议妥了,把条例拿到上议院,给他们这些人瞧,瞧过了才告诉英国皇上,等皇上施行。

伦敦这地方,连着达迷斯河,有一千五百里,六百万口人,分做五分儿,中间全是做买卖的,西边这分儿是宫殿、衙门、议院,东边这分儿是店铺子,南边这分儿是工厂,北边这分儿地方狠宽绰,有些乡镇,就比不上那四处的热闹了。还有太学、书塾、博物院、太医院、照画院、万花院、草木院、禽兽院。那些地方,单有一个管理伦敦事务总城长,一正两副,又有分段城长二十九个,管着那些地方。从前百姓不过七十万,后来加到九十万,光绪二十三年,女主登基〔六十年〕,就多出四百四十万有零。近来变成了六百万,所以挤不开了。

京话演说振贝子英轺日记卷之五

五月初一日(6月6日)　一早出去拜客,午正回来。查英国的学校,近三十年才有那们多。一千八百九十七年,一古脑儿,只有大学堂六十七所,中小学堂三万一千五百三十九所。当教习的,十四万五千六百零两个人。大学生三万三千五百五十九个人,小学生五百五十万八百零两个人。官学的经费,要九百七十三万三千四百二十三镑英金,大学堂的经费,都是官中钱。小学堂的教习,每年每人皇上家里只给他一镑三仙令,那里够呢?议院里大伙儿商量,就把房税名下的一笔款子拨给了他们,这才勉强过去。小孩子上了三岁年纪,就有到学堂里念书去的。上了七岁年纪,要是不进学堂念书,他的父母可就有罪了。要是做卖买,总得十岁以外才行。上年伦敦的学校表,单是一块地方,也有四百九十八所。什么总董、男教习、女教习,算上学生,一共有五十七万九千多人。又有聋子学堂、瞎子学堂、残疾学堂、脑病学堂,以及烧茶煮饭、洗衣的,都有学堂。

五月初二日(6月7日)　带了参议梁诚、参赞汪大燮,坐上火车,到英国女皇上维多利亚的坟上去。这坟在伦敦西北,本有一座宫,叫作温则,是维多利亚生前歇夏的地方。维多利亚登基之后二十四年,他的男人阿勒帛就死了,维多利亚替他找一块地,把阿勒帛葬了,自己在阿勒帛坟的边儿上,开了一个生(矿)〔圹〕。维多利亚死了,就跟阿勒帛合葬。维多利亚的坟上,四边儿四个铜人,棺材上拿石头雕成一个小像,面上盖着被窝,两边的屋子,盖上琉璃瓦,照得里面雪亮。墙上刻的人,都是立功的大臣,还有油画,是耶稣的故事。中间摆了一张香案,是姑子念经的地方。

他起先跟外务部商量，想照醇亲王在德国拿着花圈供在威廉第一坟上的规矩。外务部说狠好，奏明了英国皇上。到这日，英国皇上派了宫车到火车栈上来接，守坟官在门前候着，及至到了坟前，行了一鞠躬的礼，逛了一会儿就走了。维多利亚是维廉第四的侄女，根的丢克的女儿，是中国嘉庆二十四年四月、西历一千八百十九年五月二十四生的。一千八百三十七年六月，维廉第四过去了，英国的百姓，就要维多利亚做皇上。公历一千八百三十八年六月二十八，维多利亚十八岁，在伦敦大礼拜堂行了加冕的礼，做英国大君主。一千八百七十七年正月初一，封做印度国大皇帝。

五月初三日(6月8日) 在寓里瞧西史。英吉利古时候是土番部落，汉朝的时候，给罗马占了去。齐朝的时候，罗马退了兵，就有北狄跟苏格两部去住在那地方。后来，英国人把北狄跟苏格杀败了，这才立了国号，一古脑儿有八朝：第一朝是萨索尼，第二朝是诺尔曼，第三朝是北蓝大日奈，第四朝是兰加斯得，第五朝是约克，第六朝是都铎尔，第七朝是斯丢亚尔的，第八朝是孛伦瑞克。国里头有两座议院，一座是官议事的议院，一座是百姓议事的议院。人有三等，一等是公、侯、伯、子、男，一等是绅士，一等是乡下的百姓。公、侯、伯、子、男，大儿子都可承袭。绅士是府里跟县里公举的。乡下的百姓都分了党，要是保党，就自已管自已；要是公党，就喜欢管人家的事；要是合党，连人家自己都要管。

五月初四日(6月9日) 辰正，起了雾。过了一会儿，就下雨。英国地方，雨水最多。东南两处，每年可以得雨水三十四英寸。西边儿跟山上，每年可以得雨水四十八英寸，要多点就是五十英寸，每天可以得雨水百分寸之八。

申正，去逛博物院，院主领着头，先瞧印度的兵刃、头盔，还有一张全金的宝座。下来是埃及，再下来是土耳其，再下来是日本。临了，是中国的磁器跟象牙雕成功的东西。旁边儿挂着靴帽的图，又有一座觉生寺的铸磬，刻着道光年号。到酉正才回来。

五月初五日(6月10日) 去瞧槐爱司派司得小学堂。这个学堂,是英国世家子弟念书的所在。起头是学腊丁文字,早上学体操,晚上学打球。穿的衣服,二百六十个人都是一模一样儿。卒了业,进依滕中学堂。再卒了业,进阿司茀大学堂,是一点儿不能错的。回来,瞧槐爱司派司得教堂。教堂跟学堂是对门儿,有座铁炉,是古董。戌刻回来。

五月初六日(6月11日) 去拜上议院掌政大臣伯爵贺尔斯贝,下议院掌院格瑞,内务府大臣伯爵彭伯乐,御前大臣伯爵克勒忍登、礼官伯爵波得兰、英后御前大臣可尔飞尔、英驸马公爵亚其埃尔、公爵佛爱夫昭贺尔斯贝贺得、管理兰加士打大臣世爵都阿佛、刑部尚书世爵亚路华士顿、前管理印度事务大臣世爵高罗士、管理苏格兰大臣巴路佛、伯爵加令顿、世爵巴顿。也有见着的,也有见不着的。

又到金登干办公的地方去,赫承先也在那里司档册。戌正回来,天还没有晚。伦敦在赤道北五十一度三十分,北京偏西一百十六度三十一分。正午,中国已经是戌初了。一交夏至节,每天就比北京长一个多时辰。

五月初七日(6月12日) 去瞧晓埆处米都屯小学堂,是百姓念书的地方,学生连男带女有六百多人。一个男总教习,两个女总教习,学生也有三四岁的,也有十几岁的。高高矮矮,并不是一个模样儿。总教习叫作吉伯,领着到了体操厅上,叫这些学生体操。一吹口号,要站就一起站,要爬就一起爬,整齐得狠。吉伯又领着到别的厅上,那些女学生出来,在厅上演步法,又到各馆去瞧教法。有写字的、有画画的,据吉伯说,这学堂从前是监牢,后来改的学堂。学堂里多一个学生,监牢里就少了一个犯人。英国的皇上,狠想把监牢统统改作学堂才好。

五月初八日(6月13日) 巳刻,金登干约着到英国刑部大堂上去瞧审案。按察使招呼着坐下,瞧了一桩开矿官司的案,午正回来。英国刑法衙门不止一处,有上控院,是告有体面人的;有上公堂,又叫作理刑司的；有下公堂，又叫作理刑厅的。这些衙门，管着两桩案，一桩是钱财，一桩是刑名。还有甚么遗嘱公堂，是给人家分家的，不问钱债，也不问刑名。理刑厅不问钱债，下公堂钱债也问，刑名也问，都归巡捕官该管。巡捕官有问案的权，没有审案的权。监禁在六个月以下，罚款在一百镑以下，可以登时结案。要是大了，就得移到上公堂，归按察司办。两边儿不服，可以重告。理刑厅下公堂断的，可以到上公堂重告；上公堂断的，可以到上控院重告。要是真冤枉，就跟他伸冤，原审官也没有什么处分。上公堂有十二个会审的绅士，临时抽签，抽着的就上堂听审。所定的罪，只有缳颈、监禁、罚款，没有别的。

酉刻，英国皇上派了外务部参赞费乃，要他去赴伯钦思帕尔士宫茶会，各国钦差都在座。英国皇上、英国皇后站在庭心，赴会的在英国皇上、英国皇后面前走过，大家弯一弯腰，一声儿不言语。另外一个地方，预备着酒菜。大家伙儿吃了一顿，也就散了。

五月初九日(6月14日) 到得极禄司博物院去瞧藏书楼，楼上的书架，周围算起来，有三十二英里长，有三百多万种书，什么人都可以进去瞧书，可以坐五百多人。要瞧甚么书，写了书名，搁在盆子里，有个管书的，就把这书拿出来给你瞧。读书堂的外边儿，有几处屋子。单是书架子，底下安上轮子，望前边一推，那后边的就出来了。专门的书，历象、乐律、医学，都另外有所屋子。中国的书，也有几种。什么《图书集成》《西清古鉴》，还有几本宋板小榻〔拓〕本的《莲花经》，元刻的《韩文考异》、明刻的《贞观政要》、唐朝人的绢本，唐朝宋朝人的墨迹，他们狠爱。那个管书的，拿出几十张来，说是在蒙古喀尔喀得的。土耳其、希腊、罗马古人的笔墨都全。管东方书籍的总理，叫作德诺司，能够说中国话。从前放过上海的领事，那就怪不得了。

五月初十日(6月15日) 去瞧医院。门口儿有四座亭子，那些苦人生了病，请他瞧的，都站在屋子里。在里头养病的，另外有间屋子给他住。病轻的跟病重的，分作两起。床帐齐全，地上不铺毡子，窗上不挂帘子。桌子是玻璃做的,防他有灰尘。伺候病人的,是些老婆子。穿了软皮的鞋,生怕走的响了,惊了病人。墙上安着火炉,是收寒气的。瓶里插着鲜花,是收养气的。还有一座割室,是拿挺细的玛瑙石砌成的。有一座骷髅室,是安放人身上骨头的。这医院的经费,全靠绅士们的捐款。有得多,就置了产业生利钱。伦敦医院有五十多处。医生是学堂里卒了业,给了文凭,才能够替人瞧病。

五月十一日(6月16日)　去瞧英兰银行,是公历一千六百九十四年盖的,到现在已经三百八(十)年了。虽说是国家银行,本钱可都是百姓的,不过代办国家赋税。所以国家给他执照,认他做国家银行。一百九十年里头,获利也少,钞票也不十二分通用。

到了英相披而手里,另外定了一个章程,一是债票。国家有什么要紧事情,钱不够使,就问百姓借,出了票子给他们,这叫作国债票。有二百多人单管这桩事,国家给经理人的薪水跟制票的费用,都有限得狠。算起来只合得万分之三。要是国债过了六百兆磅,这注就得减半。现在英国一古脑儿有七百兆磅的国债,利息常年三厘。

二是钞票。国家准这行内自己领国债票四百万磅,又借给国家一千一百万磅,拿产业作抵,也给他利钱。这们一算,这行实实在在存在国家有一千五百万磅,所制的钞票,不能比存款多一丝一毫,这行现在有三千七百万磅,出去的钞票,不过二千九百五十万磅。除掉一千五百万磅有国家的产业作抵,以外一千四百多万磅,还赶不上他存款的一半。

三是赋税。国家的赋税,都归这行代办。他要这们样就这们样,并不要他们的利钱。要是付起国债票利钱来的时候,钱不够了,这行给国家垫上多少,也不给他们利钱。这三项,跟人家不同。人家虽有自制钞票之权,都不能通用。这行的钞票,每日在机器上要出六百张才够用。他们收钞的时候要截角,收币的时候要过秤。分两不对,就搁在一边儿。钞是装在柜子里,币是藏在地底里,单是一个人管钥匙,不知道他的门儿,检直不能开。百姓有钱的,存在行里,公举二十个人做董事，五年一任，不误事的仍旧联下去。有名望的做总董，两年一任。满了就得让别人，造钞的权归行，造币的权归国。晚上有五百名兵守夜，行里给饭，国家给饷。

瞧完了，又到汇丰银行逛了一逛，拜了趟伦敦府尹。酉刻回寓。

五月十二日(6 月 17 日) 午后，去瞧华勒斯博物院。院里放着各种的盔甲，都是几十年的旧东西。另外有许多油画，跟那些玩具，精美的狠。酉刻回来。

京话演说振贝子英轺日记卷之六

五月十三日(6月18日) 带了参议梁诚、参赞黄开甲、唐文治,金登干的儿子金乐培去瞧爱福司忒学堂。这地方离着伦敦有二百里。巳刻上火车,午刻到了。金乐培先引着到一个学堂里,有司事官在门口候着。瞧了瞧藏书楼,再瞧礼拜堂。这堂深的狠,石柱子有十几丈长,都是几百年的东西。有名的教师过去了,都葬在那哈儿,另外有标识。再瞧学生住的屋子,干净的狠。窗口儿都挂着一只花蓝儿。再瞧试院,两边儿排着矮凳子,可以坐一千个人。那天正考着呢,还有几个人没有完卷。老师坐在上面,一声儿不言语,问他们什么题目,说是富强策。再瞧公堂,是奖赏学生的所在。瞧完了,司事官请他坐在一部马车里头,到一条河边上去逛。这条河,是打达迷斯河分出来的。河里头停着几号小船,旗上写着某某学堂。走上这船,开了船舱,四面儿尽是玻璃,亮的狠。书籍、报纸、铅笔,一样不短。司事官说,这船上是预备学生避暑的地方。

跟手上了岸,到学堂里吃中饭。同席除掉司事官之外,有一个华学教习、一个哲学教习、一个律学教习、一个教门教习、一个本国史学教习、一个罗马史学教习、一个算学教习。一古脑儿,七个人儿。这华学教习叫作乐柏,在上海、台湾做过领事,会说中国话。又看了几处学堂,光景差不多。学生要二十岁以上,学过普通学的才许到这学堂里去念书。

酉正,仍旧坐火车回来。吃了晚饭,跟参赞汪大燮、唐文治论哲学的源流。外国的哲学,就是中国的性理。人能够养心,才能够治事。所以经济根于学术。他们论学,说念头是事的根基,先把念头治好了，才能够治事。《大戴礼记》所说的“虑而后能得”，王文成所说的“知行合一”，是一模一样的。这天，英国外务部派了参赞王安过来照料。王安当过驻京使馆参赞，能说中国话。

五月十四日(6月19日) 巳刻，到纽玛铅去瞧跑马。英国地界，纽玛铅有跑马场九处，腾喀斯德有跑马场五处，爱泼桑有跑马场三处，葛特胡有跑马场一处，利物浦有跑马场三处，约克有跑马场两处。这天，英国皇上是带着病来的，看他勉强得狠。

五月十五日(6月20日) 在寓里瞧新闻纸。考英国的议院，权可实在重。英国虽说是君民共主之国，然而君权轻、民权重，用人、行政、赋税、法制、禁令、营建、工作、会盟、战守这些事，都得议院里做主，皇上不过签个字、画个押罢了。上议院叫作劳尔德士，又叫作比尔士。下议院叫作高门士，议员一古脑儿有三百多人。这三百多人里头却分党，那一党胜了，就是那一党出来做宰相。六部大臣，是归宰相拟的。面子上说是皇上选的，其实是百姓公举的。那一党输了，那一党就得退位。皇上每年的用度，跟皇后、皇子、公主每年用度，都得在议院里议定。要是不够，可以跟议院言语一声，或是添一点。要不添，皇上也没法子想。大臣的养廉，宰相每年八千镑，上下议院是没有养廉的。

高门士的权，更在劳尔德士之上。有什么事，上议院议定了，下议院不愿意，可以驳回。驳不上三回，不怕上议院不更正。议和议战，上议院也得听下议院的信，还得瞧新闻纸。新闻纸说不能战，议院里就可不答应发饷；新闻纸说能战，议院里就跟他拨款。六部里有什么事，议院里打发一个人士去关照他，要他到了时候，派个侍郎，当面问他。碰着大点的事，请了宰相过来商量。宰相说可以，议院说不可以，宰相也不能违拗他。单是外交和约章程，暂时秘密一下子，日久总要给他们知道。议院说不妥，宰相就得退位。英国民权重到这么样，倘然把事办错了，人家可得怪议院，不能怪皇上。他们这点道理还明白，不然做他们的皇上，可真没味儿了。

五月十八日(6 月 23 日) 听见说英皇的病狠利害,加冕得展期了。申正,赴锡泊花园的茶会。主人是伦敦府尹,周旋了一下子就回来。戌正,英皇后请到博庆宫赴宴,就带了参议汪大燮、黄开甲,跟英外部参赞王安,到了博庆宫。参议们在楼下等着,他跟王安两个人上楼。德国专使亨利亲王这日才到,大家见了面,谈了两句。一会儿,各国的专使都来了,英皇后一个个的跟他们搀手。赴完了宴,回来的时候,已经是子正了。

英国的属地多得了不得,欧洲有三处,亚洲有十四处,非洲有十七处,美洲有七处,西印度有八处,澳洲有十一处。有的设一个提督,有的设一个酋长,有的设一个苏丹,另外有什么委员、公司,小事随他们去办,大事就得跟议院、枢密院商量,不能混出主意了。

五月十九日(6 月 24 日) 去拜德国专使亨利亲王、日本专使小松亲王。午刻,听见英国皇上的肠痈已经给医生开了刀了,要十日之后才能平复,加冕决计改期。就打了个电报给外务部,告诉他们这回事,自己又到宫门去问候,在簿子上签了个名字回来。

英国的外务部,有两个上侍郎,有两个下侍郎,有一个藏书楼总管,有一个和约处总管,其馀都是书记官。外部大臣应办的事情,第一桩是接待各国专使、驻使引见君主;第二桩是本国、各国百姓、衙门,本国在外驻使、领事寄来的信,马上得回覆他;第三桩是一切外交国是,临时斟酌。要是收掌公文信札,就是书记官的责任了。

五月二十日(6 月 25 日) 早上,英国皇上的病狠险。酉刻,英外部打发一个人来谢步,说各国专使都到齐了,为着皇上生病,把众位耽搁住了,抱歉得狠。这人去了,他就打发参赞陶大均去探日本小松亲王的信息。后来知道小松亲王已经拣定动身的日子,他也就跟参议梁诚这些人商量想要回国。一会儿王安来说:澜侯明儿三点钟来拜会。

查英国户部的章程,每年的用款,两年前头就得算定了,不能更改。他们的要着儿,不过拿了百姓的钱,用给百姓就是了。除掉内府杂费、战务经费、官员薪俸以外，一丝一毫都不能乱动。

一千九百零三年进款的清单

关税三千二百八十五万镑
五谷杂粮税二百六十五万镑
货捐三千二百七十万镑
产业捐一千三百二十万镑
印花税八百七十万镑
地税七十四万镑
房税一百七十六万镑
家私进项捐三千八百六十万镑
国地租费四十七万五千镑
苏彝士河股票八十八万镑
邮政一千四百八十万镑
电报三百六十三万镑
杂项二百万镑
一共一万五千二百九十三万五千镑

出款是

国债利息一千八百三十六万镑
战债利息四百四十万镑
另外有项不还的债，他的利息也得一百六十四万五千镑
国家房屋捐一百一十五万五千镑
陆军跟着炮厂里的费六千九百六十六万五千镑
海军费三千一百二十五万镑
职官费二千六百四十四万八千镑
关税费跟着内地税务费三百三十九万镑
邮政费九百七十六万二千镑

电报费四百二十一万一千镑

运船费七十七万九千镑

另外还有一种备而不用的费一千七百七十五万镑

一共一万八千八百四十六万九千镑

除掉进款一万五千二百九十三万五千镑，两下抵过了，还差三千五百五十三万四千镑。他们内府里头，皇上每年用费六万镑。宫里那些官的薪俸跟养老费每年十三万一千二百六十镑，吃喝每年十七万二千五百镑，预备皇上赏赐那些善举每年一万三千二百镑，杂项八千零四十镑，定了数目，都不能动。单是养老费每年可以加到一千二百镑，都是到户部里去拿的。

五月二十一日(6月26日)　一早听见英国皇上的病好了点。午后，德国亨利亲王跟着英国澜侯来拜，他听见各国的专使一个个都走了，就合澜侯说明白要回去的意思。澜侯说，明儿三下钟去见一荡英皇后罢！

查英国的兵部简派兵官，都得皇上给他一张文凭。皇上并没有养兵的权柄，一年多少军饷，要议院里议定了才行。军律跟着行军章程，也得议院里议。有一种叫常备兵，有一种叫民兵。常备兵里头，有步队、有马队、有炮队、有工程队、有转运队、有粮台，他们的责任，分做三项：一项是驻守英国的三岛，一项是驻守印度，一项是驻守属地。驻守本国的兵，是遵本国军例的；驻守印度的兵跟带兵官也是遵本国的军例的。单是印度兵，是遵印度政府里头定下来的军例的。要是跟英国在一块儿，那就得遵英国的军例。

英国的老法子，皇上可以随时练兵，可以随时遣散。打公历一千八百四十七年起，才改了现在的样儿。英国的百姓，都得当兵。步兵十年，马兵十二年，满了期再看。要是留他当下去，二十年、二十四年都论不定。兵官要是得了皇上的文凭，皇上不撤退他，他不许自请开缺。民兵里头，有义勇、有团练步兵、有团练马兵。义勇归内部大臣管，百姓打十八岁起，二十岁止，把他名字记在册子上，将来议院里议出来，说是要添义勇多少人，打开册子，一个个的叫了来，抽签听用，大约跟常备兵差不多，就剩没有饷罢了。也不出去打仗，每年有一定的时候，在一块儿操演，少则二十一天，多则二十八天。他们这里头，也有炮队，也有工程队，也有轻装马队，临了是洋枪队。团练步兵、团练马兵，凭他们自己去定额子。国里头出了事，是团练马兵去弹压，不关步兵的事。外国人杀到边疆上，这才调团练出兵呢！

五月二十二日（6月27日） 申刻，带了参议梁诚、参赞汪大燮到宫里去辞行。英皇后出来，说了多少抱歉的话。回到寓里，把贺礼告成由英登程日期的奏摺叫人弄好，马上就发。

查英国的海部，有一个领袖大臣，有几个副大臣，底下分股做事，有叫作造船股的，有叫作验船股的，有叫作造样股的，有叫作机器股的，有叫作验机器股的，有叫作炮股的，有叫作银钱支销股的，有叫作测算股的，有叫作书记股的。要是造一条兵轮，先得验船股的人验出多少条旧船没有用了，必须造多少条新船，抵这数儿，造样股的人才打了样子，或是铁甲、或是鱼雷、或是快艇，送给海部大臣看。海部大臣准了，才由机器股的人算就多少马力、多少速率。再由造船股的人算就多少木头，多少铁。再由炮股的人算就搁多少炮，炮位搁在甚么地方。然后，银钱股的人过来估价，或是官厂里造，或是私厂里造，多不限定。海部把这回事告诉了皇上，皇上跟枢密院一商量，商量妥了，通知海部。海部通知户部、通知议院。把船造成了，钱不够，议院里叫贴他几个钱就贴他几个钱，不能争多嫌少。倘然剩了些钱下来，存在海部，预备下回造船再用。

五月二十三日（6月28日） 一早，英国外务部大臣澜斯登到寓里来，说起英国皇上听见中国皇上有旨问他的病，他感激得狠。戌刻，到金登干那里去吃晚饭。

查英国的水师官，都是打学堂里出身，选派起来，有的是皇上签字，有的是海部签字。皇上签字，从提督起到千总为止；百总以下，就是海部签字了。水师官是正提督、副提督、后提督、总船主。碰着打仗，正提督死了，就是副提督代；副提督死了，就是后提督代；后提督死了，就是总船主代。所以做总船主的，没有一个不懂号令纪律这些事情的。从前兵船上的水手可以升到提督，现在都要学堂里出身了，必须讲究些测量、算学、格致。兵官里面，像陆师兵官，要不是皇上撤退他，他自己不能够请开缺。千总以上，升迁调补，都归提督管。百总以下，升迁调补，都归船主管。提督有什么事，奏明皇上；船主有什么事，咨送海部。倘有不公道的事情，兵官可以跟议院里说。议院里准了，就可以审他们。水师的饷，归海部里发。学生在学堂里卒了业，得了文凭，在兵船上当上三年差，就升百总。那些水手，都归他管。那些兵跟那些水手犯了罪，另外有监禁的地方，都归海部办理。水师的例，跟一切打仗的章程，是海部作主。防堵的事情，是提督作主。

海部里的兵轮，名色多得狠。铁甲、鱼雷、炮船，是常备的战船。有种叫驳船，有种叫屯船，是拿旧兵轮改的。有种巡船，是巡缉口岸的。有种预备战船，是拿公司船，挑几条合式的，载载兵，运运饷。有种后备兵船，是怕常备兵船上死了人，或是伤了人，就拿这后备兵船上的人补进去。有种缉私兵船，那是海关上用的了。现在英国有五百四十八条铁甲、鱼雷、炮船，九十一条驳船，四十九条屯船，一百零七条巡船，五十条预备战船，九条后备兵船，五十四条缉私大小兵船，一古脑儿，有九百零八条船。

五月二十四日(6 月 29 日) 未正，带了参、随去逛达迷斯河。岸上的树狠多，碧绿的叶子，好看得非常。河里撑着小船，只能够坐两个人儿。撑来撑去，古人说的话，中流容与，就是这个模样儿了。回去，上饭铺子吃饭。

考英国的商务，实在兴旺。从前欧洲地方，开辟商务最早的，是希腊、罗马、西班牙、葡萄牙。欧洲的边儿，却只有一个丹国。英国通商的时候，是跟丹国合夥，学会了他的法子，不过在自己门口儿经营经营罢了。后来丹国的水师，给英国打败了。英国这才一点一点的扩充出去。他们有两种道理，一种叫坚忍，一种叫自然。商税的章程，是议院里定的。议院里的议员，可都是商人举的，所以他们互相保护。

查公历一千八百九十五年

进口货值表

英国本国 五垓二京九兆零零三千四百五十七镑
印度属地 五京九兆三亿二万三千九百十镑
亚洲属地 三京一兆零三万一千四百六十三镑
非洲属地 二京七兆六亿四万一千七百八十七镑
美洲属地 二京七兆五亿七万九千二百零三镑
西印度属地 五兆八亿六万七千六百八十七镑
奥洲属地 六京五兆九亿五万九千九百七十七镑

出口货值表

英国本国 二垓八京五兆六亿零四千四百九十三镑
印度属地 六京六兆零一万三千八百二十镑
亚洲属地 二京七兆一亿零一千五百五十五镑
非洲属地 二京七兆三亿九万七千三百二十一镑
美洲属地 三京一兆六亿九万二千六百四十九镑
西印度属地 五兆零八万一千一百六十镑
奥洲属地 七京二兆八亿三万六千三百二十镑

一古脑儿，进口货值七垓四京六兆四亿零七千四百八十四镑；出口货值五垓一京五兆七亿三万零三百十八镑。

京话演说振贝子英轺日记卷之七

五月二十五日(6月30日)　巳初，在英国动身。英皇后派了副礼官，英礼部派了参赞官到车栈上送行。比国驻英公使跟张德彝过来送行。他就坐了火车，到都华海口。比国奥士登提督高而士，比国皇上派来的向导官副将裴罘、都司威大义、守备维里亚带了船来接。英国都华巡抚，在船边送行。他就坐了比国轮船过海。

未刻，到了奥士登。奥士登是比国一个海口，通通是沙地，景致狠好。欧洲人到了夏天，尝到这儿乘凉。比国的皇上，也造了一座行宫。这个当儿，刚刚在那里避暑，听见他来了，就打发外部大臣华货罗、内务府大臣渥陀罗幔、驻华公使姚士登到船上来，约他会面。

申刻，上了岸，在店里住下了。驻比代办使事刘玉麟递上一个节略儿，都说的是比国事情。比国自主，在西历一千八百三十年。各国订了专约，算是局外之国，永远没有打仗的事情。到现在有了七十二年了，风平浪静，真正是仙乡福地。比国皇上今年六十九岁，学问狠好。

五月二十六日(7月1日)　午刻，带了参议，到了比国行宫里去。比国皇上身上带了咱们中国皇上送他的黄带珍珠宝星，在穿堂里候着。两个人拉了手，坐下，谈了一会，就回来了。晚上请吃饭，他跟比国皇上并排坐。同席的是外部、内务府大臣、姚钦差、芦汉铁路总办沙多这些人。比国的公主，也在那哈儿。

查比利时是个君民共主之国，什么事情都得议院里定规。四万个人，可以举一个下议员；八万个人，可以举一个上议员。现在有六兆三万二千多个人，所以有七十九个上议员，年纪都在四十以上。八年算做一任，四年一举，换掉一半。有一百五十八个下议员，年纪都在二十五岁以上，四年算做一任，两年一举，换掉一半。议员里头，公举一个总统，两个副总统，四个文案。等到举议员的时候，大家伙儿抽签，每一班十五个人，各班里头，大家伙儿举几个合拢来算做总班。有什么事情，各班先议一议，再告诉总班。总班答应了，才能去办。

五月二十七日(7月2日) 坐了火车，到布鲁树去，逛新开河跟着海口。这布鲁树，从前是个通商口岸，后来为着涨了四十多里的沙田出来，轮船来不了，商务就渐渐的减色。目下仿苏彝士河的法子，在地上开了一条大沟，一节一节，都有活坝。岸上有一只电气船，只用一人把手指头一按，那活坝就转了向儿，可以让这电气船来往。督工大臣柯山把这电气船的图拿出来，告诉人家如何用法，说得狠明白。海口的石堤，曲曲弯弯，跟天上的月亮一个模样儿。为着地势太平，所以把他来挡风。这个时候，河工已经完了，堤工才只得一半。

逛了一回，又上工艺局。洋人叫他做赛会，金木做的东西，摆了一座屋子。还有绒画、油画，都是老古董。另外有十多个编绦子的女工。这天，布鲁树的总督钟西尔请吃饭。酉刻，回奥士登客栈。

五月二十八日(7月3日) 打算上比国京城。午刻，到了海口。比国皇上在船上候着。这只船是比国皇上的游船。舱里面，睡觉的房间、吃大餐的房间、看书的房间、会客的房间布置得狠好。比国皇上送给他一张照片儿，又带他到各处去逛，告诉他说：我年纪大了，不中用了。跑马、打球，都是卫生的要术。说了一回闲话，跟他拉拉手走了。他也起了岸，坐上火车，到比国京城。外务部各大臣都来接他。晚上，外务部请他吃饭，有二十多个人坐在一块儿。宰相德斯的乃、府尹夺莫周旋了半天，又称赞代理公事刘玉麟精明强干。

查比国有八部，是外务部、吏治学校部、户部、兵部、刑部、工部、农部、铁路电线邮政部，每部有一个正大臣，一个副大臣。其馀都是什么司什么司，有掌汽水树艺的司，有掌古迹牌坊油画的司，有掌桥梁、道路、官产的司，有稽察饮食损益的司，有稽察牛油鱼肉的司，有监造房屋的司，有掌衙署律例的司。铁路电线邮政部有掌本署经费的司，有掌本署奖赏的司，有掌本署争办事理的司，有掌铁路文案的司，有掌铁路银钱出进的司，有掌铁路图表、稽查分局的司，有掌抚恤老病工匠的司，有掌本署迁转、记录功过、监造车场、建立路灯的司，有修造器用绘图的司，有掌各局开车时刻、给发器具的司，有掌运货搭客价值的司，有稽察逐日收款的司，有管理售票、转递信件的司，有掌修造电线的司，有掌收发电报的司。这是比国设官分职的大略情形了。

五月二十九日(7月4日) 早晨起来，上总会里去。他们的总会，就是议事的地方，那些人都站在旁边听。又上报馆里去，排印得狠快当。一个时辰，可以印一万张纸。午刻，比国的外务部、比国宰相代他们皇上做主人，在宫里请他吃了一顿饭。

查比国的兵制，分七个门类，是步队、马队、炮队、地雷队、转运队、巡捕队、管电线队。步队里面，又分四个门类，是常兵十四队、猎兵三队、皮帽兵一队、快枪兵一队。马兵里面，又分三个门类，是猎兵两队、行导兵两队、长矛兵四队。炮兵里面，又分三个门类，是管炮九队、炮手一队、工作一队。地雷里面，又分两个门类，是管雷一队、修桥一队。单是转运队、巡捕队、电线队不分门类。他们当兵的规矩，百姓在二十岁以上，就得去抽签，听候挑选。有不愿意的，请人家去代，一人总得当上十三年兵。满了期，听凭你们去干吗，他都不管。

六月初一日(7月5日) 坐了火车，到安华士地方，住在店里。这安华士地方，都是些比国念书人，又到海口，路过船坞，进去瞧了一瞧。全国的商船，一共有一百多条，一半是帆船，一半是轮船。比国没有煤油，都是到美国去贩来的，藏在地里，一年到头是这样，并不曾出什么乱儿。又到炮台上去，傍晚回店。有个中国人叫做张尧艮，是浙江鄞县人，住在比国十多年了，那天带了家小，一同来见。夜里，总督高思尔思请他吃饭。

六月初二(7月6日) 坐火车到利喔士地方。这天是礼拜，各厂停工，街上来往的人可不少，身上都穿得体体面面，这是什么缘故呢？原来他们第一是勤农。比国种田的人，都是各归各的，所以家里没有个不富的。第二是励学。比国学堂，共有六千九百五十八座，大学堂有两座。每年费二兆二亿佛郎。中学堂有一百五十座，每年费三亿佛郎。小学堂有六千七百四十七座，每年费十九兆佛郎。

大学堂里专门的是政治、律例、格物、教术、武备、医学、化学、矿学、电学、桥路工程学。大学堂里净是男人；中学堂里一大半男人，一小半女人；小学堂里一半男人，一半女人。中学堂里有男女师范学堂两座，小学堂里有男师范学堂十九座，女师范学堂三十四座。要卒了业，给了文凭，才能够当教习。学堂是归在吏学部名下的。

吏学部又另外设了一员官，是专管那些孩子们。有不肯念书的就罚他，有考了头等的就赏他。另外做铁匠的、做木匠的那些人也另外有学堂，不过他的名目一古脑儿叫作普通学就是了。人人都说比国是以工艺得的名，这话可一点儿不错。

六月初三日(7月7日) 坐了火车，上斯冷地方去瞧铁厂。这斯冷地方的矿多得狠，净出煤铁。他这厂有十几里路远，化铁的锅子，多有丈把高。旁边有座铁桥，是预备把煤铁两样送到炉里去的。炉底下有个门儿，紧接着一个瓦槽，那铁流出来，就流在瓦槽里。又打瓦槽里流到模子里。要是炼钢，就得把铁搁在一个大瓮子里，等到烧烊了，拿出来搁在机器里。机器一摇，铁里头的零碎东西自己会飞出来，然后等他凝拢来，那就是钢了。这个时候，有个新铸的炉锅，还没有用过，厂里的总办吉林阿，拿出一把麻柴，上边绕着五色的丝线，点着了火，叫他去引那炉锅，对他说："经你的手点着了这个火，你的名气跟这炉锅一样的长久了。"又指着炉锅旁边的钢板，告诉他说："焦炭的热力太大了，就怕他炸。这板凿了许多眼儿，等他通通气，就没有毛病了。"出来了，天气狠热，回去的时候，坐上一条船，两岸碧绿的树，树里头一阵阵清风吹过来，身子狠觉得凉爽。

六月初四日(7月8日) 利屋士地方的总督，叫作托罗西，约他吃早饭。回来之后，上尔士他卢，去瞧枪厂。机器柜子紧紧的接着，造出来的枪，有战枪，有猎枪，有防身手枪。当年的连珠枪、毛瑟枪、哈乞开斯枪，现在为着他式子老了，另外造一种新的，弯弯曲曲一条柄。柄里头可以搁五粒子，一揿，五粒子就出来了。猎枪有双管的，还有三个管子的。手枪不过几寸长，玲珑得狠。总办佛兰呢一样一样指点给他看，告诉他说，这厂里每天用一千五百个工匠，一半男、一半女，总要等这件东西造成了，那才估价值多少、给多少，决不欺人。

查比国的关税章程，书本儿、新闻纸、化学材料通通免税以外，值一百钱的抽十个，或抽十五个，或抽二十个，不是一定的。烟酒两项，每一百斤抽三百个佛郎的税。为着他是有损无益的东西，所以怎么办。

六月初五日(7月9日)　本来要上巴黎的，为着马烈文煤矿商人瓦尔鸩请他去逛厂，所以耽搁下来了。巳初，到了矿厂。这厂里有十一口井，都是用机器挖的煤。井里头煤气重得狠，要是碰着火，就会烧起来。要是没有火，又瞧不见。厂里匠人拿的灯，圆圆的盖，口子极小。外边儿用极细的铁丝做成一个罩儿，等他的热气缓缓儿的散，就不会碰着煤气了。下面凿一个小窟窿眼儿，等养气进去，这灯可以明。虽是小小的一样东西，也都有化学在里头。这厂算是瓦尔鸩祖父的私产，一共有一百多兆银子。瓦尔鸩年轻的时候，就学矿学。二十岁到厂里督工，现在上了岁数，他还是这样儿。逛完了，顺便去瞧了瞧玻璃厂跟着车厂。晚上住在瓦尔鸩家里，地方大得狠。听说是从前比国皇上的行宫，后来卖给瓦尔鸩的。客堂里摆着各种矿石，可惜时候太短，不能细细的考察。

查比国的矿税狠薄，十里地的矿场，每年只抽十个佛郎的税，名目叫做井税。又在馀利里头提出十分之二，名目叫做货税。每年要造一本出入表，就按着这出入表算税钱。又查比国课税，大约有十二宗。一宗叫做本地税，值一百个钱抽七个钱。一宗叫做业税，有十二个利钱抽一个钱。一宗叫做矿税，一宗叫做关税，一宗叫做印花税，一切文凭票据，都按着他的数儿抽税。另外有甚么房税、门窗税、器用税、仆税、马税、自行车税、狗税，地方虽不大，一年的出产狠多。

京话演说振贝子英轺日记卷之八

六月初六日(7月10日) 打算动身,叫翻译刘式训去谢比国皇上跟各部省大臣。坐的火车,由他们铁路大臣预备。比国全国的铁路,都是动官款的,一古脑儿有四千五百五十一法里,也没有甚么税,不过拿剩下来的钱,作修理费罢了。向导官裴礼罘那些人,都来送行。

午初开车,申正到了巴黎。法国外部大臣打发一个人叫做微席叶到车栈上来接他。这微席叶做过中国天津领事,能够说中国话。钦差裕庚来见,就把行李打发到客栈里去。后来知道日本小松亲王也住在这店里,就去拜他。可巧他去赴法总统的约了,没有见面,并且听已经定了明天一早上西班牙去,十一才能够回来。

六月初七日(7月11日) 比国皇上送他一座宝星,忙乱了好一会子,才把来人打发走了。又去拜法国的外务部跟法国的首相。

查法兰西古时候叫作高卢,汉晋的时候,归在罗马名下。齐梁的时候,日耳曼郎哥部酋长名字叫作哥易路,带了人马,侵犯罗马,把高卢夺了过来,筑了一座城叫作巴黎。后来又叫作墨罗邠朝、加鲁令朝、加北珍朝、瓦罗斯朝、不尔奔朝、加鲁令朝。有个皇上叫作小利曼,这人最英明,曾经挑选了一千个人算做议员。不尔奔朝有个皇上叫做路易十四,把这议员的条例裁掉了。到他儿子手里,就是路易第十五,一味的强凶霸道,一会儿改了民会,一会儿又改了国法议会,弄得稀糟。后来路易第十六把议员都掐在监里,这一下子,可砸了。百姓们立了个筹国会,叫各国来帮他们的忙。整整闹了二三年,后来还是英俄两国跟两边讲了和。等到拿破仑即位,到处侵掠人家的地土,动了众怒，把拿破仑放在一个海岛里，公举路易十八做皇帝，又公举拿破仑第三做总统。西历一千八百七十年，跟普鲁士打仗，拿破仑第三败了，给普鲁士擒了去，法国人割地赔钱。趁这个当儿，改了民主之国，到现在已经三十多年了，还是这个模样儿。

六月初八日(7月12日) 带了参赞，去见法国的总统。法国的外务部大臣德加赛合内务府大臣都在门口儿候着。法国的总统鲁佩站在殿当中跟他拉手，又让他上里头去坐。见了总统的夫人，出来的时侯，总统送到台阶底下，才慢慢的进去。酉刻，法国外务部大臣代他们总统谢步。

查法国打一千八百七十一年之后，改了官制。现在有的是内部、刑部、教部、外部、户部、兵部、海部、文部、工部、农部、商部、藩部，每部有个大臣，另外有一种叫作司，有一种叫作股，却差不多。司是分房的，股也是分房的。有一个正房官，有一个副房官。有主稿、随员、书库正、书库副、(挡)〔档〕房长、(挡)〔档〕房副这些名目。一国里头，有八十九个知府，二百六十八个知县，都归内部。各县有审判事务的官三个，这审判事务官的上面，有个提问衙门。一国里头，有三十六个提问衙门，管理八十六府。另外有四十九个巴黎裁判院理事官，都归刑部。基督新旧两教、犹太教、回教不分彼此，各乡有官教士，都归教部。专使、例使、参、随、领事是外交官，都归外部。税务司、关上办事的人，都归户部。陆师归兵部，水师归海部，学堂归文部。要是百姓公举，在乡董里面挑一个乡官送到县董局里，就算县董。又在县董里面挑一个人，送到府董局里，就算是府董。十万人以上举两个人，送到京城里，就算是下议员。下议员、府董、县董、乡董公举一个人，送在元老院里，就算是上议员。上议员、下议员可以公举总统。

六月初九日(7月13日) 午刻，接到外务部一封电报："直隶候补道梁诚著赏加三品卿衔，派充出使美日秘国大臣，钦此。"

查法国的议员，一古脑儿有三百个人。本来是没有定额的，从一千八百七十五年起，定了一个章程。七十五个归议政大臣举，算是常议员。其馀二百二十五个,归各府各县各乡举,算是散议员。一千八百八十四年,又定了一个章程,要是常议员出了缺,这个额子,改做散议员。做上议员的人,必须要年纪在四十岁以外,通达国政,熟习律例才行。做下议员的人,要年纪在二十五岁以外,生平没有做过犯法的事才行。这真正是好法子。

六月初十日(7月14日) 是公历七月十四号,就是法国改民主的日子,外部请看操。午后,到演武厅,地方宽阔得很,马队、步队、炮队有一万多人,七个总兵,抗着大旗,站在台阶底下,总统拿了功牌挂在旗上,然后擂鼓。一队一队的排开来,再齐整也没有。

六月十一日(7月15日) 戌初,外部请吃饭。同席的有一百多人。亥正才散。

查法国的财政,户部大臣有管理正杂税务的权。出款里面,像各人的薪俸、国债的利息、学堂的津贴等,都归户部大臣支付。各府、各县进出的银钱,户部派了一个总管税务的官管府里,派了一个管理收税事务的官管县里。近来法国进出款的总数,一千九百零一年的进款,是三千五百五十四兆五十一万四千四百十八佛郎。出款是三千五百五十四兆零六万五千九百六十二佛郎。一千九百零二年预计进款是三千六百兆零六十一万九千七十八佛郎,出款是三千六百零二兆三十三万三千二百四十四佛郎。

六月十二日(7月16日) 戌刻,总统请听戏。亥刻回寓。

查法国税课章程,有正税,有杂税。正税是四个名目:田地房屋税、人丁器具税、门窗税、各行各业应纳的税以外还有别样的税都并在正税里面。以外开河、修路、学堂经费、商务局经费、都是打百姓那里捐来的。

六月十三日(7月17日) 外部打发微席业过来,约他去瞧武备学堂。这武备学堂在威赛故宫的后面,离巴黎有二十多里地,马车走半天才到。学堂里的监督在门口接着进去。这堂本来是法国的女学校,西历一千八百零九年拿破仑做皇帝的时候,改做练武的地方,到现在有九十多年了。分十个斋,每斋一个教习,有千把个学生。考取之后,学马步,三年卒业,就当把总。他们的统帅,也有在这堂里出身的,一个个都把他照片挂在大厅上,好等那些学生看了羡慕他,这也是鼓励人心的意思。

到了演武厅,操场上学生一队一队排着,扮出打仗的模样儿。一个学生拿了枪去做侦探,后面跟着一队小队,小队后面跟着一队大队。外国的兵法,打起仗来必定不肯一起出去,打了胜仗就不追,是怕碰着地雷。马上的兵探着头望,看见了敌人赶上去,看见了开炮撤退回来。有两个学生,把草扎了人,骑在马上,大伙儿拿着家伙戳他,那马左右躲闪,这草人竟会不掉下来,不要说他们人是教成了,就是他们的马,也教成了。酉刻回寓。

查法国的税则极繁。像酒税、盐税、糖税、契约报官税、印花税都是大宗。酒有落地税,出卖的酒,只要送了过去,就得按着酒价捐钱。酒主或是由这边搬到那边,或是搬到同行人家去,那都不捐钱。落地税按府分的大小,分为四段。离葡萄田最远的地方,捐的钱最多。以外还要入关的税,在四千以上的才完税。零卖的酒也有税,酒主要报明税务司,给他单子,才能够卖。盐税是并在食物税里面的,每一百个基罗喀啦么完十个佛郎的税。糖税极重,要是打从属地运来的,还可以减轻点,来馀宁、法昂狄两处运来的,非但减轻,而且免税。打欧洲运来,或打别国的商轮上运来,一例加税。他是要保护他们的出产,所以不得不如此。注册税一种是正税,一种是杂税,多少不等,照着契札定税,契札差不多的,也就不分什么大小轻重了。注册的杂税,照着契章开出来的数目完税。印花税,凡有文凭契据,有关权利的,就得报明官府,誊清的时候,必得用印花官纸。纸有两种,一种是分尺寸大小,一种是分数目多少,都有一定的法子。税价跟着纸价,纸价顶贵的,每张三个佛郎六十个生丁,次一点儿的两个佛郎四十个生丁。告示、告白都有尺寸,有照着款项盖用印花票的。无论什么都有定例,像商家的合同、银行的汇票,都要完税的。

六月十四日(7 月 18 日) 去逛拿破仑庙,仿佛是个罗马教堂。两边儿是武备博物院,藏着许多兵器。当中是座殿,殿后是拿破仑的坟,竖着一根一根溜光的石头,刻着拿破仑生平七大战事,把当时得着的各国旗帜,挂在四面。又把得着的铜炮铸了两个铜人,活的时候穿的衣帽靴鞋,一样一样的都藏着呢!

六月十五日(7 月 19 日) 午正,法总统请到宫里吃饭,申初回寓。

查法国外部,设一个大臣,每年薪俸六万个佛郎,另有六十二个司员额,额外行走的,再要加上几倍。他们考取外部的法子,必须先学过法律、公法、外交条约,在学堂里卒了业,得了专门的文凭,才能够报名应考。考取之后,就在外部当差,不给薪俸。以后或是补了司员的缺,或是升了使馆、领署的参、随,或是外派,或是内用,然后计功行赏。就像仪制局的总办古娄谢,现在已今做了全权大臣。又像翻译官微席业,考东方言语科,得了文凭,到外部当差。后来派充北京使馆翻译,升到头等,后来又升天津领事。到了法国,又升总领事,其实仍旧当翻译,并没有到过领事的任。这就是借着外部升使、领、参、随的凭据。至于派出去出使人员,一大半是部里当差的人员。外国重的是专门,无论什么,都要专一门,他才不至于弄砸。

六月十六日(7 月 20 日) 外部打发微席业,约他到显理第四行宫去逛,并且请他坐电车。这电车式子跟马车差不多,就是前头短两个轮子,后头装着一个电柜,走起道来,每点钟可以走二百里。显理第四行宫在城外山上,树木很多,四面一望,巴黎仿佛在脚底下一样。那些逛的人,也有坐在地下看书的,也有手挽着手谈生意卖买的。还有些娘儿们,在那里做活呢!可见外国人连出来逛逛,都不肯荒了本业的。申刻回寓。

查法国的兵制,一千八百八十九年定的规矩:子弟们无论富贵贫贱,都得当兵。当兵的年限,打二十岁上起,到四十五岁上止。在营里的时候,或是一年,或是三年,其馀碰着打仗,就把他调出去。乡里人到了二十岁年纪，就要总甲查明，把名字开上去。到了挑选那天，大家伙儿都可以去看。知县坐在中间，总甲站在旁边，一个一个的唱名。唱完了名，大家拈阄，阄搁在一个竹筒里，要是本人没有到，娘老子跟他代拈。拈完了，打开阄子来看，编着次序，派在什么营、什么营，要是有残疾的，那就免了。其馀或是没有父母的长子，应该留养他的兄弟。或是寡妇的儿子，或是他的老子到外头去了，应该留养他的母亲。或是老子上了七十岁年纪，或是长孙，或是曾孙，或是兄弟两个，留下哥哥。或是他的哥哥已经当了兵，或是兄弟当过兵已经死了，或是受伤，或是大书院的先生学生子，义学里的先生，学生能够代先生教书的，或是教会里面有名分的人，或是没有念成功书的，以上都可以免。

现在法国的兵额，步兵一古脑儿有六百零四营，每营五百人；骑兵一古脑儿有八十五营，每营六百六十人；炮兵四十营，每营一千一百七十六人；守台兵二十二营，工程队七营，这都是另外的，护粮马队二十队，每队一百三十二人；执事兵一万五千八百九十九人，统算五十七万五千人，这是平时的兵额。其馀还有预备兵、守土兵，大约有一百九十二万五千人。守土预备兵一百八十五万人，合拢来四百三十五万人。这是打仗时候的兵额。

正兵满了三年，就算做预备兵；预备兵满了七年，就算做守兵；守兵满了六年，就算做预备守兵；预备守兵满了九年，就没有事。预备兵或是奉了调遣，或饬他回营，就得各人归各人的队伍。一年大操两回，每回总得操四个礼拜。守兵每年大操两回，每回只操两个礼拜。预备守兵除掉有军务，守兵不够，才把他调来凑数。平时并不差遣他们。预备兵可以娶媳妇，要是生了四个儿子，他这守兵也可以免当了。

六月十七日(7月21日)　未正，微席业约他去看游也鲁铁塔。游也鲁是法国人，是个著名的工程师。这塔占了四亩多地去，有四条腿，全是铁做的。下面宽、上面窄，有三百迈当高。合起中国尺来，整整的八十四丈。塔心里有张梯,可以上去。另外有一分升车,人坐在上面,自己会升上去。这塔只有三层,第一层最宽,第二层、第三层就窄了。打上头望下来,巴黎城只得一点儿。倒是风很大,吹得人冰凉,望了一望,就下来了。

酉正回寓。查法国兵部验看兵丁的法子,一种是拈阄的时候定夺兵丁声明事宜;一种是定夺兵丁应免应减效力事宜。验看的时候,知府打总,旁边有六个人,一个是本府参议人员,一个是参议府中事务人员,一个是参议县中事务人员,一个是总兵,或是武职大员,一个是督理粮台人员,一个是医官,拈着总甲开的名单,一个一个的验看,都是医官的责任。要是个儿长不满一迈当五十四,或是身子太亏,吃不起辛苦,过了一年再说。那些验看过的人,就把名字写了,贴在各处,使人知道。这就是法国兵部验看兵丁的法子了。

六月十八日(7月22日) 去逛巴黎旧城外的大树林。法国人管着他叫波哇,有二十里地宽,树林茂盛得很。树林里面,有条小河,逛的人,都坐着船,在河里乘凉,沿堤十几步,就是一个小洞,小洞上一道瀑布。那瀑布溅的有一丈多高,仿佛珍珠穿的帘子一样。有座加非馆,也在树林里面。有许多人在那里作乐。

酉刻回寓。查法国的海口,分做五处:第一是赛蒲,第二是勃雷司脱,第三是劳利秧,第四是罗歇复尔,第五是多伦师。那些兵船,在南面的叫作地中海队,在北面的叫作北海队。地中海队有六条头号铁甲船,三条铁甲巡船,一条带鱼雷铁甲船,三条二等铁甲船,三条三等巡船,四条灭鱼雷船,五条出海鱼雷船,一条三等鱼雷船。北海队有六条头号铁甲船,两条铁甲巡船,一条二等巡船,一条三等巡船,三条灭鱼雷船,三条出海鱼雷船。以外分驻各处地段的,一古脑儿有四百五十七条船。

六月十九日(7月23日) 一早,到法总统的宫里,以及各大臣处辞行。午正回寓。金登干打伦敦来,见了面谈了一会儿。

查法国船厂,跟着枪炮厂,都在附近海口。除掉赛浦、勃雷司脱两处之外，还有两座官厂。一座叫作安特来，是造军火的；一座叫作额律文勒，是造军火枪炮、护船铁板的。其馀各公司的制造厂，共有八处。附近地中海，有一座铁器厂、一座枪炮厂，一在赛油海口，一在哈夫海口，马赛海口也有一座枪炮厂。三那载尔地方有座制造厂，叫作鲁阿乐公会。三德尼地方，有座机器厂。保尔德娄地方有座制造厂，叫作造船公会。柏瓦衣、额鲁汪两处，有两座制造厂，叫作三那载尔公会。以上八座厂，都是制造各种铁甲船、兵船、鱼雷船。公司的名目，奴尔忙在哈夫，三德迪勒、保尔奴勒莫在保尔德娄，布来司德、福衣内在囊得，以上五个公司，是专造鱼雷船跟各种小船的。另外又有小船厂，叫作丹加乐克、界浦、额鲁赛勒，是专造各种拖船的。米徐史勒佛衣斯、三希弄盟、商迪阳、艾英即希、赛司希戴尔、欧勒载尔、三戴谦、佛衣乐米尼，以上八处，是专造护船钢板跟一切铁器的。

六月二十日(7 月 24 日) 在寓里请裕钦差跟金登干吃饭。

查法国近来的商务，着实起色。一千八百八十五年，进口货值九千十八兆佛郎，出口货值七千四十三兆佛郎。一千八百九十九年进口货值一万三百六十六兆佛郎，出口货值九千六百八十五兆佛郎。又查一千八百九十九年的商船比较单，有一千二百二十七条商轮，可以装五十万七千一百二十吨重的货，帆船另外算。一千九百年，商轮帆船两项有一万五千四百八十九条，可以装九十五万七千七百五十六吨重的货，他们的进步真快。

他们奖赏工商的法子，是先开学堂，培植人才，再派一人去考察各国的工艺，以便舍短用长，又举行博览会，要人家来比赛，如果本国里到别国去比赛，国家给盘川给他。要有人能够自出心裁做一样东西，就给他专利的文凭。专利文凭之外，还有功牌，要是运货到别国里去销，国家替他出进口税。商船上每年也有津贴的银子，所以能够兴旺到这个分儿。

查本年商部预算册，要拨出艺学官学堂经费四十万八千一百佛郎，膏火五万八千佛郎。高艺学生津贴八十万佛郎；工商领袖学堂经费八十三万四千九百八十九佛郎；津贴地方开工艺学堂八万三千佛郎；津贴商务学社银两，赏给功牌花红书本费用。至各国考察商务人员费用，一古脑儿十四万五千九百佛郎；稽查工商费用六万五千佛郎；赏给工匠在本厂做工三年功牌赞用四万一千佛郎；赏给工会功牌费用一万佛郎；赏给本地工会功牌花红跟着津贴工商博物院、议事会费用、帮贴游历会费用，一古脑儿十一万一千佛郎；在非洲、森路易各国博览会上赛会费用二十五万佛郎；在外埠商务局津贴费用七万佛郎；入海捕鱼花红银两四百七十六万六千佛郎；制造航海船只花红银两七百三十万佛郎；驾驶海船花红银两一千三百七十三万佛郎；纺丝花红银两四百万佛郎；稽查纺织人员费用三万八千佛郎。

京话演说振贝子英轺日记卷之九

六月二十一日(7月25日) 法总统打发外部官送他两座宝星。梁诚那些人每人也是一座宝星。当时打了个电报给外务部,告诉他这回事。午初,把行李搬上车栈,正打算到沙滩屯海口,可巧梁诚碰着金登干,谈起英国外部曾经打过一个电报,问中国的专使,如果英国皇上补行加冕的日子,还在欧洲,可以请他过来观礼。查前儿张德彝的信里面提起英外部照会的原文,说本国君主体气日充,加冕典礼,不久想可补行。惟一概从简,原议仪节,概不举办。各国无须再简专使前来,即由驻扎各使代行一切,已饬本国驻扎各国公使,前向各国政府道谢。看这样子,金登干所谈英外部那个电报,似乎不甚可靠。一面打电报去问张德彝,一面派翻绎〔译〕潘斯炽把行李发回。

查法国工商专利章程,一千八百四十四年定的例。工艺里头有创新法的,国家自然要奖赏他,奖赏他的法子,不过是推广制造的专权,使那些商家不敢分他的利。然而专利也有年限,满了期什么人都可以仿造。专利的文凭上,有四条例,第一条要这东西实实在在是他自己造的;第二条确是新法;第三条是有关工艺;第四条是有利于民。无论什么法子、什么东西,创办之后,续办的就不能跟创办的比。其中也有没有奉过官准专利的,招牌上、告白上都得注明未奉官准,违者照罚。罚的数目,打五十两银子起,到一千两银子为止。第二次再犯,加倍照罚。

造东西的人,要请专利文凭的,先告诉商部,也有四条例。第一条,两样东西,不准合请一张文凭,为的是两样东西,有两样东西的税。请专利的时候,要开清名字,填明年限;第二条,拿上去的制物说略，不准添注涂改，不准用外国文字；第三条，制物图样，或是一张、或是两张，是听请专利的便；第四条，开明呈单图说各清单，自己先签上字，跟着头批收税单一块儿拿上去。一切呈单图说的原稿，存在商部，好等人家来查。查到期满了，就可以仿造。

专利的年限，或是五年、或是十年、或是十五年，都等创造的人自己定。打请专利文凭的日子算起，算到满期，五年的纳税五百，十年的纳税一千，十五年的纳税一千五。这款按年分批交纳，碰着交纳不清的，就可以撤销他的专利文凭。

六月二十二日(7月26日) 查法国工商学会多得狠，官办的有三十八处，支郡有三冈旦支郡工会。布什都弄有马赛考查工商造册会、马赛机师会，卡哇多士有康邑农桑会，世伦特有薄爱都学会，洛哇恩斐利阿有囊特工艺会，茫郡有郎士工艺会，美恩有美恩工艺会，诺河有北法工艺会、富耳密工商会、北法工艺防险会，弄郡有弄郡教工会、里昂织工会，赛纳有劝奖本国工艺会、教育会、工艺学堂旧徒会、工师会、多艺会、马等工艺学旧徒会、保护工厂学徒会、奖励手饰银器工业会、列邦商家互保会、友艺会、钟表学堂会、谷隆白树材友艺会、贱值取租会、工业防险会、助恤花羽二业幼童会、友群博览社会、巴黎保工会、糖业酒化学师会、计算造册专家会，赛纳恩斐利阿有本郡工商自由会、爱尔勃甫工会、卢昂工会、防险工会，椹郡有阿米昂工艺会。

他们查考工商的法子，内里是责成各郡守，外面是责成各领事。郡守是查本郡工业上物出产销路那些详细情形，跟常川做工的机器数目、做工的薪水数目、做工的时刻数目、一月一月的报到领事那面；领事是查各该部商船来往货物时价银盘涨落，跟什么货最合式、什么货最卖钱，另外还得查各处关税新章、改税新议，跟一切有关商务行船条约例章禁命，随时打电报给外部，由外部咨照商部。

其余还有巴黎农工商上议会、各郡商务局，一个法国，共有一百十五处。各郡工务局，一个法国，共有五十五处。商务局总董、工务局总董要是商工两部问他什么,他就得回答什么。各郡详报文牍,是会集在商部外商司第一房的,各领事寄来公牍,是会集在外商司第二房的,行船册报是会集在外商司第三房的。倘然外国商情有了变动,也得叫本国商人知道,这就由第二房刻在商报上,好等他们统通知道。

六月二十三日(7 月 27 日)　听说法国新换的政府重订学堂规制,不准男教士跟女教士当学堂里的教习,并且想把教士送回本土。有不愿意回去的,叫他上别国去,教士们狠不服,然而总统已经批准,这事大约挽回不来了。

六月二十四日(7 月 28 日)　晚上接到张德彝一封信,信里面有英国外务部的照会,说是本国君主不愿各国再简专使前来之处,前经照会在案。现君主补行加冕之际,若中国专使及其参、随等适在英国,愿观典礼,则当代留地位,惟不以中国专使之礼接待,仍以爵礼相待那些话头。随手打一个电报给外务部,告诉他不再到英国去的详细情形。又写封回信给张德彝,要他照覆英国外务部,告诉他这时候已经不在英国,不能观礼,致意道谢。一面跟参赞梁诚商议,拣了二十七的日子动身。

查法国农政,在前王盎利第四手里创的始,近三十年进步极速。打第三次改了民主,冈裴大当国就在一千八百八十一年立了个农政专部,又叫农部。农部奏销的款子,跟农政学堂常年的经费,查一千八百三十年的时候,一古脑儿,只用十万个佛郎,到现在已经用到四十四兆九十万八千个佛郎。他们的进步,这就可想而知了。

他们国家教训农家子弟,栽培农家高才生,并且设立官学堂,学堂里分两个门类:一个是专课,一个是兼课。兼课里面,有寻常小学、高等小学、寻常师范院,都在正课之外。添教农学,中学堂也有这样办法的,现在共有九十四处;高等小学堂,共有七十六处;女学堂共有两处,也添教农学。

官学堂分做四等,一等是教耕院,先生跟学生一块儿种田,随时指教浅近新法；二等是农业三等学堂，指教工作新法，兼教农理；三等是中等农学堂，教是教的理法，智学犹其要紧；四等是高等农学堂，教的是农学精理，学成了就可以投充专门学堂教习、农田稽察官，跟着管树林管牧养那些官。统算现在法国一国，共有教耕院十四处、三等学堂三十七处、中等学堂五处、高等学堂五处、农学专门教习二百十六个人，考求新理新法的学院六十三处。

政府里面，提倡农学又有两个好法子，一个是保护，一个是奖劝。保护的法子，是归在农部第一司的。外面专成郡守乡官，各县又有农务局，专考本县的农情。又有农部里派出来的委员，查验容易生虫的草，赶掉容易害苗的虫，教他们参用机力汽力化学粪料。政府里又跟他们设立兽瘟局，常年经费要用到五十万佛。一千八百九十七年四月，又教委员查禁假酒假奶油那些东西，其馀打牲取鱼，不是时候不许，用毒药又不许，这都是保护的好法子。

奖劝的法子，也是归在农部第一司的。奖劝有五种法子：一种是赛农场，每年分了地段举行这会，一共十二次；一种是奖赏花红；一种是赛肥硕的会场；一种是禾稼果木大会；一种是赞助劝农各会，颁赠书籍，分给奖牌。打一千八百九十二年定了章程之后，每年国家拨款，发出种麻花红一百五十万个佛郎，一千九百年发出蚕桑花红五百九十万九千个佛郎，纺丝花红四百零五万四千个佛郎。政府又跟各银行商量妥当，要他们银行里准收各农会票据，抵借银款。银行里又垫付四十兆佛郎，由官分存农务息借局。各乡农会就近去借，并不要他们利钱。这都是奖劝的好法子。

六月二十五日(7月29日)　拟了一个英君补行加冕并无专使礼节不复回英情形的摺子。

查法国地税的税则，每年国家的出款，由议院核议。本来是没有十成准的，郡县两处，应完的课税，由郡县各绅董摊派。乡下应完的课税，由乡官跟一个协理或是两个乡绅，会同本乡公举的五个人合办。这税项是接着进款的多少核定。进款里面，先把一应耕种培植收获的费用除掉了，多下的定一个数，每年就按这数目抽税。

派定房产税课的法子，是在进款利钱的里面，把原价若干，分定了，每月扣除，一应修补的费用，也除掉了。多下的也定一个数目，按年收税，官地公产，照例免税。以外振兴农务，鼓励工艺，所有应用房屋、仓厫、牛羊圈这些地方，并没有什么房捐。房产的税有两种：一种是按着地上的肥美完纳；一种是按着房产起造完纳，十年校正一回，由乡董商请办理。乡下田地房产该应完税的，都画得有图，写明白每年进款若干，这法子还是打一千八百零七年起的，到一千八百六十二年完的工。画图也有两个法子：一个是叫精于测算的人把本乡所有的田地丈量清楚，分出界限，画成了图，注明某处有某人的田若干亩，田里种的是什么东西，除掉费用，一年还有多少钱的进款，一一记在册上。常年的税课，照这册上摊派，一个是责成地方官，先把地头种的东西，一等一等的分开。田地肥薄、房产大小都要在图上画明，照等第的高低，预先估价，每一万迈当，每年可以有多少进款。先由乡绅跟地主房主，商量妥当，再由知府批准，作为定数。田地房产，查明每年有多少进款，分清楚了界限，画成了图，注明地主房主的名姓，所有田地房产若干、种植土产若干，派税的时候，就可照册办理。这种图，府县跟着本乡，各存一册，以备查考。以外畜牧没有专税，官树林也没有税，每年分段砍木，由官租给出价最多的商人承办这事。租价随时涨落，公家鱼〔渔〕利，也是这们〔么〕办法。倘然是私业的树林、果园、牧场、鱼池，就归到土田一门里去，照他出产多少，分为等第，按年摊派税课。税课的多少，也没有个一定章程。

六月二十六日(7 月 30 日)　巳刻，上使馆。跟裕庚、参、随、翻译遥祝万寿，礼毕回寓。

查法国每年进款，地税之外，还要算盐课为大宗。老例子上，是本国跟着阿尔日属地进关进口食盐，每一百基罗各拉么，纳十佛郎的税。由外国进口的，税则就不是一定了。按照所运进口之处，或是船上所挂的旗号，才能核定。国家所收盐税，则例共有十四条：

第一条、凡是打算开办盐矿盐井盐池，要先由总统批准，方为合例。

第二条、凡是开办盐矿的，可以照矿务条例办理，该应如何办理，由地方官查明情形核夺。

第三条、租让一节，先尽本处人。

第四条、矿地不能过二十方基罗迈当，盐井盐池，不能过一方基罗迈当，合同上注明归还地利多少成利息，遵照一千八百零十年定例第六条，跟着四十二条办理，政府不取他的报效成本。

第五条、凡是想开盐矿盐井盐池的人，都得遵照一千八百零六年定例第五十一条办理。要是没有禀准，就是这样的开锅熬盐，除把器具充公之外，另外再罚一百佛郎。至于每年应提盐数，至少也要在五十万基罗各拉么之外，不能减少。提出来的盐，供给本地百姓们食用，照例完税。倘然提不出这们多，也须跟总统商量，总统答应了才能够。要是不答应，查出来了，那就要罚。一切开办的章程，先要本地官议定，再得本地官查过。

第六条、凡是开办盐矿的，跟提盐的人，要是停工，总得在一月前先行关照。

第七条、凡是开办盐务的人，倘然没有遵照定例第五条呈请允许，知府就得禁止。

第八条、提出来的盐，够不上第九条所定的数目，也要照定的数目完税，以示惩儆。

第九条、盐质盐水，一切起运的事情，要由官定夺。

第十条、有犯定例第五条、第六条、第七条、第九条的，或是不遵照章程，除把盐质盐水跟提出来的盐、造盐贩运的家伙，一并充公，再罚五百佛郎到五千佛郎为止。倘有搀假私造私运那些弊，查了出来加倍罚。

第十一条、都得遵照第五条、第六条、第七条、第九条定例，单是化学物料家，倘有提出来的盐，也得一律遵守。造火硝人家所出食盐，那就由管理杂税的人稽查了。

第十二条、盐质盐水那些东西，倘然是运到工厂里，预备耕种时候用的，或是预备腌鱼肉用的，一种是完税，一种是减税，都得官定。

第十三条、倘然朦混过去，或是免了税，或是减了税，查了出来，照第十条定例罚钱。碰着搀假偷漏那些弊，加倍罚钱。腌鱼肉的栈房里，如果私用食盐，用了多少，照以上条例罚钱。倘然是外国盐腌东西的，作了假得罚两倍。

第十四条、如有违背以上条例的，由海关或是管理杂税人员细细的查。查出来了，交改过所裁判核夺。

六月二十七日(7月31日) 巳刻，打巴黎起身。法外部跟金登干、裕钦差、参、随人等，都到车栈上来送行。酉正，到了沙滩屯海口，住在客寓里。戌正安歇，已经辛苦的难受了。

查法国最重电政，关里面的电局，除掉铁路所用，跟着避暑过冬的地方，时开时关的局不计外，有都城邮电兼办局一百十四处，电报专局五处，另外有大小局子九千处。电报局的章程，凡是设立电线，递寄电信，非政府答应不可。要是私用电机，或是用别的法子打电线上通信，查了出来，轻的监禁一月，重的监禁一年。罚款轻的一千佛郎，重的一万佛郎，所有器具，一并拆毁。国家倘有大事，来往的私电，就得暂行停止，或是停止一道，或是停止几道，临时再行斟酌。

电费在法国附近的地方，寻常的电信，每一个字五生丁，至少十个字五十生丁。各报馆寻常的电信，二十字以内，出五十生丁；二十字以外，每一个字，收两个半生丁。要是紧要的电信，随到随寄的，就得加倍收钱。百姓们请立私电，先得递张呈子在管理邮电衙门，或是请知府转递。

私电分为两种，一种是跟官线接的，一种是不跟官线接的。他的线倘然长过五基罗迈当，于官局有利益的，应得由国家替他设立，并且替他经理一切。要不是这们，就等他自己去设立，等他自己去经理，国家不过派个人稽查稽查罢了。至于费用，由电务衙门开了单子，责令各局归还。稽查委员所用的量电器具，也是由局里给费。

六月二十八日(8 月 1 日) 打发翻译官刘式训拿了片子，去拜法海口水师提督跟县官。午后，到海口去逛了一逛。申初回寓。

查法国矿务衙门，是工部该管的。所定的矿税有两种，一种是矿地，一种是矿产。矿地的税是有一定的。凡是占地一方基罗迈当的，每年纳税十佛郎。矿产的税，是按着出产净利的多少，然后抽收的。抽收数目，先得议院里议，量就了一年的国用，再去抽收，所以没有定额。一千零八十年，虽经声明过这项税银无论如何不得过净利百分之五。以上税项，都归抽收田地房税人员该管。抽收进去的银子，由国家另外存放，专备开矿公司经费跟一切查探矿苗、开采新矿、整治旧矿的费用，别事不能擅动。

至于矿局跟地方交接，无论何人，不能擅自在人家的地面上探验矿苗，务必跟地主商量妥当，或是由政府问明矿务局，果然可以试验，那才发下凭据来。并且先要给地主若干钱作为地价，然后可以掘土验矿。要是国家准他在人家的地面上或是花园内，或是围墙外五十迈当之外探验破苗，一定要先跟地主商量妥当，并且先给地主若干钱，才可以发下探苗的凭据。要是地主在这些地方探验矿苗，那就不必通知政府。单是不能动工开采，要动工开采，非通知政府不行。

六月二十九日(8 月 2 日) 申初，带了参、随、翻译那些人，在海口坐小轮船，上英公司“山博而”轮船。船面极宽，重力一万二千吨。他前回在巴黎动身的时候，裕钦差的儿子勋馨、龄馨附车相送到海口。上了公司船，这才回去。申正启碇开船。

查法国铁路公司的章程，所有轨道厂屋占去的地面，按照顶重的地税完纳。这税额也不是一定的。每年由议院里议定，交给地方官分摊抽收，各公司除掉完纳地税之外，另外纳一种转运税，先把进款的簿子送官查验，然后抽收。从前的章程，人货并抽。打一千八百九十二年起，货物转运的水脚，除掉银钱、顽意儿、行李之类，照旧一百分收十二分税，其余一概蠲免。坐客税也分两等。紧要的铁路，搭客进款里面，每一百分收十二分税。小铁路或是一个地方专用的，或是几个地方合用的，搭客进款里面，每一百分收三分税。寻常铁路，车子里能够装六个人以外、五十个人以内的，每年每客位收十佛郎税；车子里能够装五十个人以外、一百五十个人以内的，每年每客位收五佛郎税；车子里能够装一百五十个人以外的，每年每客位收两佛郎五十生丁税。

查本年法国官商铁路成数表，官办紧要铁路，已经造成的，二千七百八十基罗迈当；没有造成的，二千九百四十七基罗迈当；打算造的，一百三十基罗迈当。商办紧要铁路，已经造成的，三万五千一百六十一基罗迈当；没有造成的，三万七千七百十二基罗迈当；打算造的，八百八十基罗迈当。各工厂接运货物的铁路，已经造成的，二百三十三基罗迈当；没有造成的，二百七十六基罗迈当。商办小铁路，已经造成的，五千三百八十六基罗迈当；没有造成的，七千二百二十五基罗迈当。商办气车电车的铁路，已经造成的，四千八百九十六基罗迈当；没有造成的，六千九百三十二基罗迈当。这就是法国铁路的大略情形了。

六月三十日(8月3日) 船在大西洋里走，有风。离家四个多月了，做了四首思亲诗，载在《英轺杂咏》里面。

七月初一日(8月4日) 船在大西洋里走，有风。

查法国的学堂，以童蒙为重。一个国里面，有二千五百五十五座童蒙官学堂，三千一百八十四座童蒙私学堂。阿尔日地方的学堂，也在这里头。凡是百姓们的儿女，打两岁起，就可以送在童蒙学堂里去。打六岁为止，就要上初级学堂了。统算有六万七千六百零七座，有一万六千三百零八座私学堂。百姓们的儿女，打六岁起，到十三岁，都应当送到学堂里去念书，就是把先生请到家里教也行。如果学业未精，给官考出来，就得送到官私两种学堂里去念书，好等他专心。到了十三岁，准其出学，或是学工艺，或是学农业，听他们自已检。城里乡里，并且有特设的各种讲学会，到了礼拜，或是晚上，借各学堂的地方，宣讲各种浅近学问跟着工艺两桩事。

查本年学堂里的册子，男高等初级学堂一百九十九座，女高等初级学堂七十座；男次等初级学堂三百九十三座，女次等初级学堂一百五十三座；男次等中学堂二百三十五座，女次等中学堂八十五座；男高等学堂一百十四座，女高等学堂三十座；备课女学堂五十座。学堂里的工课极繁，等各人性分近一点的，才把这样工课去教他们，等到有了成效，然后考入专门大学堂。以上这些学堂之外，另外还有男师范小学堂八十八座，女师范小学堂八十五座。

高等学堂先分五门，一门是理学，一门是智学，一门是文学，一门是律学，天主教理官学堂，那是一千八百八十五年已经裁了，单有耶稣教理官学堂两座，智学官学堂十五座，医学官学堂三座，医学跟着制药的官学堂四座，文学官学堂十五座，律学官学堂十三座。另外还有预备医学、智学、文学学堂十五座。属国的高等学堂亦有律学三处、智学一处、文学一处。

七月初二日(8月5日) 船仍旧在大西洋里走。

考法国专门学堂，打一千五百九十二年创始，现在有三十五个教习，讲授全球古今政事文学一切有用的道理。生物院有十六个教习，分授格致化学，并且考验动植各物。另外又有实用学堂，专教各种高等学理怎样才能够施诸实用的法子。又有高等师范学堂，所以造就大学堂中学堂的人材。

又有多艺学堂，专教各种艺学精理。学生的工课，两年之后，卒了业，大考一次，作为海陆炮队武员。要是不愿意上营去，准其充当国家工程师，执掌国家矿务、舆图、火硝药等局的工程。

又有武备学堂，年纪在十七岁以上二十一岁以下，得了初级文凭的，都可以去投考。考取了，就在武备学堂里肄业。卒了业，算做马步队武员。又有海军学堂，凡是投考学习海军武员的，年纪要在十八岁以下，身子要强壮，眼力要精明。有了成效，作为二等兵官，再上本国跟外国海边那些地方游历游历，大考一次，这才能够充当头等兵官。

又有矿务学堂，要是有人情愿当国家矿务工程师跟着监工这些差使的，一定要打多艺学堂咨送肄业，或是投考的取了，卒了业，准充商家矿务监工这些职役。又有桥路学堂，专取多艺学堂卒业生。又有工艺学堂，要是卒业之后，给他一张准充工程师的凭据，就归商厂聘用。

另外东文学堂，学生两年三年卒业之后，派到东方去，交给使馆、领事馆充当翻译。高艺学堂是专门教授雕刻绘画这些本事的，考了优等的，派到罗马法国学堂里去卒业。考古学堂考察古时候经籍书写教法那些事情。理藩学堂讲求属地事宜，学生三年卒业之后，已经得了律学二等文凭的，就派到属国去当差。

商学学堂讲究商务大纲，造就商部局的人材。以外什么教种树木学堂、高等农学堂、农学教耕学堂、管理水道跟着管理树木教养禽鸟的学堂、音乐学堂、描刻地图学堂，测绘海图、学造大工厂房屋、管理机轮、学习水手、起造矿厂监工工头、约束顽童、医兽、医聋、医哑、医瞎，这些事，都有学堂。

七月初三日(8月6日) 船仍旧在大西洋里走。起了点风，船狠摇动。

查法国大学堂选用教习的章程律例，官学堂有的是选用，有的是考取。选用是归总统先在律例科人员里面，挑十几个，再归文部大臣请派。碰着出了缺，或是归本学校教习公举，或是归管理学校的人单举，充当教习的，年纪得上三十岁。

又有律例科文凭，像中国进士这种职分的，先在官学里教过三年，或是在官准学堂里教过三年，才能够充当这缺。学校里面的掌院，三年一任，归本学校教习跟管理学校人员在实缺教习里面，挑上一个就是。考取是分四个门类：第一个门类，是民律刑律；第二个门类，是官律；第三个门类，是律史；第四个门类，是理财。第一个门类，是笔试罗马律例，面试民律、关律、海律、刑律、词讼、民间公例；第二个门类，是笔试国政或是万国公法，面试国律、政治、财政、万国公法；第三个门类，是笔试官民律史，面试罗马公例、法国官民律史、罗马国史；第四个门类，是笔试理财政策，面试理财法、财政立法、工艺立法、藩属财政立法、农务立法。

就是医学官学堂教习，也有选用、考取两个法子。考取的，不能过选缺的一半，也不能不满三分之一。选用的年纪，得上三十岁，又有医学文凭，先在官学教过三年，或是在官准学堂教过三年，那才合。考取也分四个门类：一个门类，是分割、考究全体生物那些学问；一个门类，是格致、化学药品、毒药那些学问；一个门类，单是医学；一个门类，外科、考究生产那些学问。考的时候，也有笔试，也有面试。格致、化学、生物那些学问，是笔试的；分割、分验考究全体那些学问，是扃了门面试的；医家考试，就教他医病，把病人叫了来，备齐了药料，当场给这病人治。外科、考究生产家，跟医家考起来差不多。分割家考试，要他画出分割的图来。考究全体家考试，就把考究的法子去试他。格致家考试，就把格致的法子去试他。化学家考试，就把化学的法子去试他。生物家考试，就把生物的法子去试他。

另外有什么艺学堂、文学堂、高等药品学堂，各教习也有归总统选用的，也有考试的，那是一秉至公，并没有豫通声气那些弊端。

七月初四日(8月7日) 船仍旧在大西洋里走。早起有雾，午刻晴。

查法国中学堂有两种教法：一种是旧法，用辣丁希腊文；一种是新法，不用辣丁希腊文。大凡想当中学堂古文教习的人，都得有文凭，像中国秀才这个模样儿；想当文艺教习的，都得有性学文凭；想当实学或是智学教习的，都得有实学文凭；想当时务教习的，也得有文凭。至于想当性学、数学、格致、史记那些教习的，都得有文学或是实学的文凭，像中国举人模样儿。中学堂里初级学堂教习，也得有高等小学堂文凭，或是可以充当训蒙教习的文凭。

中学堂高等教习，归文部大臣简派。文法教习，也归文部大臣简派。公立中学堂男教习,分做三等:头一等是高等教习,得有中学堂教习文凭,或是文学实学文凭;第二等是中等教习,得有巴葛老来亚文凭,懂得辣丁希腊文,或是可以充当中学堂教习文凭。另外又有试用副教习,或派或调或撤,都归管学大臣办理。中学堂有女掌院,也得有教习文凭,或是文学、实学文凭,或是可以教得外国语言文字文凭,或是中学堂卒业文凭,或是高等小学堂卒业文凭。想当中学堂语言教习的,得有语言文凭。想当绘图教习的,得有应得文凭,或是在罗马得了花红,或是于杂艺学堂得了文凭。其余体操教习、歌唱针黹教习,都得有文凭。

七月初五日(8 月 8 日) 还在大西洋,天晴狠热。

查法国初级学堂男女教习,等级不是一样的。初到的为试用,试用期满,就补缺,归管理学堂人员请派归知府办理,报知文部,试用的期,两年为满。补用章程,另外归府参议核议。单是小学堂掌院的,必须年纪满了二十一岁,可以充当。定例,小学堂正教,得有试用文凭,在官学堂试用的,归稽查学堂人员发给文凭。在私学堂试用的,归本学堂掌院发给文凭。然而这当中,也有通融办理的法子。譬如有曾经在师范小学堂或是中学堂十八岁的时候已经充当训蒙教习,也可以算做正教。小学堂要学生们留宿,要跟稽查人员商量,回明乡官,把学堂的地基开明呈阅,奏准了,方能办理。

大凡想当高等小学堂掌院的,必须年纪满了二十五岁,得了师范小学堂教习文凭,或是高等小学堂教习文凭。学堂里教习,也必须年纪满了二十一岁,得了高等小学堂文凭。

至于各等初级学堂,百姓们可以随便创设。或是几个人合办,或是一个人独办,不过总办教习那些人,或是外国人,或是年纪没有满,或是本事不及格,都不能充当。倘然犯过罪、罚过钱,都不能承办学堂跟着在学堂当差。

乡里的男学堂,该应聘请男教习,女学堂该应聘请女教习,蒙学男女学堂,也归女教习教授。如果本处已经有了一座女官学堂或是女私学堂，要再立一座男女兼收的私学堂，非于管理学堂议事处议定了不可。倘然本地有各等官小学堂，就不准私立学堂再〔收〕六岁以下的学生。

至于各等小私学堂课程馆规，都归总监查官、管学官、稽查学校官跟着学堂议事人员、乡官、镇董这些人去查察，像中国稽查官学一个模样儿。查课的日子，本堂学生的书籍课本，都得呈验。如有犯规，禀请查办。

京话演说振贝子英轺日记卷之十

七月初六(8月9日) 巳正，到了纽约海口，驻扎美国出使大臣伍廷芳带了一应参、随来接。午刻上岸，坐了马车到华得夫客店。伍廷芳先到那边伺候，请过了圣安，美国外部副大臣蒲士、纽约参赞联乐士两人来拜会。打听得美总统现在在艾士打湾避暑行宫，就跟伍廷芳商量，知照美外部，初八日午刻去见。

查美国是合众国，叫做花旗，又叫做米利坚，在北亚墨利加的当中。纬线打赤道北二十五度起，到四十九度止；经线打中国北京偏东一百零九度起，到偏西七十三度止，东至大西洋，西至太平洋，南至墨西哥海湾，北接英国属地，一共四十五行省，五属部，三百六十万英方里的地方，七千九百多万的户口。什么夏威夷岛(俗名叫做檀香山)、波吐立哥岛、非猎宾群岛(俗名小吕宋)。百姓们都讲究做手艺，制造火轮车、火轮船，路上用铁板铺成，好等火轮车往来得利落。纺织制造的机器也狠精致。做买卖的，遍地都是。百姓们最信耶稣教，喜欢讲究学问。近来连什么天文馆、地理馆、术数馆都有了。语言文字跟英国一模一样，没有什么大分别。英国在那边的人可真不少，就是中国人也有十几万。单是纽约海口一处，也有七八千。

七月初七日(8月10日) 未刻，约会了伍廷芳，去瞧纽约救火会。救火会里那些人，一个个在楼上跳到地下，没有一点儿损伤，身子轻飘极了。等到驾上水龙，出得大门，不过几秒钟工夫，真快当，马也好，一听见口号，就站着不动。人教他望东，他就望东，人叫他望西，他就望西，老不别搊。瞧了一会，又上故总统克兰德坟上去，修的跟拿破仑坟差不多。坟的面前，有李文忠题的一块碑。李文忠和这克兰德，他们俩个交情是狠好。晚上到领事馆去吃饭。

查美国从华盛顿创国之后，定下规矩，每部立一个正统领、一个副统领、几个会议管理政事的人。各部里面，又推出一个统领，督管全部政事，四年为满，满了换上一个人。也有一年一换的，也有两年一换的，好的留到八年，不能再留了。倘或是正统领满了任，就把副统领推上来，副的要是不行，得重选一个。选的时候，无论城里乡下那些有声望的，写了票投在柜里，看是谁多，就推谁做正统领。正统领退了位，跟平头百姓一样，而且他们选统领的法子，跟推各部统领差不多。凡是公选公推，这权不在上而在下。如果是会盟战伐的事情，那就由正统领作主了，各部也得听命。他们的国政，分为两党，一种是尽心保护国政，宗旨跟各国两样，叫作护国政党；一种是恐怕国权太重，一心想阻止总统跟议院里的权，叫作护邦政党。所推总统，也就靠他们的力量。

查美国史记，历代总统的名字跟他们的党：华盛顿卓耳基，斐真伊亚邦人；阿但斯约翰，玛撒初色邦人，护国政党；遮非森多马，斐真伊亚邦人，护国政党；玛第森雅各，斐真伊亚邦人，护国政党；们柔雅各，斐真伊亚邦人，护国政党；阿但斯盔纳西，玛撒初色邦人，护国政党；乍克森安得烈，特尼西邦人，护国政党；凡布仁玛耳德，纽约邦人，护国政党；哈利森伟联，欧亥欧邦人，护邦政党；太勒耳约翰，斐真伊亚邦人，护邦政党；衰勒雅各布，特尼西邦人，护国政党；颓勒耳撒绰利，鲁伊西阿那邦人，护邦政党；斐勒谋耳米勒耳底，纽约邦人，护邦政党；皮耳西范克森，纽罕西耳邦人，护国政党；布湛安雅各，偏斯伟那邦人，护国政党；林堪亚伯拉罕，伊利挪邦人，护邦政党；乍纳森安得烈，特尼西邦人，护邦政党；嘎纳特犹利斯，伊利挪邦人，护邦政党；哈伊斯，欧亥欧邦人，护邦政党；加勒得，欧亥欧邦人，护邦政党；阿特耳，纽约邦人，护邦政党；盔利兰，纽约邦人，护国政党；哈利森便雅悯，印第阿那邦人，护邦政党；麦铿利，欧亥欧邦人，护邦政党。

七月初八日(8 月 11 日) 辰正，同了伍廷芳，带了参议梁诚，参赞汪大燮、黄开甲，上步士打湾行宫去见美总统。美外部引了进去，行过三鞠躬礼，敬宣皇太后、皇上旨意。美总统谢了，又问过好，当天就请吃饭，申正散席。晚上美外部大臣请在他寓里吃饭。散了席，又请到戏园子里去听戏。等到回来，已经子正了。

七月初九日(8月12日) 未刻，在寓里请美外部大臣、纽约总督、纽约府尹，邀了伍廷芳来做陪。申刻，去拜纽约府尹，连着去瞧邮信馆、逛铁桥。有几里长，轨道有好几重，有电车的轨道，有火车的轨道，有马车的轨道。桥底下轮船一只一只的，都在那里过。过了桥有二里多路，就是唐人街。住在唐人街上的，尽是中国人。

酉初，伍廷芳在客寓里请吃饭。戌初，发行李上火车，到温哥华海口。美外部跟着伍星使都在那里送行，戌正开车。查美国公司的火车，走得极快，顶快的一点钟可以走中国二百里，一天一晚，可以走中国二千多里。顶迟的一点钟可以走一百七八十里，一天一晚，也可以走四千几百里。你们想，便当不便当？

七月初十日(8月13日) 天气极冷，车子走了四千四百多里路。

查华盛顿是个种田人家的儿子。十六岁上，做了测量山地的官。这个时候，法国人侵犯英国人的殖民地，土番也跟在里头闹，英国人就叫华盛顿做统帅，一打仗总是他赢。三年之后，把法国人跟土番都平定了，他就辞官不做，一味的开垦荒地，去做他的实业工夫。那时候，北美州还归英国人管理，为着英国人的税例太严，美国人要盖一座议院，英国人都不答应，美国人动了公愤，也举华盛顿做了统帅。华盛顿恐怕一开仗，徒然损伤百姓，请英国人退兵，英国人又不答应，华盛顿这可没有法子想了。血战了三年，英国的大臣说，不如等他们去自立罢！随手约会了法国人，又约会了美国人，在巴黎地方，订了条约。华盛顿看看他这独立国是弄成了，照旧回去种田。后来百姓们，追慕他的功业，就把美国的京城叫做华盛顿，以志不忘。

七月十一日(8月14日) 车行四千一百多里。

查美国史记的掌故，算是南北美的战事，合地球的人都知道。美国本来分作南北两部，南部都叫黑奴做事，当家人小子这们的看待，北部要把这条规矩废了，南部不答应。咸丰十年，南部加罗里首先开衅，各州都附和他，立了一个叫做遮费泰威的，算做大统领。一出兵，就把北部的城池给毁了，又夺了北部多少船。北部这年是亚约拉罕林根做大统领，大将马惹亚的孙带了七百人，守住了沙列士敦地方的参的装，南军七千个人去攻他，他降了，南军就在里治门扎下营寨，北军跟他在薄尔仑打了一仗，败了下去。

同治元年，北军大将格兰多攻(锋)〔铎〕尼尔孙，掳了一万八千个人去，南军丢了威实城，没命的跑了。北军造了一条铁甲船，装了许多炮，跟南军打，南军大败，从此就有了铁甲船。整整的闹了一年多，两面都死了几万人。第三年，格兰多做大都督，把兵分为两路，一路叫沙尔兰带了，一路自已带了，跟南军大将姓黎的打仗。打了一天，破了里治门，进攻彼得堡。南军别将回过身来攻华盛顿，格兰多分兵去防他，沙尔兰到了亚的兰达。这个时候，北军深入敌境，全亏一条铁路，可以运运粮。后来，格兰多跟沙尔兰一块奔亚的兰达，把铁路也丢了，跟姓黎的大将大战了一阵。他没有法子想了，只得投降。这是南北美战争的大略情形了。

七月十二日(8月15日) 车子走了四千八百多里。

查美国官制，分三个门类。一种是地方官，一种是议事官，一种是执法官。有敕任官，像各部局正次卿、海陆军提督、公使、领事，都归总统派；有奏任官，像各部股长、海陆军副参以下的官，四等公使、领事、参赞，都归大员保奏，再归总统派；有判任官，像各部局书记官、海陆军小校佐、领事署书记，都归他们上面的人派，或是归计吏局考取。

行政共分八部：国务部(就是外部)、库务部、兵部(就是陆军部)、海军部、刑部、邮政部、内政部、农务部，近来又添了商部。另外还有六个局，总理本国各省通商局、劳工局、胥吏局、国家刊印局、渔务局、地舆局。

国务部一个正卿、一个次卿、一个二等次卿、一个三等次卿、一个参谋、一个律师、一个副律师、一个总办、一个外交股长、一个领事股长、一个清档股长、一个会记股长、一个图书股长、一个通商股长、一个委任股长，翻译不定多少人。又有一个国务正卿秘书官、一个邮政分局长、一个文报委员。

正卿简放外交官、领事官，执管往来公牍。凡是外国公使、领事有什么交涉，各国订立约章，各国总督往来公牍，也都归正卿。正卿掌本国联邦大玺、外国约本、本国宪法律例定本，给发游历护照、外国领事认状，刊布议院增订律例，各议员条议、联邦宪法、使臣领事年报月报特别报、有关商务的事。次卿帮着正卿管理这些名目的。参谋、律师、副律师，是预备正卿顾问的，跟着参议公文约章属稿的事情。总办稽察进退本部书记以下的官，综理本部切杂务。

外交股长收掌本国外国外交官公牍。领事股长收掌本国外国领事官公牍。清档股长清理一切公赎。会记股长管本部收支数目，把一切赔偿的款子存起来。国书股长收藏一切图书、各国国书约本、本国宪法律例公文等件。通商股长刊布领事官年报月报特别报，有关商务的事。委任股长记敕任、奏任、判任，各官出缺、补缺、迁调那些事，备办各式委任文凭、外国领事认状、游历护照、索交逃犯执照、监用联邦大玺。另外什么公使、参赞、随员，一古脑儿，叫作外交官；总领事到副领事，叫作领事官；海军部、兵部所派的人员附驻使馆的，叫作海军随员、陆军随员，经费归本部自己给。以上一律归总统派。

外交官都在律法政治出身人里面挑选；领事官都在商务出身人员里面挑选；钦使署书记、学生、挂衔副领事，可以归公使、领事举充。出使经费，归本部年底预算。要若干钱，咨请议院议拨。现在又设立了一座公法学堂，培养外交人材。各处商务学堂，也兼教公法，这是仿欧洲各国的法子办的。

七月十三日(8月16日)　车子走了四千四百多里，路上瞧见无数若干的野人，穿的是黄衣服，一个个拱在小屋子里面。中国人也不少，一半是广东人。午后，过滩河，沿途俱是杉木，风景狠好。

查美国商务部，一个正卿、三个次卿、一个总办、一个建造绘图官、一个国库支应官、一个库务部稽查官、一个兵部稽查官、一个海军部稽查官、一个内政部稽查官、一个国务部稽查官、一个邮政部稽查官、一个管理国库官、一个管理纽约城外国库官、一个管诗卡各分国库官、一个管纽阿连分国库官、一个管波梯么分国库官、一个管辛辛那地分国库官、一个管三藩息司戈分国库官、一个各库注册官、一个监督银行官、一个监督铸币局官、一个管卡逊城铸币官兼提炼厂官、一个管纽约阿连铸币局官、一个管费城铸币局官、一个管三藩息司戈铸币局官、一个管典佛铸币局官兼提炼厂官、一个综理印税官、一个总理航海官、一个总理沿海舆地测量官、一个总理通国律度量衡官、一个查验汽船官、一个综理江海医院官、一个稽查外国流民官、一个督理救生局官、一个造册处官、一个刊印处官、一个灯塔料理官、一个委任股长、一个度支股长、一个公财股长、一个税务股长、一个巡税船股长、一个文书股长、一个公债国币股长、一个收发股长、一个杂务股长、一个律师。

一国财政，都归正卿执管。凡是监督征收税饷、支用报销、国库出入，造具豫算出入表，咨交议院核议，兼司工程、铸币，督理沿海地舆测量，救生船局，灯塔巡船，查验汽船、海面医院那些事，都得问他。三个次卿，一个帮正卿掌税务沿海的事情，一个帮正卿掌铸币、银纸、国债、度支，跟着本部所辖各官升降补缺那些事情，一个帮正卿掌殖民测地册籍，跟着往还文件那些事情。总办稽查本部各股书记以下的官，兼司邮寄信件、本部车马夫役跟着保护国库那些事情、正卿文书房的案牍。

建造绘图官管理一切公家建造，跟着稽查估修公家廨宇。国库支应官司决断一切收支可否的事情。库务部稽查官，兵部、内政、海军、国务、邮政等部稽查官，专管稽查本部各股收支的事情。管理国库官专管华盛顿京城总库、纽约等城分国库。各处国家银行一切出进、各项经费、存款、股票、债票、支给国家公债利息那些事情,也得问他。总国库之外,又有分国库八处,每部设立一个官。

国库注册官司查验纸币、公债票、股票一切国家证券签名、盖印那些事情。监督银行官查国家各银行出进。监督铸局官督理各局铸币跟各厂提炼金银那些事情,按季册报各局办法、成色、数目、各国价钱成色。综理印税官监督征收印税、实行印税条例、管辖经理印税官吏、制造印花、颁发训条。总理航海官司一切船只注册、交纳船钞那些事情,每年册报正卿。总理沿海舆地测量官测量太平洋、大西洋、海道、海口、河道、潮水、沙浅,造册刊布。总理通国律度量衡官专管通国律度量衡之大小。查验汽船官颁行一切查验汽船章程,每年正月,华盛顿京城开一个会,商议验船的方法。综理江海医院官督理江海各医院医药,查验水手到港那些人的气体,颁行一切检疫防疫章程。

稽查外国流民官颁行一切外国人民入境,跟着限制华人入境条例。督理救生局官颁行一切救生局办理章程、赏恤条例,稽查员役的勤惰,江海失事的情形,人命损失的数目,册报正卿。造册处官查取出入货价,各国商务存栈货、消流货、各货好歹、各货贵贱、税饷增减、各国商船出入口吨数、本国商船吨数、本国各埠商务情形、货物细数,一切事宜,按月、按季、按年,详详细细,造一本册,或是一道表,送给正卿瞧。刊印处官刊印国家用的契券文凭证据图籍,国库、国家银行所出的纸币、股票、债票一切公用的东西。灯塔料理官稽查沿海灯塔浮桩灯船雾标。另外还有一百二十三个税务司,是归正卿派的。四十六个税务稽查、六个巡海官,都归库务部该管。

七月十四日(8月17日) 一早,车子走了一千多里,未初停车。司车的人,得着了一个德律风,知道前边山凹里有块掉下来的石头,碍着路不能走,所以要缓一缓。下了车,随意逛了逛,一会儿听见烘的一响,说是用炸药把掉下来的那块石头炸碎了。未正开车,到温哥埠。地方狠熟闹,住在客栈里。客栈虽不如纽约的华美,然也下得去,服侍的人,都是日本人。

查美国兵部，就是陆军部，一个正卿，一个次卿，一个总办，一个总理军务陆军一等提督，一个秘书官，两个中军官，一个军政司副总办，一个炮队总管，一个炮队副总管，一个总书记，另外的是军政股、考功股、转运股、军需股、军医股、支应股、工程股、军械股、军法股、功恤股。正卿督理一切陆军事宜，掌佐计稽察本部，各行营住营支项、购办粮草衣械、养兵运兵各费，议院准定一切支项，管理委士盘国家武备学堂、陆军教育，兼管防守局战务、记功局事务，又掌通国边防海防、储办枪炮、修浚河海那些事情。凡是议院议设小道桥梁那些工程，也得查核准驳。防营改设、本部所管公地，都得听他调度。

次卿帮着正卿管理河道海口、支设桥梁、租出公地那些事情，稽察武备各事、记功恤典等股，办理招勇散勇粮草、军营法司、各省各图、各项款目、测量地理、招办军需、送宝星功牌、修理昭忠坟墓、查考古巴飞猎宾各岛情形、料理各海岛寻常事件。总办管理文案收发、转递各营信札、刊刷告白文件报册、采办纸张笔墨、本部一〔切〕杂事，正卿天天做的寻常事宜。

军政股单管宣布总统、兵部正卿、军务处的号令，往来文牍，收储各军册报、备办委任札付、收受告退禀件，还有那些招募的事情。考功股，一个正的、一个副的，分查各军驻扎的地方、各等学堂、各营合操所、义团营房、船政制造等局、炮台防垒。〔转运股〕运送陆军，跟着衣械、器具、骡马、舟车、草料、纸张、笔墨，一切陆军应用的傢伙，建造修理陆军驻扎地方的码头、桥路、屋宇，跟着食水、灯火，兼管昭忠坟墓，犒赏雇募侦探、向导、通事人等。

军需股预备陆军粮食、军营准用物件，稽查各项支销。军医股单管陆军医药、选派军医、稽察军医、预备药料，跟着陆军医院医报那些事情。支应股管理支给本股各营陆军将弁兵丁粮俸，佐发陆军各官公费，给发伤亡弁兵除存未领粮俸。工程股统理工兵各营修筑炮台防垒、支放水雷防海各事，军行桥路、河海塘湖丈量工程跟着议院所定兵部应办工程。军械股备办存储发给美国常备义团、招募各兵战守所用大小枪炮子药，查考新式战具情状图式，试验枪炮，讲求各局制造，严杜参差糜费诸弊。

军法股管理一切军法、律令案件、陆军章程条教，查察关涉陆军各营、各学堂、各工程的案件跟着陆军弁兵被控的案件，赞助正卿、次卿各股订立合同凡有关律例的事情。军号股撰办陆军一切号令、旗号灯号图说，各陆军行营电报、德律风，代传各陆军探报一切事情。功恤股纪载伤病阵亡那些事情跟恤典局有关的事情。大凡股长，总是二三等提督承充的，薪俸也狠大。

七月十五日(8月18日)　早起，发了个电报给外务部，报打温哥华埠动身的日子。未正一刻，带了参赞、随员、翻译，上了英公司“日本皇后”的轮船。这船比大西洋的“山博而”船，只有一半大，载重六千吨。申初，开行。同船有英国香港总督，比国代办公使、参赞葛飞业，还有华商叶恩、李梦九，都是广东人，住在维多利亚埠的。戌正，到了维多利亚埠，有一百多个华商到船上来叩见。亥初，启碇。

查美国陆军定额，正兵只有二万个。打一千八百九十六年美日打仗，得了小吕宋、古巴那些海岛，才添了兵额，然而给议院里议定了，不能过十万个人。打仗的时候，总统可以调各省预备兵投效，有事聚得起，没事散得开。各省预备兵，却有十万六千三百三十九个人。平时没有粮饷，多是自备资斧，军队里面分七个门类：军务处、工程师、马兵、炮兵、步兵、医院、传发旗号队。

正兵的额子缺了，由兵部召募，在各书信馆贴起告示。有愿当的，先归医生验看。合格的，才能挑选。投效的要念过书，身体强壮，没有病痛，品行端方。年纪大的，不能在三十五岁之上；年纪小的，不得在十八岁以下。如果不满二十一岁的，要他老子给他准单。若他老子死了，就是他娘给他准单也行。要是他老子他娘都死了，就归亲属管束人给他准单。投效步军，跟着投效防护海岸炮队的，身量儿要在五尺四寸以上，顶轻的得一百二十磅，顶重的得一百九十磅。投效马军，跟着陆军炮队，身量儿要在五尺四寸以上、五尺九寸以下，顶重的不能过一百六十五磅。当正额兵的，三年为满，兵饷每人每月给他十三块洋钱，另外还有衣服粮食。

这兵倘或是派到古巴、巴都力、小吕宋、檀香山、阿拉司加去的，月俸每一百加二十，兵官每一百加十块。兵官分二等，一等有照，一等没有照。有照的兵官，归总统跟着兵部发给官职文凭，都要打陆军学堂里出身，也有打兵卒考升的。兵官的升阶也有论资格的、也有论功劳的，都归总统斟酌，交给上议院议定，然后再见明文。

他们武备学堂的规矩，每上议院一个议绅，每下议院一个议绅可以派一个年轻的到学堂里肄业，没有编入行省的省分、华盛顿府也可以各派本地一个年轻的到学堂里肄业。此外总统可以简派三十个人。议绅派人的法子，豫先登报，招那些年纪轻的来考，考取第一的，送到兵部，兵部给他一张准照，到堂里去考试，考取了就可以进去。有时议绅不用考试的法子，指明了一个人，请兵部给他一张准照，到堂里去考试。也有时派两个人，一正一副，请兵部给他们俩一张准照，到堂里去考试，正的考不取，然后别的上去考，年纪都必在十七岁以上、二十二岁以下。

考试有五种法子，一种是写字，一种是算法，一种是文法书，一种是地理志，一种是美国史记。进堂之后，四年卒业，念的书，是算法、法文、西班牙文、绘图、操武法、理学、化学、格物、矿务、地理、电学、史记、公法、陆军战例、国例、工造、营造法、武艺、放炮法、军火。打西九月一号到西六月一号是念书，打西六月中间到西八月底是专学阵法，住就住在棚帐里，每年甄别两回，不入格的斥退，卒了业派充千总官。在堂里的时候，就是学去，每年也有五百四十块洋钱的俸。外国人要进学堂的，得议院议准，而且要自备资斧，两年后可以读假回去一蹚，平常不能。他们国里的枪炮厂，一古脑儿有十七处，大约分三个门类：一个是收藏枪炮处，一个是制造军器处，一个是收藏军火处，都归兵部管理。

七月十六日(8月19日) 船仍旧在太平洋里走。

查美国海军部，一个正卿，一个次卿，一个总办，一个书记。总理军务处，一个一等提督，一个中军官，一个秘书官，一个调遣股长，一个船坞股长，一个师船供给股长，一个军械股长，一个修造股长，一个机器股长，一个医药股长，一个军需股长，一个通信股长，一个军法股长。

正卿是听总统的话，掌管海军一切事情，次卿帮着正卿掌管海军一切事情。总办管本部文书跟正卿、次卿那边的文书。调遣股长单管传令，跟着操练海军官员兵卒、招募遣散海军官员兵卒、运送弁兵、分配水手、记载全军各队驻扎处所、增修军略、军志、号令、电码、通行章程那些东西。船坞股长单管全国海军船坞、船厂，跟着船坞、船厂的产业，船坞船厂里的器具工作。师船供给股长单管供给全国海军各船锚缆、帆绳、海图、灯旗、纸张、书籍一切师船应用的东西，跟着收取外洋各处海图分给各队。军械股长单管水雷、火药、炸药、枪炮、机器、船舰、皮甲各厂各局的事情，制造存储分给运送以上这些东西，跟着供给各厂、各局应用纸张笔墨。修造股长，单管建造师船、一切打样马力重力。汽船股长，单管打样、购造、配制、修理、行用一切机器。医药股长单管海军各项医院医生所用器具材料，跟着建造医院、运送医药那些事情。军需股长单管供给运送全军粮食、衣服、用物、食水，估计多少费用。通信股长单管通海军相关的信。军法股长单管一切小事，跟兵部军法股差不多。

并查美国水师学堂，打一千八百四十五年为始，设在美利兰省支拿波里斯地方，他的考取学生的法子，每年总统选派十个人，华盛顿京城一个，又归总统派，其余下议院议绅，每人只可以举荐一个人。倘然缺了额，小师部大臣每年三月五号之后，关照某处缺额的下议院议绅，另外举一个，补这空儿。各学生每人都应得在学堂里学习四年，出洋操练两年，年纪必须在十五岁以上，二十岁以下的，自己具张结，说明愿当水师，国家要不开除他，八年之内，不能规避。学生打进学堂的那天算起，每人每年领美国金圆五百元。出过洋操练过的，碰着水师员弁出缺，就可以按级升补。统算美国现在有十八条铁甲战船,八条铁甲巡船,二十条蚊子防口战船,五十二条巡船,六十条水雷船。著名的船厂,一所在布鲁连,一所在费城,一所在砵罗耶,一所在金山。其馀还有不少,可记不全了。

七月十七日(8月20日) 船仍在太平洋里走。巳刻,起了风,午后,风更大了,到了晚上,一个浪头打到船舱上,把铁梯都打成两截。你们想,这个劲儿大不大?另外什么玻璃碗盏,碎了不知多少。

查美国律部,一个正卿,一个次卿,四五个参议,一个国务部参谋律司,一个库务部参谋律司,一个印税参谋律司,一个邮政参谋律司,一个内部参谋律司,一个总办,一个律务总委员,一个估核股长,一个释赦股律司,一个委任股书记官,一个支应股书记,一个验案官。正卿执掌本国有关法律的事情,决断各部各局应守的条例,解释律例的意义,稽察全国的审案律司提刑那些官,赞佐本国跟外国法律交涉的事情。次卿帮着正卿管理法律,代本国国家辨论一切控告的案件。参议单管各项法律。

国务部参谋律司、库务部参谋律司、印税参谋律司、邮政部参谋律司、内部参谋律司,分隶各部各局,参议有关法律的条约、例章、案件。总办单管本部书记以下的员役,跟着本部文牍一切杂事。总委员专管本国监狱囚犯的事情,督率所属分行各省,稽察各审院的事情。估核股长单管稽核全国审院的审案律师、提刑书记等官支销款项。释赦股律司单管一切援案吁乞减赦那些事。委任股书记官单管委任存记荐举那些事,跟着备办委任文凭。支应股书记支发总察院、分巡察院各审官提刑书记等官役薪俸跟本部一切支用。验案官单管查验一切控案主名,再查他们的执法官。

全国总理上察院在华盛顿京城,专管全国刑案事件。凡是各分道上察院,跟着中央政府所派的察院,都得归他管理。上察院一个正按察官,八个副按察官,都得当过各省地方察院,跟分道察院官的。这官要归总统派,属下有两个书记,一个武弁,一个访事。分巡各道上察院,统算九处,都归正副按察官管理。各道立两个按察,例须总统察院派。各大郡上察院，八十二处，各立一个按察，或是十年一任，或是六年一任，或归百姓公举，或归总察院跟本省总督会派。另外还有什么控请院，在华盛顿京城，专管百姓们控请国家赔恤、给还地产一切事情，也是一个正按察，四个副按察。控私产诸院，也在华盛顿京城，单管百姓的私产调判、分给追还那些事情，也是一个正按察官，四个副按察官。另外有座诉告院，也在华盛顿京城，单管一切上控的事，也是一个正按察官，两个副按察官。

七月十八日(8月21日)　早上，风住了，船也走得稳了。

查美国邮部，一个正卿，一个次卿，一个二等次卿，一个三等次卿，一个四等次卿，四个总办，一个参谋律司，一个委任事务书记，一个总度支书记，一个城镇记载官，一个度支正股长，一个度支副股长，一个派信正股长，一个派信副股长，一个供给正股长，一个供给副股长，一个汇票正股长，一个汇票副股长，一个发信正股长，一个发信副股长，一个待问股长，一个转递股长，一个合同股长，一个稽察股长，一个邮器股长，一个铁路股长，一个外国股长，一个理财股长，一个邮税股长，一个分级股长，一个挂号股长，一个销票股长，一个档案股长，一个委任股长，一个察吏股长，一个纠察股长。

正卿督办通国邮政事务，除掉正部次卿，各大局总办都归总统派。本部各员、分局总办委员，凡是薪水在一千块钱以下的，都归正卿派，兼管跟外国订立联合邮政条约、各局各公司订立办理邮政事务合同。次卿帮着正卿掌管度支以下六股的事情。

度支股长单管支发各局员月俸、一切局费，经理分局书记，押保租赁信箱，启闭邮局时刻，各局员役请假，设立邮政分局那些事情。派信股长单管各城各乡收信派信办法，安设信箱等件，稽查派信路径、程途时刻，选派信夫，稽察勤惰。供给股长单管各局应用纸张、笔墨、秤磅、簿子那些东西。汇票股长单管本国内地邮政汇票，外国往返邮政汇票。发信股长单管内地外国信件没有人收受的，设法递寄，或是存在局里，或是寄还原人。倘然有什么紧要文书银信，有地方交还，就马上交还，没有地方交还，就存在局里。登了告白，等那人来领。待问股长单管回答各局员役，查问邮政事情办法。

二等次卿帮着正卿专管转递以下六股的事情。转递股长单管打铁路电路寄信，跟马车载信气筒传信那些事情，督造火电寄信车辆，料理津贴各公司代行车辆的事情。合同股长单管跟各车各船订约装信的事情。稽察股长单管稽察各船各车公司跟代理分局能否按照合同办事。邮器股长单管制办修理分给一切邮袋信箱钥匙等件，跟记存的数目、毁的数目。铁路股长单管铁路代带信件跟着随附铁路邮政书记委调升降那些事情。外国股长单管跟外国邮政联合往来交涉的事情、轮船代带的事情。

三等次卿帮着正卿专管理财以下六股的事情，兼管供给各署公用免费信封信片等件。理财股长单管本部款项收入存放生息的事情，跟指挥各分局存款解办的法子。邮税股长，单管发交各分局邮票明片等件，核算销售应入的数目，立册存记。分级股长单管一切邮件分别等级，定邮票的数目，立册存记。挂号股长单管一切挂号信件。销票股长单管各分局缴还废坏无用信票明片等件。档案股长单管本部一切大小文书，他的属下一切有个办理邮票委员，一个办理明片委员，一个办理邮票信封封面纸委员。

四等次卿帮着正卿掌管委任以下各股的事情。委任股长单管本部委派各局员役，订定分局名字。察吏股长单管记载各局员役押柜保结那些事情。纠察股长，单管各员跟违犯邮例的事情。此外还有六十一个分局总办，委员没有准儿。

再查美国近年邮政出入表，一千八百九十九年卖信票共收美金九十五兆零二万一千三百八十四圆，费用一百一兆零六十三万二千一百六十圆。一千九百年卖信票共收美金一百零二兆三十五万四千五百七十九圆，费用一百七兆七十四万二百六十八圆。一千九百零一年卖信票共收美金一百一十一兆六十三万一千一百九十三圆，费用一百一十五兆五十五万四千九百二十圆。

京话演说振贝子英轺日记卷之十一

七月十九日(8 月 22 日) 船仍旧在太平洋里走,狠平稳。

查美国内部,一个正卿,一个次卿,一个二等次卿,一个总办,一个参谋律司,一个委任股长,一个支应股长,一个公地铁路股长,一个土番事务股长,一个专利等事股长,一个土番属部股长,一个请给赏恤司长,一个纸张册籍司长,一个清档股长,一个专利给照局督办,一个赏恤局督办,一个公地局督办,一个教育局督办,一个铁路局督办,一个地理丈量局督辨,一个户口册籍局督办,一个土番局督办。

正卿督理专利给照、赏恤官弁兵吏、国家公地地皮、土番通国教育、通国铁路、地理测绘、户口册籍、公家苑囿、津贴农工学(学)那些事情,凡是克仑比亚京城内的医院善堂,也得归他稽察。次卿帮着正卿,专理内部库部各属省交涉的财政契券、合同等件,兼理土番产业购卖典押,跟着保全通国著名苑林等处。二等次卿帮着正卿专理专利赏恤教育那些事情,兼理疯狂盲哑各种医院善堂。总办专掌书记以下一切员役,跟着正卿往来文件,供给本部应用纸张笔墨,刷印《缙绅录》那些事情。

督办单管一切新法、新机、新理有益百姓们的事,派所属查验。如果实在准其给照专利,凡是商标号码招牌等件,都得归他注册存案。赏恤局督办单管曾立战功的官弁兵役死后恤典,派所属查验。如果实在,照例给照,准领银两。公地局督办单管公地产业租卖典批,充拨各种公用善举。教育局督办单是稽查通国教育的事情。凡是整顿学律学规,扩充学堂藏书楼,都得归他管理,兼理农工学堂办法。铁路局督办单管铁路公司在米悉悉河西南北岸相近之处所设轨道，或是由国家津贴担保债票股份，或是借用国家公地官道，都得绘图贴说，请他查验。地理丈量局督办单管所属公地，查核舆地图说，泉水源流，地宜土产跟着丈量山林地面。户口册籍局督办单管办理通国跟着属地户口。凡是生齿事业，本籍寄籍，一一注明，造成册子，刷印出来，每十年清查一次，临时归议院拨款，派了人到各省去清查，又另外设了局子，办理这事。土番局督办单管内地土番一切生聚、约束、教育、供给粮食、衣服那些事情。

七月二十日(8月23日) 船仍旧在太平洋里走，有一点风。

查美国农部，一个正卿，一个次卿，一个总办，一个委任司总办，一个天文股长，一个畜牧股长，一个植物股长，一个森林股长，一个化分股长，一个辨土股长，一个验虫司总办，一个体物司总办，一个支应司总办，一个纂修司纂修官兼总办，一个记录司总办，一个外国商场司总办，一个书藏司总办，一个道涂司总办。

正卿执掌一切农务事情，督理农务，试验各仓场，稽察边境检疫所牲畜入口跟着内地检疫所牲畜转运，搜采农务新法，随时刻成书本。检查动植各物，分给百姓。次卿帮着正卿，办以上那些事。总办单管本部书记以下员役，跟着本部杂务。委任司总办单管本部跟所属各官迁调、委派、裁撤那些事情，还有公牍文凭，也得问他。

天文股长单管测算阴晴寒暑、风霜雨雪，天天写在纸上，印刷了送给人家看。要是碰着风灾水旱，预先通知百姓。到那时候，升起旗号，等人家好做准备，跟着测算河流涨落，稽查沿海传警电线，搜采沿海各处消息，测算天气雨水，等人家去种棉花。凡是天文上的事，有关农商两种的，都得归他管理。畜牧股长单管查考各种畜病，想出法儿医治，稽查各牧厂跟市面上的情形、进出口各种牲畜，跟着内外检疫所牲畜转运事务，稽察牛奶、牛油制造厂里的弊端。他的属下，有七个畜牧分化所的官儿，专门考察牲畜肉质、皮毛种类、乳酪那些事情。又有两个畜牧试验场的官儿，专门试验牲畜牧养那些事情。

植物股长单管查考一切植物性质功用品类，跟着去病除虫两种事情。他的属下，有八个查考谷蔬病害功用所的官儿，又有四个草木查考试验所的官儿，又有两个牲畜草料查考试验所的官儿，又有三个瓜果考查所的官儿，又有三个园囿料理试验所的官儿，又有两个议院派来的分别收藏子种的官儿，又有两个子种树秧交换所的官儿，又有一个阿灵顿穀蔬瓜果试种场的官儿，又有一个茶叶种制场的官儿。

森林股长单管教导那些人一切种树取树的法子，在本国树木稀少的地方栽种，并教导那些人种植的法子，考查那一种树木可以销售商场，跟一切树木长养锯解的法子。又帮着内部整理树木，做那些零零碎碎的事情。化分股长，单管用化学法分化水土性质，该应种那一样植物，该应养那一样牲畜。辨土股长，单管查考土性，跟着把通国的土地，绘图贴说，等人家去研究，又考查种植烟叶的法子。验虫司总办，单管各种飞虫走豸，有害动植那些东西的，怎样的捕捉，怎样的绝灭，都得他想出法子来，并且将那些飞虫走豸，形状性质，刻在书上。体物司总办，单管考查动植物性土宜，分别通国地方，绘图贴说，等人家去研究，跟着颁行议院所定雀鸟进口、保全雀鸟的例子。支应司总办单管收纳部库拨款、各种进款、支给各股各场所费用跟有关本部的财政。

纂修司纂修官兼总办，单管撰辑印刷报章通启，跟着一切公文。凡有关天文农务事情的，都得他撰辑印刷。记录司总办单管访查本国、外国农务、谷食、牲畜一切情形。本国着各城各县官绅查报，外国着领事、农商委员、随员这些人查报。商场司总办单管推广本国农产销行外国商场那些事情。凡是各国市场所需品物，一一查明如何转运，如何进口，如何销售。书藏司总办单管本部购存捐入各项公私书籍报章，跟着各股年报、通启、册籍那些东西。道涂司单管稽察通国街道修治情形。他们教育农事，归农务部渔务局各试验场替他们提倡，农部又刻成各种新法的书本子，送给人瞧。农务赛物院，也等人家尽管去瞧。农学堂除了教学生之外，另外设了夜课，专教农家子弟白天没有功夫去念书的。国家所收的地税，微乎其微，不过在本省酌收若干,供给本省的公用罢了。这是美国农务的大纲。

七月二十一日(8月24日) 船在太平洋里走,稍微平了些。

查美国近年出口货,大约农务出产的,一百分里面,有个六十四分;矿产一百分里面,有个四十分;制造出产的,一百分里面,有个二十八分。打一千九百零一年算起,出口货里面,农务出产,已经有到九十四兆元,这就可观了。他们奖劝工商的法子,第一是免税,第二是赛会,第三是奖给金牌、银牌、铜牌,第四是专利,此外还许百姓们自立工商学会,不过把章程送到官那里查验查验就是了。

查美国商船注册,领凭的,轮船共是七千零五条;帆船运船跟着各种运船,共是一万六千条。载货五百万吨,约值二百十五兆零六万九千元。再查近五年出口进口货物价值表,一千八百九十七年,出口一千零五十兆九十九万三千五百五十六元,进口七百六十四兆零七十三万四百十二元,出口的比进口的多到二百八十六兆二十六万三千一百四十四元。一千八百九十八年,出口一千二百三十一兆四十八万二千三百三十元,进口六百十二兆零五万零六百五十四元,出口的比进口的多到六百十五兆四十三万一千六百七十六元。一千八百九十九年,出口一千二百二十七兆零二万三千二百零二元,进口六百九十七兆十四万八千四百八十九元,出口的比进口的多到五百二十九兆八十七万四千八百十三元。一千九百年,出口一千三百九十四兆四十八万三千零八十三元,进口八百四十九兆九十一万一千一百八十四元,出口的比进口的多到五百四十四兆五十四万一千八百九十八元。一千九百零一年,出口一千四百八十七兆七十六万四千九百九十一元,进口八百二十三兆十七万二千一百六十五元,出口的比进口的多到六百六十四兆五十九万二千八百二十六元。

七月二十二日(8月25日) 船在太平洋里走。

查美国于各部之外,另外有六个局:一个是总理本国各省通商局,单管各省交易,凡是土产制造如何改良如何便宜的事情,跟着铁路轮船河道,都得归他稽查。商人违犯转运条例,也得归他议办。他这局里有五六个督办,一个秘书官,总办总书记没有准儿。

一个是劳工局,又叫做工人局,单管大小工作。凡是百姓们雇工工作的时刻、男女苦工的年限、各行工钱、教育工人、教化工人的事,都得问他。他这局里,有一个督办,一个总办,一个支应书记。

第三个是胥吏局,单管考选各部各局书记。以下那些人,有两个督办,一个总考试官,一个书记。

第四个是国家刊印局,单管刊印文牍、律例、银币、钞票那些事,一个督办,一个总办,一个秘书官,两个技师。

第五个是渔务局,单管本国泽梁网罟那些事。有一个督办,要熟悉渔务的,才能够当这个总办。什么养鱼秧、选鱼种跟着虾蚝蚌蛤那些水族,一样一样,叫人家拿去养,还得查考害鱼病鱼那些弊窦,化验河水海水,相宜不相宜。有一个总办,一个食鱼股长,一个养鱼股长,一个渔法股长,一个支应书记,另外有三十七所试验鱼务场,设在各省的河海要口,又是五辆分派鱼秧的火车,两条考查渔务的轮船,一条考查渔务的帆船。

第六个是地舆局,单管舆地图说那些事,一个总办,一个书记。此外更有一座国家美术院,专收名家画图、磁器。

七月二十三日(8月26日)　这日是重日,由西边儿到东边儿,这船老是跟着太阳走。度数不同,积分成日,到这日刚满一天一晚。这日在欧美两洲,算是二十三,要是在亚洲,已经算是二十四了。

查美国议政,分为上下两党,定出来的律例、宪法各处都得遵照。上院有(十九)〔九十〕个议绅,每省可以举两个。美国有四十五个行省,一共九十人。年纪顶小的,总在三十以上,一任六年,每年支俸五千块,书记每年支俸一千块。下院有三百五十七个议绅,每三万户口,可以举一个人。年纪顶小的,总在二十五岁以上,一任两年,每年支俸,跟上院一个模样儿。属部委员,没有一定额子。

上院的议绅,拿副总统充当议长。以下各议绅,分股议事,有农务山林股,有海滨测量股,有户口股,有选官吏股,有海防股,有商务股，有京畿股，有京畿公司股，有教育股，有大学校建立股，有理财股，有渔务股，有外交股，有保全动植物股，有地理测量股，有修理米西息河河道股，有印甸土人事务股，有运河股，有内地商务股，有刑狱股，有藏图书股，有制造股，有武备股，有矿务股，有海军股，有稽查行政各部股，有太平洋群岛事务股，有太平洋铁路股，有专利事务股，有恤赏股，有飞猎宾事务股，有邮政股，有印刷股，有私产赏给股，有公家廨宇股，有卫生股，有公产股，有铁路股，有坎拿大交涉股，有古巴交涉股，有修改美国律例股，有属部股，有通海转运道路股，有保全妇女股，有运售肉食股，有工业赛会股，有国家银行股，有稽察度量权衡股，有劳工股各种名目，一时也说不尽这许多。大约的章程，每股打五个人以上，到十二个人为止，公举一个人，名为首领。有什么事，本股自己商量停妥了，然后告诉人家，有一个人兼几股的。下院公举议绅做议长，他们的分股，跟上院差不多。

每年十二月聚会，三四月散会。有未了的事，就得改迟。两院通通是这个样儿，事情议停妥了，再去告诉总统。要是总统不答应，仍旧交给两院再议。议事以人数多寡，定为可否，照的是欧洲各国例子：议会也分上下两院，上院院绅年纪总得在二十五岁以上，两年一任，或是四年一任，月俸每月只有几块钱，散会停俸。下院院绅，年纪总得在二十一岁以上，两年一任，月俸跟上院一样。

七月二十五日(8 月 28 日) 船仍旧在太平洋里走，晚上起了点风。

查美国学校，大学校只有陆军、水师两个学校是官立的，其余都是私立的。中学小学，官立的，学生们共有一千六百万人。百姓们私立的大学校，一共有四百八十处。大中小各种学校，私立的，学生们一共一百九十万人。专门学堂兼大学堂，学生们一共有六万九千人。

官学堂的经费，除掉海军陆军两个学校不算，大约每年要二百十三兆三十万圆。这里头有盖造学堂书楼、铺陈书籍等费三十八兆圆，总办提调男女教习薪水一百三十六兆圆，杂用三十九兆圆。学堂入款、常年已定生息各款九兆二十万圆，各省政府税三十五兆圆，本地方税一百五十兆圆，各项收款二十三兆圆，一共二百十八兆圆。

选取教习的法子，大学堂已经领凭作为举人、秀才的学生，兼习师范，准充教习。另外有专门师范学堂学生，不论男女，只要读书满了四年，本学考试合格，省督跟着学官考试合格，给了文凭，准在本省各学堂充当教习。大约至少要经十六回考试，才能够做人家的师傅。小学堂里教习，每年束修打五百圆起，到二千圆止。

专门之学，是法律、医学、天文、算学、理财学、工程学、化学、农学、哲学、矿学、传教学、商学。学生卒业之后，没有一定，什么都可以干，单是行医的，要不是医学堂里得过文凭的人，就算犯例。其余律师、工程师、传教师、牙科师、电学师、化学师、打样师，都可通融办理。就是商务里头最下等的，像写快字、机器钞字之类，也要得了学堂里的凭据，才有人雇用，像中国教官一样，都是要打秀才、举人出身的。

至于国家考察学堂的法子，都归地方。绅士拟定了再拿上来，每处必有一个视学官，或是学务司，这些人都归绅士公举。另外有一个查学会，随时可以查考。美国的藏书楼，一共有五千三百八十三处。

藏的书，一共有四十四兆六十万卷，什么人都可以去瞧，不准带回家就是了。官立的十分之一，学会里面的人立的，十分之三。学会里又有演说会，大约为着年纪大了，来不及念书了，或是要做活，没有工夫念书，就到会里来听演说，法子可真好。

此外，像新闻纸，也是教育里面极要紧的东西。美国新闻纸，月报有二千九百零两家，七日报有一万五千四百七十五家，日报有二千二百七十一家，半月报有二百八十五家，三日报有五百十一家，季报有一百七十六家，两礼拜报有七十一家，两月报有六十九家，三礼拜报有五十五家，一古脑儿有二万一千八百二十七家。照这样看起来，也可以算得盛极了。

七月二十六日(8月29日) 船在太平洋里走，平了一点儿。

查美国行省属部各官，分立法、行法、司法三种。行法的是总督以下各官。行省总督，归百姓们公举，年纪打二十五岁起顶到三十，入过美籍五年，或是十年，住在本省或是二年，或是五年，才可以当这个总督。或是两年一任，或是四年一任。每年辛〔薪〕俸打一千五百圆起，到一万圆为止。属官打副总督外，有国务司，有稽察度支司，有库务司，有学务司，有律政司，有公地司，有农务司，有庶务司，有测绘司，有路政司，有藏书司，有刊刷司，有监狱司，有工务司，有稽察各厂制造司，有稽察银行司，有稽察煤油司。以上这些人，由地方公举的，倒有十分之八，由总督挑选的，只得十分之二。至于省司法院，郡、县、镇、市司法院，也得由地方公举。属部总督，跟着属官，那是由总统派的。

行省部属，划作郡、县、市、镇四项，郡县叫做属地，又叫做制地，详他的意思，就是那个邑字。户口总在二万以上。属地的首领，叫做美尔，像中国古时候的郡守一样，年俸打二千圆起，到一万五千圆为止，每任两年。市镇叫做陶，就是聚字，户口总在二万以下。陶的首领，叫做苏泊外色，像中国古时候的邑令一样。

查纽约的制地，户口有三百四十多万，地方有三百零八英方里。划做五处，每处公举一个首领，帮着美尔办事，年俸打三千圆起，到五千圆为止，每任两年。一个度支局总办，一个二等帮办，一个稽核度支官，一个地税官，另外有几个各区帮办，没有一定的额子。每地有一个受饷官兼街市长，一个支应官，一个收发存放银钱官，一个工务局总办，一个书记，一个街道委员，一个沟渠委员，一个桥梁委员，一个自来水、电汽、煤汽委员，一个清道委员，一个管理各种公廨委员；一个巡警局总办，几个帮办，几个稽察官，几个分局巡警长；一个参谋律法局总律师，一个帮办，几个委员，一个开辟街道委员；一个火政局总办，一个分局总办，一个火政长，一个火政副，两个救火队长，一个书记；一个卫生局总办，一个会办，一个书记；一个公家苑囿局总理兼总办，两个分局总办，一个书记；一个建造局总理兼总办，一个书记，两个分局总办；一个地税兼估地税局总理，三个分局总办；一个善举局总理兼总办,一个帮办,一个分局总办;一个改过局总办,两个帮办;一个船坞码头局总理,两个总办,一个书记;一个经理遗产局总办,一个帮办,一个书记;一个学务局总理,两个书记,一个监督,三个分局总理,一个书记,一个管库,几个学务会参,学务绅士。豫算估用局是美尔、议会长管的。一个度支局总办,地税局总办,参谋律法局总律师兼书记;每处两个档案局正司理,一个副司理;三个本省派驻税酒局委员;三个检疫局委员,一个检疫医官,一个书记;五个引港局委员,一个书记;一个港务局总理,九个委员,一个书记。

陶地百姓,也立了一座会堂,每年聚会一次,议举理事的官儿,议定应行的事情。一个司官,专管文案,跟着一切议事举官的事。一个巡警官,专管捆犯、诘奸、捕盗、狱囚弹压那些事。一个稽查人命官,专管死丧、横死、瘐死那些事。一个司库官,专管收支租税,跟着代本省政府征收租税。一个稽核库务官,专管稽核司库收支那些事。一个恤贫官,专管善举那些事。一个审讯官,是要律师出身的,专管审讯讼狱那些事。一个察院学务官,专管公私学堂百姓念书那些事。

七月二十七日(8 月 30 日) 船照旧在太平洋里走,有了点风,又下了雾,船上常常放气筒。

查美国打算在甲辰年三月,在散鲁伊斯城开一个博览会,驻京美使康格请中国派一个监督,到他那儿去,考察大概情形。在纽约的时候,接到外部电报,叫他顺便去望一望,可惜没有工夫,所以耽误了。又听见日本打算在癸卯三月,在大(版)〔阪〕开一个博览会,要人家去比赛。像咱们中国,江、浙、豫、蜀的丝绸,北京、江、浙、湘、粤的顾绣,南省的竹、木、铜、锡,江西景德、广东石湾的磁器,宜兴的窑器,四川的鲁漆,福建的沉漆,扬州的漆器,广东的雕刻牙角、玳瑁,那些东西都行。

七月二十八日(8 月 31 日) 船平了点,到阅报房里去,碰着了英国的香港总督,谈了半天,吃过饭。天热了,看见外国人或男或女,都坐在那里看报。晚上同船的,跳舞唱歌。

京话演说振贝子英轺日记卷之十二

七月二十九日(9月1日)　到了日本横滨,出使大臣蔡钧打发参赞铨林等到船上来接。日本宫内外事课次长、外事课员、神奈川县知事、横滨市长,也都到码头上来接。宫内省预备马车,上了岸,到横滨行宫。出使大臣蔡钧请过圣安。

午初,趁头等火车上东京。午正,到了东京,宫内次官、外务总务长官、东京府知事、警视总监、宪兵司令官、东京市长,都到新桥车站来接。官内省又备了马车,次长陪着坐了,上上野行官。有块地方叫做"精养轩",旁边有个池,叫做"不忍池",荷花都谢了,风景幽雅得很。午后发了个电报给外务部,告诉他到东京的日子,回来又打发参赞陶大(钧)〔均〕约会宫内次官,定了明天的日子,去见明治天皇。

查日本国是万世一系的制度,他们的皇位,是依着《皇室典范》定的。皇上总揽统治的权,依着宪法条规行事。帝国议会的开闭,法律的裁可、公布、执行,条约的缔结,宣战、议和、陆海军的统率,大赦、特减刑役权的命令,都归天皇。臣子跟百姓,分为华族、士族、平民三等,华族分公、侯、伯、子、男爵五等。

现在的天皇,是神武天皇的一百二十一世孙,名字叫做睦仁,是孝明天皇的第二个儿子,嘉永九年九月二十二日生,庆应三年正月九日即位,明治元年八月行即位礼。皇后名字叫做美子,是从一位公爵一条忠香的第三个女儿,嘉永三年四月十七生,明治元年十二月二十八封为皇后。皇太子叫做嘉仁,明治十二年八月三十一生,明治二十二年十一月立为皇太子。皇太〔子〕妃名字叫做节子,是从一位大勋位公爵九条道孝的第四个女儿。明治十七年六月十五生,明治三十三年敕为太子妃，三十四年生了个皇孙，叫做裕仁。三十五年，又生了个皇孙，叫雍仁。生了四个皇女。皇族共是十家。

皇上家一切事情，都归宫内大臣总理。宫内大臣有统率所部各官、监督华族之权，还能够于《皇室典范》制定之外，奉敕制定施行，你们瞧多阔！宫内省分内事、外事、调查三课，侍从、武部、皇后宫、东宫、大膳(之)〔五〕职，内藏、主殿、图书、内匠、主马、诸陵(下)〔六〕寮，御科、爵位、侍医、主猎、调度、帝室会计审查、文事秘书七局。另外有御歌所、帝国博物馆、华族女学校，都归统辖。

八月初一日(9月2日)　午刻，日本宫内省武部官到行宫里约着一起去觐见日本天皇。带了参、随、翻译，入了殿门，行过三鞠躬礼，致了颂词，日本天皇也致了答词，然后拉手。礼毕，上宫里去吃饭，日皇率领宫内省、外部大臣陪坐。

查日本地理面积，日本国本州、四国、九州、北海道、千岛、佐渡、隐岐、淡路、(堂)〔壹〕岐、对马、琉(璃)〔球〕、小(登)〔笠〕原岛、台湾、澎湖岛，极东到东经一百五十六度三十二分，极西到一百十九度二十分，极南到北纬二十一度四十五分，极北到五十五度五十六分，全国分五畿八道。五畿就是畿内、山城、大和、和泉、摄津；八道东海道，是伊贺、伊势、志摩、尾张、三河、远江、骏河、甲斐、伊豆、相模、武藏、安房、上总、下总、常陆十五国；东山道是近江、美浓、飞(驿)〔驒〕、信浓、上野、下野、岩代、磐城、陆奥、羽前、羽后十三国；北陆道是若狭、越前、加贺、能登、越中、越后、佐渡七国；山阳道是播磨、美作、备前、备中、备后、安艺、(国)〔周〕防、长门八国；山阳道是丹波、丹后、但马、因幡、伯耆、出云、石见、隐岐八国；南海道是纪伊、淡路、河波、赞岐、伊豫、土佐六国；西海道是筑前、筑后、丰前、丰后、肥前、肥后、向日、大隅、萨摩、(堂)〔壹〕岐、对马十一国；北海道是渡岛、后志、石狩、天盐、北见、胆振、日高、十胜、钏路、根室、千岛十一国，但是隐着台湾不在这个数儿。

依着行政的便当，全国分为三府四十一县。三府是东京府、京都府、大阪府；四十一县，是神奈川县、兵库县、长崎县、新潟县、千叶县、茨城县、群马县、栃木县、奈良县、三重县、静冈县、山梨县、滋贺县、岐阜县、长野县、宫城县、福岛县、岩手县、青森县、山形县、秋田县、福井县、石川县、富山县、鸟取县、岛根县、冈山县、广岛县、山口县、和歌山县、〔德岛县、〕香川县、爱媛县、高知县、福冈县、大分县、佐贺县、熊本县、宫崎县、鹿儿岛县、冲绳县、北海道另外有个道厅。台湾有三个县，是北台县、中台县、南台县。全国有八百十七万五千二百户，人口一共是二千二百零七万二千六百零五个男，二千一百六十八万八千一百四十九个女，两共四千三百七十六万七百五十四个人。

八月初二日(9月3日) 一早，日皇特派侍从长到行宫里来答拜。巳初，带了参议参赞去瞧炮兵厂，地方宽得很。午刻，小松宫王在后乐园请吃饭。这后乐园是山户藩源光造的，规模一切，是明遗老朱舜水跟他布置的。朱舜水，浙江馀姚人，明季末年到了日本，隐居不出，造了座得仁堂，刻了伯夷叔齐的像，真正是个忠臣。申刻，去瞧气象台。戌正，蔡钧请吃饭。子刻，回寓。

查日本最重的是宪法，宪法之外，有私法，有公法，有国际法。私法是百姓跟百姓用的，公法是政府跟百姓用的，国际法是本国跟外国用的。公法的宗旨，在拿主权，主权里面，有四桩顶要紧的，是独立不羁、完全无缺、至尊无上、独一无二。什么叫做独立不羁呢？是不听外国的权，也不听本国各部的权。什么叫做完全无缺呢？从前把高等法院叫做主权法院，其实不是。高等官员要是有了主权，国家不止拿一个主权了，所以主权叫做完全无缺，是不叫人分的意思。什么叫做至尊无上呢？主权是国家至高的权，什么都比不上，所以叫做至尊无上。什么叫做独一无二呢？古人说的好，天无二日，民无二王，你们要知独一无二这个讲究，想这句话就是了。

八月初三日(9月4日) 午初，在行宫里设宴，请梨本亲王、华顶亲王、小松亲王、宫内省外务省各大臣。未初，散席，上芝离宫瞧打球。晚上梨本亲王、华顶亲王、小松亲王请到红叶馆吃饭。子初，回寓。

查各国宪法所论国民应得的权利,共有好几门。一门是言论,或是议论风俗,或是议论学问,或是议论交际,一切事宜,国家不能限制他;一门是迁徙,他到什么地方去,得听他;一门是信从,是非好恶,各人有各人的存心,人家是不能勉强的;一门是产业,等他自已去弄,旁人不能管他;一门是赴诉鸣愿,有害于他的,请国家保护,有利于他的,请国家帮助。这就是国民应得的权利了。

八月初四日(9月5日)　有五百多学生,在会馆里开欢迎会,请他到那儿去,演说一番。午初,带了参议、参赞,坐了车,到神田区骏河台铃木田十九番地。学生见了他都很有规矩。

他演说道:"你们打几千里地,跑到这儿来念书,我喜欢得很。你们的心里,无非是为国家。一个人生长在天地间,个个人都知道为国家,你们更亲切一层。何以咱们中国贫弱到这个地位?总由于不知学问。你们能够如此讲求学问,你们的为国家,可不是更比别人亲切一层么?我这荡〔趟〕打欧洲来,略考了他们的政治、商务、法律、工艺、格致那些学问,才知道他们那些学问的宗旨,总不出知己知人、殚精出胜八个字。然要立这八个字的根基,总不出咱们中国圣人说的'求己'两个字。

"这'求己'两个字,不但是咱们中国圣人说过,就是现在世界上各教里面都有。佛氏说的'治心去净尘垢',即是求己。耶稣说的'起一念即作事之基',即是求已。回教说的'坚忍果毅',也就是求己。孔夫子说的,'不患莫己知,求为可知也',倘然能够求为可知,学问到极精专的地步,自有人知之一日。现在时局不好,那些急于求治的动不动说是借才异地,想起来,实在痛心。咱们学问,何以不精不专?至于皇上家万不得已,借才异地,你们想想看,借才异地,岂能持久?韩文公说的,业患不能成,无患有司之不明。你们须要明白,今儿我这番演说,就是他日定有人知的根基,孟夫子说的'尚志',一个人可以没有志吗?有志总要有远大之志,必须做一个挽回气数的人,不要做随气转移的人。咱们中国的史书,是不必提了。外国史书上载的,凡是建大功大业的人,没有一个不是志趣宏远,始终条理的人。倘然有了一丝一毫愤激的心,办事就不能有条理了。

"所以你们今日,总要期于远大,不要光是纸上谈兵。纵横三万里,上下五千年,能够成就一个尽善尽美的第一等人,方是求己真正学问。我不若人,固是可耻;知不若人,不知求己,也是可耻。求知己而立志不远大,尤为可耻。我一看见你们苦心向学,即此一念,就是爱国,我心里甚为感激。我都知道你们有一片爱国的苦衷。可见皇太后、皇上也一定是知道你们有一片爱国的苦衷。你们现在在此力学,一味求己,已有人知;将来学问成就,国家断然大用。你们爱国,国家爱才,可见得是一样的。已往之事,我也不必提了。还望你们切切实实,望前做去。我自己无才无学,愧对你们,然而我盼望你们的心,可是常常在腔子里。"

演说完了,那些学生,恭诵答词,他又跟这些学生周旋了一周旋,然后回寓。申正,上上野劝工厂去瞧了一瞧。晚上,吴汝纶京卿来见。吴京卿是安徽桐城县人,当过曾文正、李文忠的幕友,古文做的很好。留他吃了顿便饭,谈了好一会他才去。

八月初五日(9月6日) 巳初,去瞧武备学堂,午正回寓。备了酒菜,请宫内省、外部在行宫照料的那些人,未初席散。去瞧赤十字社。社长小松宫王妃,领着去瞧病院,干净得很。

查十字会,打西历一千八百五十三年俄国邱里吗那一回打仗起的,有个英国女士,名字叫做那伊听牙儿,带了他的手下人,到战地去救护那些当兵的。公历一千八百五十九年,义国骚尔弗里诺那一回打仗,义、奥、法三国有几十万人,打了几天几夜。有个瑞国人,叫做阿里里柔南的,到了阵前,瞧着那些带伤的兵,实在可怜。做了一部书,把详细情形,都写在上面。瑞国有个人,叫做毛阿尼曳的,立了一个会,等到到了公历一千八百六十三年,同志的人,开了万国会议,议定救护的法子。他们的条约上说道:凡战地伤者、病者及救护之人,并其房屋什具，无论是否敌国，彼此一视同仁，均不能加兵损害，俾可尽其救护之义。

何以又叫做赤十字会呢？原来这赤十字，是瑞国的旗号。这会是瑞国人创始的，所以无论那一国，都得打瑞国的旗号。瑞国的旗号，本来是赤地画白十字。现在通用的，是白地画赤十字。后来毛阿尼曳把这会好好的扩充了一扩充，自称万国中央社，各国也募集了些博爱慈善的人做社员。社里的银子，整整有了几百万，预备临时一切费用。至于日本的赤十字社，打明治十年起头，那时西南扰乱的时候，三条、岩仓两公，还有佐野、大给两位议官，立了一个博爱社。后来天皇知道了，下了上谕奖励他们，又有栖川宫亲王、小松宫亲王那些人，竭力的赞成这个会。明治十九年，就有个日本赤十字社，跟瑞典日内瓦万国赤十字社彼此联络。小松宫亲王总理社务，改立职员议员，桥本军医监尽心设法讲究看护救疗的法子，开了个赤十字社病院。栖川宫王妃、小松宫王妃另外开了一个笃志妇人看护会。他们的社章，共有十九条，一是本社主见名称及本部所在，二由日皇皇后保护，三日内瓦条约，四平时及战时事业，五社员，六总裁，七监督，八职员，九地方委员及支部，十常议会，十一总会，十二资金，十三物件，十四寄捐，十五褒赏，十六战时常议会及派出战地理事员，十七年报，十八记章，十九更正社则。以上十九条，周到得很。当时他捐了五百块钱。

戌初，外务省大臣小村寿太郎请吃饭。散了席，还到一间屋子里去谈了一会儿。

八月初六日(9月7日)　早上，明治天皇打发宫内官送了他一座桐花大绶宝星，参、随、翻译也都有宝星，另外送参赞陶大(钧)〔均〕一对磁瓶。陶大(钧)〔均〕上年已经得了四等宝星，拿他的差使等级而论，不能再添什么了，所以送他一对瓶儿。当天发了一封电报，是给外务部的。巳初，留学生良弼来见。巳正，上大学堂瞧医科剖治学、人类学、地震学。墙上写着几行字，是中国测地动机器。始见于

《后汉书·张衡传》,《〔后〕汉书》上载的明明白白,是汉阳嘉元年,张衡造候风地动仪。圆径八寸,形如酒尊。外有八龙,首衔铜丸。下有蟾蜍,张口承之。地动尊则震,龙机发吐丸,蟾蜍衔之,振声激扬,伺者因此觉知。这样看来,外国人的考据学问,也精得很呢!

午刻,文部大臣请吃饭。吃完了饭,去瞧盲哑院,院长请他进去。瞎子拿机器写出字来,是中国汉唐以来,文学之支派流裔被及日本,因得稍稍窥知学问途径,深为感戴。洎于今兹,泰西学派东来,学生辈得借西人之机器以为目,并借西人之机器以为口,深望中国亦仿建盲哑院,俾残废之士,亦能向学。通知古今,不胜大愿。当时写了"弥纶造化"四个字奖励他们,又捐了四百块洋钱。

出了学堂,内官陪着他去听古乐,像中国的瑟、笙、箫、鼓、琵琶什么都有。刚刚听完一曲,内官告诉他说,这是《更衣乐》,是日本上古的风俗,又叫做《催马乐》。又听一曲,内官告诉他说,这是《三台盐》,中国唐朝武后所作。皇上跟皇后、皇太子住在三台,所以叫做《三台盐》。

又瞧他们舞了一回,内官告诉他说,这是承和乐,仁明皇承和年间开菊宴所作,所以叫做《承和乐》。又瞧他们舞了一回,内官告诉他说,这叫《还城乐》,是中国唐朝元宗时候,诛了韦后,还京所作,所以叫做《还城乐》,又叫做《见蛇舞》。有人说是西域的人喜欢吃蛇,看见了蛇,喜欢不过,所以做出这个模样儿。

他又问日本制乐的源流,内官告诉他说,日本乐艺,打天钿女命的皇祖天照大神御前歌舞以来,猿女辰氏,世世代代掌管神乐。又神武皇征服中州的时候,命近臣率领来服部,诛八十岛师,用歌谣夸奖他的功劳,称为《来自舞》。另外还有《东游大倭舞神乐》《风俗催马乐》那些歌舞。允恭皇四十二年正月,新罗王来船八十条,贡献各种乐人乐器,是外国乐部入日本之始。钦明皇十五年二月,百济王奉皇命贡献乐人施德三金四人。推古皇二十年,百济国味摩子来朝,传给他们中国伎乐。以后高丽任那汉唐诸国乐艺东来。文武皇大宝年间,在治部省设了一个雅乐寮,什么唐乐师、高丽乐师、百济乐师、新罗乐师，都在那里讲究乐艺。大宝二年正月，文武皇在西阁设宴，奏《太平乐》《五常乐》。圣武皇时候，天竺林邑国的僧佛哲师等，传给他们乐舞。仁明皇时候，承和年间，打发伶人尾张滨主、大户清上赴唐博习乐章。承和五年，打发使臣藤原贞敏到唐朝就琵琶博士廉承武于扬州开元寺北水馆学琵琶。承和十二年，唐朝睢阳人孙宾带了筝合乐谱，来到日本。这就是制乐的源流了。

晚上回到行官，办了酒，请柴五郎那些人。子正方才歇息。

八月初七日(9月8日)　一早，去瞧银行。日本银行打明治十六年就有了，资本金一千万元，名字叫做"中央银行"。总行在东京，各府各县都有分行。先上交换所。这交换所仿佛北京的银市，是商家总汇的所在。每天各银行派人到交换所，核算行使钞币若干，以便登记。所以各商家款项出入盈亏，官家没有不知道的。

又上银行里去，总裁、副总裁都在门口候着。问他日本钞币起于何时？他们说起于明治七年。至二十三年，民间钞票一概停止。问他那时候禁止民间钞票有无阻碍？他们说，并无阻碍，为是拿商家亏损的息款，作为国家借款。问他国家豫算的法子，倘然核计来年所入不敷所出，该应怎样的弥补呢？他们说这倒不能预定的，或是借国债，或是借洋款，临时瞧罢。问他们商家存款要提的时候，是由商家任便支取呢，或是由银行核定？他们说是由银行核定。一面说，一面拿出一张五色表来。银行存本是一格，商家存款是一格，民间存款是一格，跟各洋商往来出入款是一格。

看完了，总裁带他去瞧稽察银币所，又去瞧库藏。库在地下，不知有多少道门儿。金银有数，都有一定的记号。曲曲折折，有到百来步路，才出后门。门外有座厚墙，据说里面是自来水，是预备着防火灾的。上东边第一座楼，楼上门上都有字，是核计国债所、算销纸币处、管护民间存款所跟着各国金银样子、各国银行章程。

出了银行，去瞧刷印局，局长先带他到印报处。有几种官报，有点像北京的邸钞。再上印票处，邮票印花，什么都有。又上活版处、刷版处、调纸处。活版处排字，无论多少，一会儿就得。刷版处什么颜色的药水都有。局长试验化学染水的法子给他瞧，先把黄水搁在瓶里，另外兑了点药水，就成了红水了；又兑了点，就成了青水了；又兑了点，就成了黄水了。印报的法子，尤为简便。机器有十来丈长，这一边儿把纸粘上去，那一边儿反过，已经有了字了。用的女工，就站在那里。什么人管什么事，一点不乱。

过了条大桥，对面有几十个石佛，工作很细，约摸走了五六里，才到日光山。山上滑得很，只好下了车拿腿走，上面叫做剑峰，有六层。再走了两里，就到了华岩。顶大的瀑布，有二丈多宽，七十丈长。日本人有篇《华岩瀑布歌》，刻在碑上。进中禅寺，上临湖楼，那条湖有十八里长。本来是山洞，瀑布流到里面，就成了河。在楼上吃过饭，弄了个小船，到湖里去逛了一逛。戌初回寓。

查日本财政租税，分为两种，一种由国家直接征收，叫做国税，一种由地方自己征收，叫做地方税。拿了地方税，办地方上的事。国税里面，地税每年有到四千七百万元，酒税顶多，有到五千五百万元，其次算海关税，有到一千六百万元，营业税五百八十万元，所得税五百万元，共收国税一亿九千四百万元。另外收官业邮便电信税，大约一千八百万元，烟叶专卖税，大约一千万元。一古脑儿，二亿五千五百万元。查明治三十三年支出各费：皇室费三百万元，外务省二百十八万元，内务省一千三百五十三万元，大藏省四千九百七十一万元，陆军省三千七百三十万元，海军省一千七百五十一万元，司法省四百八十八万元，文部省四百四十七万元，农商务省二百二十八万元，递信省一千七百五十万元，共是一亿五千二百四十万元，临时加增费一亿零二百十四万元，两共二亿五千四百五十四万元。

地方税分四种，一种是地税，一种是户数税，一种是营业税，一种是杂项税。各府各县，收进去的税，就办各府各县的事。什么警察费、土木费、卫生费，都在这里头提。三府四十二县地方税，一共四千六百万元，支款大约四千万元。大藏省官理财的法子，不过“损”“益”

两个字罢了。

八月初十日(9月11日)　坐了火车，回到东京，仍旧住在精养轩，蔡星使请吃晚饭。为着怕累得慌，预先辞掉了。

查日本货，维新以前，德川政府发出来的现款，叫做硬货。硬货分为三种：一种是金货，一种是银货，一种是铜钱货。硬货之外各藩跟着旗下，自己造纸币，有什么金札、银札、钱札、米札，名目很不少，大概有个一千六百多种。庆应四年，新政府改正货币，造成新货，本来是方的，这回改成圆的，也分三种：金货、银货、铜货。明治三十年前，还是这样。明治三十年以后，全改了金货了。打明治三年起，到明治三十二年为止，造成各种货币共有四亿三千九百八十万元。单是金货一种，是一亿八千五百八十六万元，银货二亿三千三百十七万元，白铜货八百十九万元，铜货一千二百四十一万元。

纸币打政府里颁发出去的，一古脑儿有十种，一百元的，五十元的，十元的，五元的，二元的，一元的，半元的，五十钱的，二十钱的，十钱的，当初都有弊。明治十二年，有一亿四千六百五十万元纸币。硬货跟纸币，是大两样的。明治十七年，立了日本银行，颁发兑换银行券，别人家行里的纸币，渐渐的减少了。明治三十二年，纸币出到六百多万元，银行纸币减少到六十万元。兑换银行券有二亿二千七百万元。硬货发行数目，有四亿三千八百六十万元，日本现行纸币跟硬货，合拢来一共有到六亿六千八百万元。

八月十一日(9月12日)　卯正，打上野到新桥火车站。小村外部大臣跟着珍田长官，都来送行。酉正，到了滨松，就住在那里。住的地方，叫做大米屋，是日本古时候的房子，精致得很。滨松是静冈县属，知事来见过，留他吃了顿饭。

查日本军政，百姓打十七岁起，到四十岁止，都得当兵。兵有四种，一种是常备兵，一种是后备兵，一种是补充兵，一种是国民兵。常备兵分为两种，一种是现役，一种是预备役。当现役的陆军三年、海军四年。当预备役的，陆军四年零四个月，海军三年。军事上最高的顾问，是元帅府，海陆两军大将，才能够当这个职役。现在当元帅的，是陆军大将侯爵山县有朋、陆军大将小松亲王、陆军大将侯爵大山岩。陆军大将管理军政，统辖军人军属。另外有参谋本部，参谋总长或是拿陆军大将，或是拿陆军中将去补；教育总监部，教育总监是拿陆军大将，或是拿陆军中将去补的；东京防御总督部，是管东京防御的，又有东部、西部、中部三都督部，是管防御兼管各师团。现在的将官跟着相当官，一百十九个人，长官跟着士官，八千三百四十一个人，下士三万四千七十四个人，卒二十六万八千七百五十四个人。其馀还有四千五百二十个当杂役的。一古脑儿，有到三十一万五千八百零八个人。

八月十二日(9月13日) 辰正，滨松制西洋乐器场跟着音乐学堂学生，带了乐器来奏乐。巳初，坐火车到西京。刚刚到得车站，小松亲王跟着地方各官，已经在那里接了，殷勤得很。小松亲王是为着有点事，所以到的西京。今天本打算回去了，听见他来了，所以再留一天。那天晚上，住在京都客寓里，地方极大。这客寓是光绪十七年造的，是预备给俄国太子住的。

查日本海军制度，海军大臣管理军政，统督军人军属。另外有海军军令部军令部长，横须贺、吴、佐世保有三个镇守府。镇守府都有司令长官，统率麾下的舰队、舰船部团体，监督所属各部，总理府务。现在各军舰所属横须贺镇守府，有朝日、初濑等舰二十一条；吴镇守府，有三竺、八岛等舰十九条；佐世保镇守府，有敷岛、富士等舰十九条；另外，横须贺镇守府有水雷驱逐舰三条，水雷艇八条；吴镇守府有水雷驱逐舰两条，水雷艇五条；佐世保镇守府，有水雷驱逐舰五条，水雷艇十条，一共三十三条，吨数是四千四百七十七吨，配置舰团队的人员、常备舰队、三个镇守府的舰队、三个镇守府海兵团、三个镇守府水雷团。竹敷要港部共是将官六个人，上长官三百六十九个人，士官五百六十个人，候补生一百九十三个人，准补士官三百九十九个人，下士三千四百八十七个人，卒一万六千七百四十五个人。一古脑儿在里头，二万一千六百六十九人。

八月十三日(9月14日) 午初，回拜小松亲王，去逛日本旧皇宫。有座紫宸殿，殿的墙上，都画的汉朝功臣像，说是唐朝人的手笔。又去逛德川将军府第。午后，小松亲王约他去瞧武德会，先叫学生们在山上走。那些学生们，都能够在山上走，还能够在山上放枪，又瞧学生们舞刀。小松亲王又叫他逛织绒场。什么都有，厂里的主人送了他几匹布。晚上，小松亲王请吃饭，地方叫做中村楼。楼在山腰里，风景极好。

查日本刑政，司法大臣监督裁判所跟着检察局，指挥检察事务，管理民事、刑事、讼事、户籍、监狱跟着出狱人保护事件。裁判所有四种，第一种是区裁判所，第二种是地方裁判所，第三种是控诉院，第四种是大审院。各种裁判所有一个判事，另外有个检事局。区裁判所上告，就到地方裁判所；地方裁判所上告，就到控诉院；控诉院上告，就到大审院。

明治三十一年，大理院上告，旧二百九十九件，新四百七十四件，合拢来七百七十三件，结果弃却二百六十一件，破毁一百零六件，驳下一百零七件，合拢来四百七十件，未决二百九十九件。结果事件：种类人事三十九件，土地一百四十二件，建物船舶三件，金钱二百三十一件，米谷十一件，物品九件，证券八件，选举事体两件，禄事三十九件，合拢来四百七十四件。

各区裁判所，新合计十四万七千五百十七件，判决跟着其它结果，合计十三万一千八百九十二件，未决一万五千六百二十五件。东京有个警察厅，警视总监得听主务大臣的调度。监督是管理东京府下警察哨防跟着监狱事务的。各府各县有警察部，警部长是归知事所管，处分一切警察事务。通警事厅、北海道厅、各府各县警察署一共有七百二十五个，分署有七百十五个。派出所、交番所，一共有一千二百十九个。驻在所一共有一万一千三百二十五个。警察官在警察部以上的，有二千二百十九个人。巡查有二万八千四百十六个人，合共三万六百三十五个人。每一个警察官，管理一千四百二十七个百姓。监狱通东京跟着别地方，一共有一百三十七处。监狱官典狱有五十六个人，书记有五百零两个人，看守长有二百九十个人，监狱医有二百四十六个人，看守的有八千四百三十七个人，女监取缔有四百三十四个人，押丁有五百九十六个人，教诲师有二百零十个人，教手业的有三百八十八个人，用人有六百九十六个人。一古脑儿，有一万一千八百五十五个人。

八月十四日(9月15日)　上西京，瞧制瓦器跟织绸缎的场。绸缎极好，可惜都是彩色，咱们中国人不能用。上商岛屋瞧绣画，买了几张回来。上清水寺，西京的全景都看得见。

查日本建都西京，打奈良搬到这儿来，到现在有一千一百多年了。一切制度，都照咱们中国唐朝，所以有些人都比做东洛西镐。再查日本地方制度，有府县所设的区域郡市，岛屿也归在里面。府县受法官的监督，在法律令命范围之内处理公共事务。府县都设知事，在内务府大臣指挥监督的下面。所部官吏，碰着各省主务事情，受各省大臣的指挥，执行法律命命、管理部内行政事务。又设府县会，算是自治的机关。选举议员，区域府县人口没有满七十万的，选三十个议员，七十万以上，一百万没有满的，每加五万，添一个议员。一百万以上，每加七万，添一个议员。另外又有什么府县参事会，选府县知事、府县高等官两个，名誉职参事会员一同组织。名誉职参事会员每府里八个，每县里六个，在府县会议员里面选举。府县底下有郡市，郡底下有町村，市底下有区郡市、区町村，都有长，有会议员。市底下分设一区的，单是东京、大坂、京都三处。各府县设知事、书记官、警部长、参事官、视学官、警视技师、典狱那些名目。北海道设道厅长官、事务官、警部长、支厅长、参事官、视学官、警视技师、典狱那些名目。

八月十五日(9月16日)　辰刻，坐火车，上奈良。奈良是日本的旧京城，古寺最多，古寺里收藏的经典也最多，可惜没有工夫去细细的考究。中(上)〔午〕，在菊水楼吃饭。楼外就是公家花园，有几百只鹿,见了人都不避,驯扰得很。饭后上车。

酉刻,到了神户,众华商在中华会馆接着,日本官商也有,一共有个六七十人。华商放烟火,着实可观。晚上住在诹访山的西面常盘楼,这楼背山面海,刚刚是秋天时候,月亮照在海里,跟海水一样的颜色。子正才歇息。

查日本教育的法子,打维新以后,把这回事看得最重。明治初年,在西京立了一座大学寮。旧幕府所有的学校,一律重修。江户平定以后,重立旧昌平黉医学所、开成所,叫百姓们去念书。设学官、设府县学校、取调局、史料编辑国史校正局,都在昌平黉。开成所还有一个翻译局,又把昌平黉改做大学校。然而大学以下,各处风气不同,规模都两样,特特为为的编制大中小学校的规则。明治四年,又把大学废了,改了文部省总理全国教育的事情。又立了师范学校、女学校、书籍馆、博物馆。

明治十年,立了东京大学,分做四部,是法部、理部、文部、医部。明治十年,立了帝国大学、大学院,都在东京。西京照样也立了座帝国大学,依师范学校的令,在东京立高等师范学校,又在广岛立师范学校,在各府各县立师范学校,在东京、仙台、西京、金泽、熊本、冈山、山口那些地方,立高等学校。各府各县,立中学校、高等女学校。另外有什么商业学校、工业学校、农林学校、医学校、农学校、徒弟学校、实业补习学校、技艺学校、女学校,私立学校还不在里面。

现在学校的总数,全国有二万八千多座,教员有八万四千多人,教养学生有五百二十万人。各种小学校有二万七千座,教员有八万人,生徒有四百九十万人。中学校有二百座,教员有二千六百人,生徒有六万四千人。师范学校有四十七座,教员有八百人,生徒有一万人。另外专门学校、各种学校、女学校,各学校每年经费,要二千万元。学校以外,各府县还有幼稚园,全国有二百二十多处。

图书馆打东京起,到各府县为止,有三十多处,图书有五千多万册。图书出版,每年统扯到二万五千部。新闻杂志,东京一处可以出到二百多种。每年发兑，统在一亿七千万部。合计全国，有七百五十多处，一年可以发兑四亿三千万部。他们明智开得快，就是这个缘故。

八月十六日(9月17日) 辰刻，坐火车到大阪。大阪府代理知事、大阪市长都到火车站来接，上住友铜厂。日本的铜厂，算足尾、住友两家顶大。午刻，在自由亭吃饭。自由亭是临江而筑的，江却不甚宽阔。知事说，大阪的商务，在日本是数一数二了，轮船只能到神户，上下不甚便当。现在百姓们筹了一千六百万本国通用金圆，修一座马头。两年之后，轮船也可以到大阪了。

又上造币局。这个局子，本来是造银圆铜钱的，现在改了金币。金币的分量，跟英镑一样，银币只造五角以下的。这个局子规模很好，办事都有条理。造一个金币，也得经几十道手，才能算数，所以人家不能做假。

酉初，上大阪城。城里头现在驻扎陆军第四师团，有座军器厂，是明朝平秀吉造的。城墙都拿石头砌成，大的有四五丈。站在城上一望，四边都瞧得见。酉正，回神户，备了酒，请地方官。子正，上火车到广岛，地方官都来送。

八月十七日(9月18日) 辰正，到了广岛，第五师团长山口中将跟着那些地方官，都到车站上来接。午正，山口中将请他看操，又在司命部请吃饭。华县知事河木请逛缩景园，园是从前侯爵浅野仿着西湖造的。戌刻，知事各官都来拜，恭敬得很。晚上就住在广岛。

查日本外务省官制，据明治三十一年十月敕令，共是十条。第一条是关于外国政务的，跟着保护在外洋本国的商务；外国居留本国臣民相关的事务，派出去的外交官、领事官等等，都归外务大臣整理监督。第二条是驻扎本国各国外交官、领事官、外国人叙勋，条约书保管，文书翻译事务，都归外部大臣掌管。第三条是外务省专任参事官两个，专任外务大臣秘书官两个，专任书记官五个，以为定例。第四条是外务省立两个局子，一个是政务局，一个是通商局。第五条是政务局专掌关于外交的事务。第六条是通商局专掌关于通商、航海、移民那些事务。第七条是外务省置四个翻译官。第八条是外务省属以六十个人为定额。第九条是外务省置翻译官补六个人，到任皆承上官指挥，从事文书翻译及通译等事。第十条是外务省置技手两个，承上官指挥，从事电信事务。这是大纲，还有一切分课规程、公文书类，详细得很。

至于缔结通商条约，共是二十一国：中国、亚美利加合众国、英吉利国、俄罗斯、和兰、佛兰西、葡萄牙、德意志、瑞士、比利时、义大利、丹麦、瑙威、瑞典、西班牙、澳地利、匈牙利、秘露、韩、暹罗、墨西哥、约刺西尔、公果。其中有使馆的是：中国、英、俄、美、佛、德、澳，兼辖瑞士、义、和兰、丹麦、韩、墨、秘露、暹罗、约刺西尔、公果，比利时。领事馆，中国在上海、天津、厦门、芝罘、牛庄、汉口、苏州、杭州、沙市、重庆、福州，韩国在釜山、元山、仁川、京城、木浦、镇南浦、马山，英国在伦敦，英领地在香港、新加坡、孟买、喜德尼、通司威尔、希亚脱尔、晚香坡，暹罗在盘谷，美国在纽约、桑港、搭马科、希加科，美领地在马尼刺、呼饶路而，俄领地在哥尔萨港，佛国在里昂，比国在支韦尔斯，墨国在墨西哥，伯国在里河逗堤牙奈路，一共三十八所。另外还有名誉领事馆二十七所、分馆五所，海参崴还有贸易事务馆一所。这就是领事馆的总数了。

八月十八日(9月19日)　辰刻，坐火车，上马关，山口县知事来接。上了船，发了一封外务部的电报，报到京的日子。戌初，开船出马关。

查日本铁路，是明治三年开办的。起初在东京横滨的中间，长不过十八英里。明治五年添造之后，有东海道、信越、奥(为)〔羽〕、北陆、北海道等线。百姓们私设的铁路，到处都是。计算现在铁道厅跟着私设铁路公司，共是五十八线，路长五千九百六十英里，开行三千七百英里，铁路资本二亿六千七百万元。据明治三十二年铁路搭客的总数算起来，人有一亿二百二十六万，货物重有一千二百万吨，货价约在三千八百万元之外。以上每日均平计算，打铁路往来的人，有二十八万。货物打铁路上运送的，有三万二千八百万吨。一古脑儿，可以收到进款十万五千元，真真可以。

八月十九日(9月20日) 船走得很平。

查日本矿政，国里矿山仿西法开采的，有五千三百处。矿区面积五亿坪，矿产数目四千万元。他们政府在札幌、盛冈、东京、大阪、福冈五处立了监督署，专管这四事。矿产第一是铜，日本是世界上产铜的国。最近出产数目，有三千五百万斤，已经占了全球铜产十二分之一了。明治八年，不过出到四百万斤，现在加到三千五百万斤。日本产铜的地方，第一是足尾，有九百二十万斤；第二是阿仁，有六百五十万斤；第三是别子，有六百万斤。以上三处，已经占了全额之七了。另外日向、五木等处，都赶不上这三处。矿产第二是铁，岩琦县釜石铁矿可以出到四百二十万吨铣铁。旁边有座化人冈，有一个大磁铁矿床，把他制铣铁，有二百二十万吨。单是釜石一处，就有六百五十万吨，别处大约也有到九百四十万吨的铣铁。矿产第三是煤，最近产额，有六百七十万吨，价值二千五百万元。明治八年不过五十七万吨，十六年有到一百万吨，二十一年有到二百万吨。近来又加上两倍，销数国里一天要用一万二千吨，每年就是四百三十六万吨。然而，还赶不上英国。英国每年产煤二亿二百万吨，用煤一亿六千五百万吨，一天可以销四十五万吨。日本一年销数，刚刚赶得上英国十天。

八月二十日(9月21日) 过登州，大风。

查日本农业，国里的农民现在有二千二百万人，出的米可以卖到四亿六千八百万元，麦可以卖到一亿八千八百万元，粟可以卖到一千六百八十万元，大豆可以卖到四千六百万元，小豆可以卖到七百七十万元，荞麦可以卖到九百万元，黍可以卖到一百五十万元，稗可以卖到三百六十万元，甘薯可以卖到四千九百万元，马铃薯可以卖到三千三百万元，甘蔗可以卖到一千二百八十万元，茶可以卖到二千三百万元，烟草可以卖到四百五十万元。合计地屋，共有八亿六千三百九十万元。

土性宜桑，蚕业也很好，近年运到外国去的生丝，每年总有二百万担。明治三十年，生丝卖价五千五百六十万元；三十一年，卖价四千二百七十万元；三十二年，卖价五千九百七十万元；三十三年，卖价四千四百七十万元。这是日本出口货的第一宗。

绵每年出产七百五十万贯，每贯合重八两，百姓们用绵的地方极多，进口的绵又极便宜，所以产数日减，进口数日增。明治三十三年，约有二千万元。另外绵丝绵线进口的，每年一千七百万元；绵类进口的，每年七千七百万元。平均计算，每人约需一元八角。这是日本进口货的第一宗。麻每年出产三百六十万贯，还不够用，所以每年打中国、印度、斐律宾进口的，约有一百三四十万元。

漆是中国的特产，日本漆也很好。查他们的漆汁收获表，总计木数五百二十七万一千七百十四枝，制造户一千七百二十三家，每年汁量可以出到四万贯，还不够用，所以打中国进口漆汁，每年有到五十万元。合计日本各种物产，一亿五千七百七十万元，加上食用农产，共是十亿二千七十万元。把人口来分配，每人共是二十三元八角。

八月二十一日(9月22日)　风还没有息，船走得很慢，亥正，到了大沽口。

查日本政府，维持商务的法子极好。第一是商业会议，设在商业繁盛的地方，会员由绅士充当。统计全国，有五十六处，会员有一千七百个人。第二是银行，中央金库，有日本银行；外国汇兑，有横滨正金银行。全国有一千八百多所银行，资本共是二亿六千多万元。第三是公司，全国有七千多处公司，资本共是六亿二千万元。最多的是大阪，有六百五十处公司，资本一亿二千万元。东京五百四十处公司，资本三亿八百万元。其余府县各处公司，资本没有到一亿元以上的，计神户六千万元，福冈五千五百万元，京都三千五百万元，爱知、三重、冈山、静冈、千叶、奈良等处府县公司，都在一千万元以上。国里所有的外国贸易开港场,以横滨、神户、大阪、长崎、函馆五处为最。另外,新潟、清水、武丰、日市、上崎、下关、门司、博多、唐津、口津、三角、岩元、鹿儿、佐须奈、那霸、滨田、境、宫津、敦贺、尾、伏木、室兰、少椅、钏路,共是二十四港,比较历年输出输入的数目,总有长进。

八月二十二日(9月23日) 为着水浅,"新裕"船不能进口,换了小轮船,到了塘沽。

查日本海运事业,起先轮船,也是在外国定造的。驾驶一切,也是全靠着外国人的。后来有个岩崎弥太郎,到外国去买了几条旧船回来,立了个汽船公司,叫做三菱会社,在本国沿海口岸,定期往来,专执本国航海的利权。继而东京立了一个合本汽船公司,叫做同运轮会社。明治十八年十月,两社合在一处,立了个日本邮船会社。又单为航通濑户内海起见,明治十八年五月,大阪立了个复兴商船公司。东京、大阪,就有了两个大轮船公司。这是日本航海业的基础。

查日本邮船会社,资本金二千二百万元。本店设在东京,分店在内外各地的,有到七十处,共计汽船一百名条,吨数约有二十万吨,马力有一万五千多匹。往来内地的,是有一定的日子,上外国去的,往来天津,七天一次。往来朝鲜、海参崴,七天一次。往来欧洲,打上海到伦敦,一月一次。往来美国,一月一次。往来奥洲,一月一次。大阪商船公司资本金五百十万元,轮船八十条,本店在大阪,这是私立公司。查日本现在全国的轮船,有一千二百二十一条,吨数有五十一万多吨。又洋式帆船三千三百多条,吨数三十万吨,合计共是四千五百条,吨数共是八十万吨,全是本国厂里制造的。驾驶一切,也全是本国人。

八月二十三日(9月24日) 坐火车回京,上颐和园复命。

八月二十四日(9月25日) 巳刻复命,恭请圣安。召对了几刻钟,蒙皇太后、皇上着实奖励,真是生平莫大之荣。

右振贝子《英轺日记》凡十二卷,为贝子奉使贺英皇加冕途中所作。由英而法、由法而美、由美而日，其政治、法律、教育、军旅、农矿、路电等事，详举靡遗。下至一山、一水、一园、一沼、一名、一物、一技、一艺，无不具载，读者可恍然于中外兴衰之故及治乱之机矣。蒙更因之有感者，以我国习于柔脆，其蓄千金产，拥百亩田者，即不肯出门一步；而况天潢贵胄，势分较尊，而乃毅然决然跋涉关山，出入风涛，不亦难能可贵哉！

溯自辛丑醇亲王奉使于德之后，继之者即贝子其后，伦贝子又奉使于美，观圣路易斯赛会，皆为各国所惊羡。而我国平日之重闭深匿者，至此亦复爽然。昔大彼得以神器委诸他人，而投身入伦敦工厂，业成而归，遂立海军之基础。厥后，败查列斯第二于瑞典，兵力所及，全球震动，卒成金城汤池之盛，操官山府海之利权，至今撷俄历史者，犹赫赫有生气。我国人智慧不下于斯拉夫族，将来岂无如大彼得者崛起于东亚乎？则贝子此记实其嚆矢也。

京话演述英轺日记终

人名索引